I libri di Viella

356

Massimo Baioni

Vedere per credere

Il racconto museale dell'Italia unita

viella

Prima edizione: luglio 2020
ISBN 978-88-3313-447-5

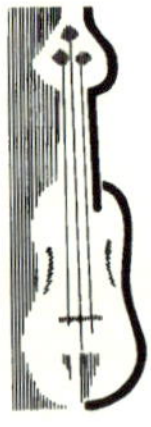

viella
libreria editrice
via delle Alpi, 32
I-00198 ROMA
tel. 06 84 17 758
fax 06 85 35 39 60
www.viella.it

Indice

Abbreviazioni

ACS, PCM	Archivio Centrale dello Stato, Roma, Presidenza del Consiglio dei Ministri
AISR	Archivio dell'Istituto per la storia del Risorgimento italiano, Vittoriano – Roma
ACT	Archivio del Comitato di Torino dell'Istituto per la storia del Risorgimento italiano, Torino
ASCT	Archivio Storico della Città di Torino
AST	Archivio di Stato di Torino
ASB	Archivio di Stato di Brescia
ASCP	Archivio Storico Civico di Pavia
ADEV	Archivio Cesare Maria De Vecchi di Val Cismon, Museo nazionale del Risorgimento di Torino
MRBO	Archivio del Museo del Risorgimento di Bologna
MRMO	Archivio del Museo del Risorgimento di Modena
MRT	Archivio del Museo nazionale del Risorgimento di Torino
MRM	Archivio del Museo centrale del Risorgimento, Roma
MTS	Archivio dei Civici musei di Trieste
MTR	Archivio del Museo storico in Trento
MRMC	Archivio del Museo del Risorgimento di Macerata
MRU	Archivio del Museo del Risorgimento di Udine
MRF	Archivio del Museo del Risorgimento di Ferrara

DBI	*Dizionario Biografico degli Italiani*, Roma, Istituto dell'Enciclopedia Treccani
RSR	«Rassegna storica del Risorgimento»
BSN	«Bollettino della Società nazionale per la storia del Risorgimento»

Boselli 1916	Ministero dell'Istruzione - Comitato nazionale per la storia del Risorgimento italiano, *Relazione presentata dal presidente on. Paolo Boselli sull'opera svolta dal Comitato dall'inizio dei lavori (4 aprile 1909) al 15 giugno 1916*, Roma, Tipografia della Camera dei deputati, 1916.
Boselli 1918	Ministero dell'Istruzione - Comitato nazionale per la storia del Risorgimento italiano, *Relazione presentata dal presidente on. Paolo Boselli sull'opera svolta dal Comitato dal 15 giugno 1916 al 15 giugno 1918*, Roma, Tip. Operaia Romana Cooperativa, 1918.
Congresso 1906	*Atti del Primo Congresso per la storia del Risorgimento italiano. Resoconto stenografico*, Milano, Tip. Fratelli Lanzani, 1907.

Premessa

Nell'ormai lontano 1994 pubblicai un libro che ricostruiva la storia dei musei del Risorgimento italiani e ne seguiva le vicende fino alla prima guerra mondiale.[1] Dopo tanti anni, l'invito a ristamparlo si è gradualmente trasformato in un progetto di più ampio respiro. Il ripensamento del lavoro, nell'impianto e nella scrittura, è partito da una duplice esigenza. Da un lato, conservando e integrando l'originario scavo documentario, è sembrato utile oltrepassare le soglie del 1918 e misurare le implicazioni del fenomeno su un arco temporale che include il ventennio fascista e i primi decenni dell'Italia repubblicana.[2] Dall'altro, il numero imponente di ricerche che si è accumulato su mitologie e ritualità politiche, rappresentazioni e usi pubblici del passato ha reso necessario un aggiornamento in termini di confronto storiografico e di verifica delle ipotesi interpretative.

Il libro si presenta così come una storia *sui generis* dell'Italia contemporanea. I musei hanno "messo in scena" i passaggi più qualificanti e controversi della storia nazionale: il Risorgimento, la Grande guerra, il Fascismo, la Resistenza. Accanto a scuola, esercito e altri strumenti dell'educazione patriottica, essi sono stati luoghi dentro i quali è transitata la costruzione del sentimento nazionale, nel momento in cui la «nazionalizzazione

1. *La «religione della Patria». Musei e istituti del culto risorgimentale (1884-1918)*, Quinto di Treviso, Pagus, 1994, collana *I fronti della storia*, diretta da Mario Isnenghi. La possibilità di aprire un dialogo con Isnenghi, che si è rivelato per me ricco di stimoli, partiva dalle indicazioni sull'arredo urbano contenute nel suo *Le guerre degli italiani. Parole, immagini, ricordi 1848-1945*, Milano, A. Mondadori, 1989.

2. A tale scopo ho potuto riprendere e adattare qui le ricerche sulle politiche museali e le vicende di singole istituzioni compiute per altri miei lavori: in particolare *Risorgimento in camicia nera. Studi, istituzioni, musei nell'Italia fascista*, Torino-Roma, Comitato di Torino dell'Istituto per la storia del Risorgimento italiano – Carocci, 2006; *Risorgimento conteso. Memorie e usi pubblici nell'Italia contemporanea*, Reggio Emilia, Diabasis, 2009.

della memoria collettiva e la sua assunzione da parte di uno Stato che si fa in gran parte carico della sua trasmissione»[3] sono diventati processi distintivi dell'età contemporanea.[4] I musei hanno concorso alla definizione della «comunità immaginata», codificando un palinsesto narrativo che si è inserito nelle modalità con cui le «società ricordano» e selezionano il passato da immettere nella (ri)formulazione del loro presente.[5]

Lo hanno fatto ovviamente con i metodi e i linguaggi che sono loro propri, come ha evidenziato una bibliografia internazionale irrobustita grazie ai contributi di specialisti delle tante discipline che trovano nel microcosmo museale un prezioso laboratorio di ricerca.[6] Sulla scia della crescente professionalizzazione della disciplina storica nel XIX secolo, i musei hanno reso possibile la formazione di archivi e biblioteche, mettendo a disposizione degli studiosi materiali imprescindibili per l'indagine storica.[7] Il loro compito principale è stato però (e rimane tuttora, con il supporto aggiuntivo delle innovative risorse multimediali) quello di raccontare il passato attraverso una specifica organizzazione degli spazi, imperniata sulla collocazione e l'uso di collezioni di documenti, oggetti, cimeli.[8] Per questa caratteristica, essi sono riconoscibili come tassello integrante di una

3. Krzysztof Pomian, *Dalla storia come parte della memoria alla memoria come oggetto della storia*, in Id., *Che cos'è la storia* (1999), tr. it. Milano, Bruno Mondadori, 2001, p. 233.

4. Uno sguardo molto utile sul lungo Ottocento, con aperture alle trasformazioni intervenute nel Novecento, resta quello di Anne-Marie Thiesse, *La creazione delle identità nazionali in Europa* (1999), tr. it. Bologna, il Mulino, 2001.

5. Cfr. Benedict Anderson, *Comunità immaginate. Origini e diffusione del nazionalismo* (1983), tr. it. Roma, manifestolibri, 1996; Paul Connerton, *Come le società ricordano* (1989), tr. it. Roma, Armando, 1999; Aleida Assmann, *Ricordare. Forme e mutamenti della memoria culturale* (1999), tr. it. Bologna, il Mulino, 2002.

6. Per alcuni esempi, cfr. *Museum culture. Histories, Discourses, Spectacles*, a cura di Daniel Sherman e Irit Rogoff, London, Routledge, 1994; Tony Bennet, *The Birth of the Museum: history, theory, politics*, London, Routlege, 1995; *Representing the Nation: a Reader. Histories, heritage and museums*, a cura di David Boswell e Jessica Evans, London-New York, Routledge, 1999; *National museums and nation-building in Europe 1750-2010. Mobilization and legitimacy, continuity and change*, a cura di Peter Aronsson e Gabriella Elgenius, London-New York, Routledge, 2015.

7. Cfr. Pim Den Boer, *History as a Profession. The Study of History in France 1818-1914* (1987), Princeton, Princeton University Press, 1998; *Atlas of European Historiography. The Making of a Profession*, a cura di Ilaria Porciani e Lutz Raphael, Basingstoke, Pallgrave Macmillan, 2010.

8. Cfr. Stephen Bann, *The Clothing of Clio. A study of the representation of history in nineteenth century. Britain and France*, Cambridge, Cambridge University Press, 1984;

politica della memoria che, sin dalle novità innescate dalla Rivoluzione francese, ha permeato in varie forme l'arredo urbano (monumenti, nomi di vie e piazze, lapidi, rituali commemorativi, ecc.), rivestendolo di forti valenze simboliche.

In Italia, *magna pars* dell'intera operazione sono stati i musei del Risorgimento. Ciò si spiega anzitutto con la prolungata centralità – insieme storiografica e politica – attribuita al mito di fondazione dello stato unitario nelle varie stagioni del paese. Sorti alla fine dell'Ottocento, a seguito del padiglione del Risorgimento all'Esposizione nazionale di Torino del 1884, quei musei hanno inaugurato un modello destinato a influenzare profondamente – per motivazioni, contenuti, allestimenti – tutti i successivi passaggi di rappresentazione della storia. Il volume ne intreccia la lunga vicenda con le novità sopraggiunte in epoca fascista e repubblicana, quando gli interventi sugli istituti esistenti si sono intersecati con la narrazione degli altri eventi di rifondazione dell'italianità. Il fatto che le sale dei musei risorgimentali abbiano puntualmente inglobato le principali tappe della storia nazionale (colonialismo incluso), rinviando o limitando la costituzione di musei autonomi dedicati alla Grande guerra e poi alla Resistenza, introduce di per sé una specificità che ha lasciato tracce durature in sede interpretativa: vi si può inoltre scorgere un esempio dello «schema» che vari studiosi hanno individuato come elemento ricorrente nei canali di trasmissione e rappresentazione della memoria.[9]

La prospettiva di lungo periodo qui adottata, mentre cerca di tenere in equilibrio sguardo di sintesi ed esplorazione documentaria, vuole evidenziare funzione e significati che i musei storici hanno assolto nella vita politica e culturale italiana. Il museo è considerato come un dispositivo nei cui spazi prende forma una tipologia particolare di costruzione, trasmissione e uso pubblico del passato, a contatto con domande sociali di storia che mutano nei diversi momenti e contesti.[10] Il tentativo è stato quello di stringere quanto più possibile il nesso tra museo, politica e società. Il filtro

Dominique Poulot, *Musée, nation, patrimoine, 1789-1815*, Paris, Gallimard, 1997; Id., *Une histoire des musées de France XVIIIe-XXe siècle*, Paris, La Découverte, 2005.

9. Peter Burke lo richiama come espressione della «tendenza a rappresentare – e a volte a ricordare – un dato evento o una data persona in rapporto a un'altra»; Peter Burke, *La storia come memoria sociale*, in Id., *Sogni, gesti, beffe. Saggi di storia culturale* (1999), tr. it. Bologna, il Mulino, 2000, p. 66.

10. Cfr. *L'uso pubblico della storia*, a cura di Nicola Gallerano, Milano, FrancoAngeli, 1995; *Les usages politiques du passé*, a cura di François Hartog e Jacques Revel, Paris, Éditions de l'École des Hautes Études en Sciences Sociales, 2001.

del racconto museale funge infatti da cartina di tornasole di numerose questioni, lungo un arco temporale che permette di evidenziare gli elementi di continuità e rottura che segnalano alcuni tratti qualificanti dell'Italia unita: il confronto/scontro sulla rappresentazione della storia, il rapporto centro-periferia nelle dinamiche tra identità nazionale e identità locali, il ruolo dei curatori o direttori, le contiguità e gli scarti rispetto alle molteplici altre forme di elaborazione e trasmissione del passato. Sono perciò analizzati i soggetti protagonisti dell'operazione, le intenzioni e gli obiettivi che li muovono, i dibattiti che si accendono a fronte delle tante poste politiche, culturali e simboliche, i linguaggi peculiari degli allestimenti, l'impatto e le ricadute sociali.

Se il *terminus a quo* è ben collocabile alla metà degli anni Ottanta del XIX secolo, che furono un tornante cruciale nella edificazione dei miti risorgimentali, la scelta di chiudere con gli anni Sessanta del Novecento si spiega con la portata delle trasformazioni associate a quella fase. Va da sé che i musei storici nati in una temperie precedente hanno continuato a vivere oltre quel decennio, affiancati da altri che nel frattempo sono stati concepiti nel quadro di una diffusa ramificazione territoriale. Ma la fase che coincide con il ciclo dei movimenti e delle contestazioni del Sessantotto ha inaugurato, per un complesso di ragioni, una rottura irreversibile nella presenza della storia nazionale nel discorso pubblico. I paradigmi del patriottismo, sia pure tra alti e bassi e con declinazioni diverse, sono sopravvissuti almeno fino al centenario dell'unità d'Italia e per certi aspetti fino al cinquantenario della vittoria nella Grande guerra: essi hanno tuttavia mostrato una crescente ed evidente inadeguatezza a fronte degli epocali cambiamenti in atto, dentro scenari che sollecitavano approcci e modelli di rappresentazione più aderenti alle nuove domande sociali di storia.

A proposito di cambiamenti e fasi di transizione, in sede di conclusione viene aperta una finestra sui percorsi museali nell'Italia e nell'Europa del tempo presente, al fine di indicare problemi e questioni che meriteranno ulteriori e più specifiche analisi.[11] La crisi delle grandi narrazioni storiografiche e ideologiche, i mutamenti geopolitici seguiti al 1989, i processi di globalizzazione, i rimescolamenti indotti dai fenomeni migratori, la rivoluzione informatica: tutto ciò non è stato senza conseguenze nel rideterminare i meccanismi che regolano il rapporto storia-memoria. Il dibattito che

11. Cfr., ad esempio, le riflessioni di Ilaria Porciani, *La nazione in mostra. Musei storici europei*, in «Passato e presente», 79 (2010), pp. 109-132.

ne è derivato ha investito alla radice il senso della storia come disciplina e la sua funzione sociale: ma effetti non meno rilevanti si sono scaricati su tutti i luoghi di produzione di senso storico che, come i musei, operano nel campo della comunicazione del passato e misurano le ricadute della loro azione sul terreno scivoloso del discorso pubblico.

Nella piccola storia personale dell'autore, il volume condensa un lungo percorso di studi e di interessi, per coltivare i quali sono stati fondamentali i consigli e gli incoraggiamenti di tanti amici e colleghi, in Italia e all'estero. L'elenco sarebbe troppo lungo e sicuramente finirei per dimenticare qualcuno. Mi piace qui tornare molto indietro nel tempo, ricordando i primi incontri e le discussioni su questi temi con Claudio Fogu, che è rimasto un amico fraterno nonostante un oceano di mezzo. Un grazie particolare rinnovo agli amici della rivista «Memoria e Ricerca» e del Dottorato in Studi umanistici dell'Università di Urbino, inclusi i dottorandi con cui è stato un piacere dialogare in questi ultimi anni; ai colleghi e al personale del Dipartimento di Studi Storici dell'Università degli Studi di Milano; a Cecilia Palombelli, per aver creduto in questo libro, e a Francesca Capece per lo scrupoloso lavoro di editing; al personale degli archivi e delle biblioteche frequentati. Un ricordo caro va a Claudia Evangelisti ed Ennio Dirani.

Giulio Brevetti ha messo cortesemente a mia disposizione alcune immagini conservate nel suo archivio. Grazie all'amico Diego Fachin ho potuto trascorrere settimane di lavoro nella quiete di Barcola a Trieste, con il privilegio di affacciarmi al golfo che più amo.

Monica Galfré, Elena Papadia e Sara Trovalusci hanno letto e commentato varie parti del lavoro, aiutandomi a correggere sviste e asciugare il testo con suggerimenti preziosi. Valentina è stata una presenza costante e sensibile, anche nei silenzi. Come sempre, errori e limiti sono di esclusiva responsabilità dell'autore.

Nei turbamenti della memoria, le intermittenze del cuore ridestano volti, parole, movenze di persone care.

A tutte loro, saldamente presenti nel museo degli affetti, il libro è dedicato.

1. Religione della patria e della libertà: Risorgimento in vetrina

> Dinanzi alla maestà di questo spettacolo non esistono partiti. Mazzini, Cavour, Garibaldi, la pleiade luminosa dei pensatori, degli statisti, dei combattenti ci raccoglie qui intorno all'immagine gloriosa di Vittorio Emanuele che riassume la grande immagine della patria libera ed una. La parola non vale ad esprimere la commozione profonda del cuore. Qui si guarda e si pensa.
>
> Tommaso Villa, 1884

1. *Celebrare la nuova Italia. La costruzione del pantheon patriottico*

Roma, 27 maggio 1883, inaugurazione del monumento ai fratelli Cairoli. Chiamato a pronunciare il discorso ufficiale, Francesco Crispi lanciava un accorato appello al culto delle patrie memorie:

> Si mette in derisione tutto, anche gli episodi più eroici della storia del nostro risorgimento. Coloro che nulla hanno fatto per l'Italia, dimenticano il passato reso glorioso dalla generazione che va scomparendo. Dimenticare la storia o volerne diminuire l'importanza è un errore, è colpa gravissima, è una ingratitudine, è un serio pericolo, perché senza la storia l'Italia non si sarebbe fatta, il risultato miracoloso non si sarebbe compiuto. Abbiamo dunque sempre presenti le memorie del passato, le gesta de' nostri martiri. Ricordino i giovani delle generazioni nuove, e il mondo che declina sia loro esempio, eccitamento e guida per l'avvenire.[1]

Nella visione del Risorgimento di Crispi, la storia non era separabile dalla memoria. I due termini si sovrapponevano, non essendo il piano della

1. Cit. in Baccio Emanuele Maineri, *Inaugurazione del monumento ai fratelli Cairoli (27 maggio 1883)*, Roma, Tip. Bencini, 1884, p. 22.

riflessione critica e scientifica ciò che stava a cuore al politico siciliano.[2] Tra i convertiti alla monarchia, ma rimasti saldamente ancorati a una *forma mentis* plasmata dai trascorsi mazziniani e garibaldini, Crispi era tra coloro che si interrogavano con lucidità sulla delicata fase di passaggio che lo Stato italiano e la classe dirigente liberale stavano attraversando. In particolare, egli additava l'eredità del Risorgimento a serbatoio naturale cui attingere per arginare l'oblio e lo scetticismo dilaganti: da qui il suo impegno costante al fine di «santificare una storia appena di ieri presentandola soffusa dal fascino auratico che avvolge le epoche remote».[3]

In un'Italia che esisteva come realtà unitaria soltanto da un ventennio, erano molte le ragioni che inducevano ad accelerare la nobilitazione simbolica dello Stato liberale, inteso quale incarnazione politica della nazione. All'entusiasmo dell'epoca dei plebisciti, che aveva destato una diffusa ammirazione anche all'estero, era subentrato lo sguardo preoccupato sugli enormi problemi che accompagnavano la costruzione del nuovo stato nazionale: la guerra civile nelle regioni meridionali, domata nel 1865 solo al prezzo di una durissima repressione; lo scontro frontale con la Chiesa cattolica, esasperato dalle vicende del 1870; le sacche profonde di analfabetismo e di arretratezza economica e sociale in gran parte del territorio.[4] La legittimazione stessa degli istituti nati dalle lotte risorgimentali ne usciva messa in discussione. Molteplici furono dunque i canali di trasmissione dei valori patriottici della borghesia laica postunitaria, cui si fece ricorso anche per impedire che la gestione del discorso educativo sfuggisse al controllo delle classi dirigenti.[5]

2. Cfr. soprattutto Umberto Levra, *Fare gli italiani. Memoria e celebrazione del Risorgimento*, Torino, Comitato di Torino dell'Istituto per la storia del Risorgimento italiano, 1992, pp. 301-386.

3. Silvio Lanaro, *L'Italia nuova. Identità e sviluppo 1861-1988*, Torino, Einaudi, 1988, p. 153: Christopher Duggan, *Creare la nazione. Vita di Francesco Crispi*, Roma-Bari, Laterza, 2000. Si veda ora anche Sara Trovalusci, *Francesco Crispi. La personalizzazione della politica tra Italia e Francia*, Tesi di Dottorato in Studi umanistici, Università di Urbino - Université d'Orleans, 2019.

4. In generale cfr. *Fare gli italiani. Scuola e cultura nell'Italia contemporanea*, a cura di Simonetta Soldani e Gabriele Turi, vol. 1, Bologna, il Mulino, 1993; Salvatore Lupo, *L'unificazione italiana. Mezzogiorno, rivoluzione, guerra civile*, Roma, Donzelli, 2011; Fulvio Cammarano, *Storia politica dell'Italia liberale*, Roma-Bari, Laterza, 2011. Ora anche Carmine Pinto, *La guerra per il Mezzogiorno. Italiani, borbonici e briganti*, Roma-Bari, Laterza, 2019.

5. Per uno sguardo sintetico sull'utilizzo dei "grandi uomini" cfr. Erminia Irace, *Itale glorie*, Bologna, il Mulino, 2003.

L'attenzione alla storia e il riconoscimento della sua importanza non erano una novità. Essa era stata parte integrante dell'apparato discorsivo predisposto e messo in circolazione da numerosi letterati e scrittori sin dalla fine del Settecento. Subito dopo la proclamazione del regno, la rivisitazione del passato recente era poi stata al centro di una attenta politica della memoria. Come ha dimostrato in modo esemplare Umberto Levra, storici e funzionari di fede sabauda avevano abbinato la pubblicazione di opere apologetiche sulla funzione provvidenziale della monarchia a un controllo meticoloso delle biblioteche e degli archivi. Sul fronte opposto, gli ambienti della democrazia radicale avevano elaborato una visione antagonistica degli eventi recenti, non meno condizionata dalla passione politica.[6]

La svolta che portò il Risorgimento al centro di un imponente discorso pubblico va tuttavia collocata negli anni Ottanta. Se ne trovano tracce in tante direzioni, dalla scuola alla letteratura patriottica, dalla pratica dell'anniversario all'organizzazione degli spazi urbani.[7] Un primo segnale fu la presenza più incisiva delle istituzioni sul terreno della memoria risorgimentale. Risalgono a quegli anni il rafforzamento delle deputazioni di storia patria, lo svolgimento dei congressi storici (1870-1895), i passi finalizzati alla creazione di un Istituto storico italiano.[8] Parlando alla Camera nel giugno 1880, Pasquale Villari affermò che era dovere dello Stato provvedere alla raccolta sistematica di un fondo bibliografico sul Risorgimento. Il modello era quello tedesco, che tramite il rinnovamento e l'organizzazione del lavoro storiografico puntava a rendere la cultura storica un pilastro della coscienza nazionale. Villari disse che «una storia vera, grande, imparziale non si potesse pensare, senza che prima non si possedesse raccolto il materiale edito ed inedito, specialmente quello offerto da opuscoli, da fogli volanti, da scritti di occasione, ricchi di interesse e di valore inestimabile, come quelli che rappresentano quasi il riflesso, la ripercussione della politica del momento, la palpitante narrazione del fatto, al quale chi li scriveva

6. Cfr. Levra, *Fare gli italiani*; Franco Della Peruta, *Il mito del Risorgimento e l'estrema sinistra dall'Unità al 1914*, in *Il mito del Risorgimento nell'Italia unita*, in «Il Risorgimento», 1-2 (1995), pp. 32-70.

7. Cfr. *Patrioti si diventa. Luoghi e linguaggi di pedagogia patriottica nell'Italia unita*, a cura di Arianna Arisi Rota, Monica Ferrari, Matteo Morandi, Milano, FrancoAngeli, 2009.

8. Cfr. *La storia della storia patria. Società, Deputazioni e Istituti storici nazionali nella costruzione dell'Italia*, a cura di Agostino Bistarelli, Roma, Viella, 2012; *L'organizzazione della ricerca storica in Italia*, a cura di Andrea Giardina e Maria Antonietta Visceglia, Roma, Viella, 2018.

era stato spettatore o partecipe».[9] Dopo l'approvazione della Camera, il ministro dell'Istruzione Francesco De Sanctis fissò uno stanziamento di quattro mila lire annue «per una raccolta di libri, opuscoli e documenti editi ed inediti relativi alla storia del Risorgimento italiano, da collocarsi in una delle Biblioteche di Roma».[10] L'attuazione di questi progetti e più in generale la consapevolezza delle istituzioni in tema di organizzazione storiografica e politica culturale scontarono ritardi e incertezze. Era tuttavia il segnale di una sensibilità nuova, che scaturiva dalla percezione delle trasformazioni in atto nella società.

Per risultare efficace, l'ancoraggio alla tensione etica del periodo risorgimentale non poteva limitarsi ai progetti che toccavano la storia come disciplina scientifica, con riguardo alla costituzione di archivi, biblioteche, fondi specializzati. Occorrevano iniziative di più ampia diffusione sociale, in grado di trasmettere a livello popolare il richiamo carducciano alla «visione ideale degli anni virili».[11] Monumenti, feste civili, intitolazione di vie e di piazze, lapidi e iscrizioni murarie, commemorazioni di uomini ed eventi: tutto doveva contribuire a proporre il Risorgimento come arsenale di simboli in grado di rafforzare il senso di appartenenza dei cittadini allo stato-nazione.[12]

L'esplosione del mito risorgimentale intorno agli anni Ottanta si spiega inoltre con una serie di fenomeni congiunturali, che rendevano più urgente la nazionalizzazione degli italiani. L'ascesa al governo della Sinistra storica (1876) aveva portato al potere uomini che erano stati in larga parte mazziniani e garibaldini. Diversi dalla Destra anche per «l'animo, il modo di

9. Cit. in Domenico Gnoli, *Catalogo della Mostra storica del Risorgimento ordinata nella Biblioteca nazionale Vittorio Emanuele in occasione del venticinquesimo anniversario dell'unione di Roma al Regno d'Italia*, Roma, Stamp. Di Forzani e C., 1895.

10. Boselli 1916, p. 6.

11. *Discorso per la morte di Garibaldi*, in *Garibaldi. Versi e prose di Giosue Carducci*, Bologna, Zanichelli, s.d., p. 87. Cfr. Marino Biondi, *La tradizione della patria*, 2 voll., Roma, Edizioni di Storia e Letteratura, 2009-2010.

12. Sull'odonomastica cfr., tra gli altri, i contributi di Matteo Morandi e Maurizio Ridolfi in *A proposito di odonomastica e toponomastica: percorsi di ricerca*, in «Memoria e Ricerca», 20 (2005), pp. 129-167; Roberto Balzani, *Quando le parole sono pietre. Toponomastica urbana, politica e memoria culturale nella Romagna fin de siècle*, in *Neomedievalismo. Recuperi, evocazioni, invenzioni nelle città dell'Emilia-Romagna*, a cura di Maria Giuseppina Muzzarelli, Bologna, Clueb, 2007, pp. 39-60; Mario Mirri, *Epigrafi italiane moderne "murate" nelle città*, in «Società e storia», 100-101 (2003), pp. 407-486.

sentire e d'agire, lo stile»,[13] essi mostravano una maggiore sensibilità verso le nuove forme di mobilitazione della politica. Seppure con la tendenza a trasformare i valori ideali in «miti oratorii e in forme di sicuro effetto ma di scarso contenuto reale»,[14] agiva in loro la necessità di alfabetizzare al culto della patria quella fascia di media e piccola borghesia urbana che era entrata in scena con la riforma elettorale del 1882. La morte dei «grandi fattori» del Risorgimento acuiva inoltre la percezione del divario crescente tra un presente povero di fermenti ideali e la tensione eroica degli anni delle lotte per l'indipendenza. La scomparsa di Vittorio Emanuele II (9 gennaio 1878) e di Garibaldi (2 giugno 1882) creò un vuoto che fu presto colmato attraverso la loro assunzione a numi tutelari della nazione, protagonisti di un culto patriottico che saturò gli spazi celebrativi. Ne uscì inoltre incoraggiata una lettura sincretica del passato recente, che cercava di integrare nella vulgata ufficiale, prevalentemente dinastica e moderata, la componente democratica del Risorgimento. I monumenti dedicati al re e a Garibaldi contribuivano a far rivivere le pagine del Risorgimento come atto di fondazione della nuova Italia, tavola di valori e di simboli condivisi della nazione.

Tale operazione di pedagogia patriottica, declinazione nazionale di un fenomeno di respiro europeo,[15] ebbe dimensioni imponenti, mostrando nondimeno tratti tutt'altro che condivisi. La pluralità di memorie e di sistemi rituali e simbolici presenti nello scenario italiano disegna un paesaggio irriducibile alle semplificazioni.[16] Se almeno tre erano i grandi progetti di costruzione della nazione – liberale, cattolico e quello facente capo al composito universo dell'Estrema (repubblicani, radicali e socialisti) –, altrettante erano le politiche della memoria che sostenevano le rispettive culture politiche.[17]

13. Federico Chabod, *Storia della politica estera italiana dal 1870 al 1896* (1951), Roma-Bari, Laterza, 1976, p. 606.

14. Carlo Morandi, *La Sinistra al potere e altri saggi*, Firenze, Barbera, 1944, p. 120.

15. Per una sintesi di questi temi cfr. Thiesse, *La costruzione delle identità nazionali in Europa*; alla base resta l'opera pionieristica curata da Pierre Nora, *Les lieux de mémoire*, 7 voll., Paris, Gallimard, 1984-1992.

16. Cfr. *Gli italiani in guerra. Conflitti, identità, memorie dal Risorgimento ai nostri giorni*, direzione scientifica di Mario Isnenghi, vol. I, *Fare l'Italia: unità e disunità nel Risorgimento*, a cura di Mario Isnenghi ed Eva Cecchinato, Torino, Utet, 2009 e vol. II, *Le "Tre Italie": dalla presa di Roma alla Settimana Rossa (1870-1914)*, a cura di Mario Isnenghi e Simon Levis Sullam, Torino, Utet, 2009.

17. Cfr. Baioni, *Risorgimento conteso*. Inoltre Maurizio Ridolfi, *Risorgimento*, in *I luoghi della memoria. Simboli e miti dell'Italia unita*, a cura di Mario Isnenghi, nuova edizione, Roma-Bari, Laterza, 2010, pp. 3-47.

2. *Torino 1884: dal Padiglione storico ai musei*

La nascita dei primi musei del Risorgimento italiani si inserisce in questa temperie, che incise anche nel processo di divaricazione tra le più tradizionali raccolte di armi medievali e moderne e i musei di storia militare.[18] Luoghi deputati alla raccolta e conservazione del patrimonio documentario, crocevia della rappresentazione visuale della storia, i musei entravano così tra le tante iniziative dell'epoca contrassegnate da una «attitudine marcatamente pedagogica».[19] Anche in questo campo, la svolta era stata impressa dalla Rivoluzione francese, come insegnano gli studi pionieristici di Stephen Bann e Dominique Poulot.[20] Il recupero del medioevo era diventato componente essenziale della messa in scena della nazione, come testimoniano il Musée des monuments français di Alexandre Lenoir e poi il Musée de Cluny di Alexandre du Sommerard. Nella seconda metà dell'Ottocento, gli echi della sensibilità romantica verso il passato si mescolarono alle nuove tendenze della cultura positivistica, votate alla raccolta e classificazione disciplinare.[21] Se da un lato agevolarono la costituzione di importanti fondi documentari, i musei diventarono soprattutto tasselli del variegato culto nazionale, arricchendo il campo di tensione delle patrie memorie.

Nel caso italiano, il 1884 è riconoscibile come un anno cruciale. In gennaio, nel sesto anniversario della morte di Vittorio Emanuele II, si svolse il grande pellegrinaggio romano al Pantheon, sotto l'attenta regia di Crispi.[22] Il 26 aprile fu inaugurata al Parco del Valentino di Torino l'Esposizione Generale Italiana, che faceva seguito ad altre esposizioni organizzate

18. Su cui cfr. Piero Del Negro, *Da Marte a Clio. I musei militari italiani dalle origini alla Grande Guerra*, in «Annali», Museo Storico Italiano della Guerra di Rovereto, 3 (1994), pp. 5-24.

19. Francesco Traniello, *Nazione e storia nelle proposte educative degli ambienti laici di fine Ottocento*, in *Cattolici, educazione e trasformazioni socio-culturali in Italia tra Otto e Novecento*, a cura di Luciano Pazzaglia, Brescia, La Scuola, 1999, p. 69.

20. Cfr. Bann, *The Clothing of Clio*; Poulot, *Musée, nation, patrimoine*; Id., *Une histoire des musées de France*: Id. *Alexandre Lenoir et les musées des monuments français*, in *Les lieux de mémoire*, a cura di Pierre Nora, t. II, *La nation*, Paris, Gallimard, 1986, pp. 497-531.

21. Cfr., tra gli altri, *National Museums and Nation-Building in Europe 1750-2010*.

22. In particolare cfr. Bruno Tobia, *Una patria per gli italiani. Spazi, itinerari, monumenti nell'Italia unita (1870-1900)*, Roma-Bari, Laterza, 1991.

sin dalla nascita dello stato unitario.[23] Una mostra storica – il Padiglione del Risorgimento – fu allestita al suo interno grazie al materiale proveniente da numerose città italiane: il suo grande successo avrebbe spinto varie amministrazioni comunali a promuovere allestimenti museali permanenti.

A Torino non erano mancati precedenti esposizioni di documenti della storia patria, la cui struttura oscillava tra la glorificazione familiare (ad esempio, Massimo d'Azeglio) e il consolidamento delle tradizioni civiche.[24] Ma fu durante l'esposizione del 1884 che il Risorgimento fu messo in scena in grande stile come pilastro della memoria pubblica nazionale. L'impianto del padiglione torinese, suscitando il raccoglimento e la devozione religiosa intorno alla sacralità della nazione, si impose come un paradigma espositivo destinato a una prolungata fortuna. Per l'Italia ufficiale si trattava di celebrare una sorta di "Risorgimento in cammino". Esaurita l'età eroica delle lotte per l'indipendenza, lo sforzo della nazione doveva ora incanalarsi lungo le vie dell'operosità economica, dello sviluppo sociale, delle realizzazioni della scienza. Grande evento di socializzazione e di propaganda interclassista, l'esposizione si candidava a vetrina degli sforzi in cui era impegnata la Terza Italia, uno spazio nel quale l'élite dirigente del paese puntava a legittimare la propria egemonia, in una fase di crisi morale e di profonde lacerazioni sociali.

Le grandi esposizioni internazionali, i «nuovi e giganteschi riti di autoesaltazione» del capitalismo,[25] mettevano a nudo la modesta forza competitiva dell'Italia a confronto con gli stati più progrediti. Ne scaturiva un bisogno ancora più impellente di proporre l'epopea del Risorgimento quale perno del sentimento e dell'orgoglio nazionali. Il culto del Risorgimento doveva fungere da cinghia di trasmissione tra la "prosa" della crescita materiale e la "poesia" dell'entusiasmo ideale, rivelandosi complementare agli

23. Cfr. *Le esposizioni torinesi 1805-1911. Specchio del progresso e macchina del consenso*, a cura di Umberto Levra e Rosanna Roccia, Torino, Archivio storico della città di Torino, 2003; Cristina Della Coletta, *World's Fairs Italian Style. The Great Exhibitions in Turin and Their Narratives, 1861-1915*, Toronto-Buffalo-London, Toronto University Press, 2006.

24. Cfr. Silvano Montaldo, *Celebrare il Risorgimento. Collezionismo artistico e memorie familiari a Torino 1848-1915*, Torino-Roma, Comitato di Torino dell'Istituto per la storia del Risorgimento italiano – Carocci, 2013.

25. Eric J. Hobsbawm, *Il trionfo della borghesia 1848-1875*, tr. it. Roma-Bari, Laterza, 1976, p. 39. Per il caso italiano Mariantonietta Picone Petrusa, Maria Raffaella Pessolano, Assunta Bianco, *Le grandi esposizioni in Italia 1861-1911. La competizione culturale con l'Europa e la ricerca dello stile nazionale*, Napoli, Liguori, 1988.

obiettivi generali dell'esposizione. La mostra storico-patriottica fu perciò collocata strategicamente all'inizio del percorso: grazie alla straordinaria risposta di comuni, associazioni, cittadini, poté ottenere uno spazio più ampio rispetto a quello previsto, distinguendosi come una delle attrazioni più frequentate della kermesse piemontese. Il padiglione diventava il passaggio obbligato per meditare sulle condizioni attuali della nazione, una sorta di "stazione di riflessione" sul passato prossimo inteso come matrice del progresso e dell'emancipazione civile.

3. *Risorgimento pacificato*

Alla presenza del re Umberto, il discorso di inaugurazione fu pronunciato da Tommaso Villa, presidente del Comitato esecutivo dell'Esposizione. Fedele crispino e figura centrale nell'ambito della commemorazione risorgimentale a Torino, Villa espose i capisaldi di un'operazione ormai pronta a dispiegarsi sull'intero territorio nazionale.[26]

> La religione della patria ha raccolte in questo sacrario le reliquie più venerate, che si riferiscono alla sua rigenerazione politica e civile. L'Esposizione Generale Italiana diretta a porre in evidenza tutte le manifestazioni della energia morale, intellettuale ed economica della nazione doveva non dimenticare quella immensa che venne spesa per conquistare la libertà della patria e che trasse il miglior nerbo della nostra gioventù alle carceri, nelle proscrizioni, sui patiboli.
>
> Queste bandiere, o Sire, annerite dal fumo delle battaglie, questi brandelli di abiti indossati dai combattenti, questi proiettili irrugginiti, queste statue, questi quadri narrano la storia memorabile delle sofferenze, del martirio, delle battaglie, della risurrezione del popolo italiano.
>
> Dinanzi alla maestà di questo spettacolo non esistono partiti. Mazzini, Cavour, Garibaldi, la pleiade luminosa dei pensatori, degli statisti, dei combattenti ci raccoglie qui intorno all'immagine gloriosa di Vittorio Emanuele che riassume la grande immagine della patria libera ed una. La parola non vale ad esprimere la commozione profonda del cuore. Qui si guarda e si pensa.
>
> Ponendo questo modesto Padiglione nel limitare delle nostre gallerie e fuori dell'assordante rumore degli opificii, noi abbiamo inteso di invitare tutti gli

26. Cfr. Silvano Montaldo, *Patria e affari. Tommaso Villa e la costruzione del consenso tra Unità e Grande Guerra*, Torino, Comitato di Torino dell'Istituto per la storia del Risorgimento italiano, 1999.

italiani, desiderosi di ammirare i progressi del lavoro nazionale, a ricordare con pietoso raccoglimento ciò che la conquista dell'unità e della libertà della patria ha costato di lagrime e di sacrificii e si stringa sempre più salda quella concordia e quella fede che ci ha raccolti in Roma sotto la bandiera di Vittorio Emanuele oggi affidata alla mente ed al cuore di V.M.[27]

Le parole di Villa attestano in modo esemplare il ruolo integrativo della mostra rispetto al contenitore più ampio che la ospitava. I padiglioni dell'industria e della scienza erano la vetrina dello sviluppo raggiunto dopo l'unificazione: nella sala risorgimentale, le tante e disparate testimonianze invitavano ad associare quei progressi al ricordo dei sacrifici compiuti per il loro conseguimento, evocando in chiave emulativa una tensione morale che materializzava i vincoli della solidarietà nazionale. Sulla scia dell'interpretazione di Crispi, Villa dettava una linea destinata ad avere un grande impatto nel discorso pubblico dell'Italia umbertina. Il Risorgimento era qui racchiuso, quasi esaurito nella sua dimensione politica e militare: sacrifici, eroismi, martiri, patiboli erano i sostantivi che, nutrendo la rievocazione, additavano la concordia e la fede unitaria come capisaldi della coscienza nazionale. In particolare, l'abbraccio ecumenico che avvolgeva gli artefici dell'unità era un indicatore efficace dell'ottica conciliatorista ormai trionfante, negli anni in cui le istituzioni liberali e i gruppi dirigenti avvertivano l'urgenza di un radicamento meno superficiale nella società. Sarebbe riduttivo vedere in questa visione del Risorgimento la mera trasposizione sul versante culturale della coeva prassi trasformistica inaugurata da Agostino Depretis. Le differenze e i contrasti tra i protagonisti delle lotte per l'indipendenza non erano negati o taciuti: essi finivano tuttavia sciolti in un quadro a forti tinte oleografiche, che spingeva sul tasto del loro incontro provvidenziale in funzione dell'unità.[28]

Rispetto alla visione schiacciata sul ruolo della dinastia, il recupero della tradizione democratica legittimava coloro che, dopo aver militato nelle file garibaldine e repubblicane, ora sedevano in parlamento negli scranni della maggioranza: diventava inoltre una tappa necessaria alla co-

27. Cit. in Giuseppe Tempia, *Guida al visitatore del Tempio del Risorgimento Italiano*, Torino, Petrini, 1884, p. 17.

28. Sul versante storiografico, una prima sistemazione di questo assunto è in Carlo Tivaroni, *Storia critica del Risorgimento italiano*, 9 voll., Torino, Le Roux, 1888-1897; cfr. Walter Maturi, *Interpretazioni del Risorgimento. Lezioni di storia della storiografia*, Torino, Einaudi, 1962, pp. 350-376.

struzione della nuova immagine della monarchia nazionale e popolare, più adatta a incrociare i cambiamenti in atto nel paese e la nazionalizzazione degli italiani.[29] Alcune celebri litografie di epoca umbertina ben sintetizzano questa lettura sincretica del passato recente, che serviva da barriera protettiva e rassicurante contro le minacce interne ed esterne: i «grandi fattori» del Risorgimento sono ritratti «a braccetto» o mentre vegliano sui destini della patria, giocando da buoni amici «una partita a tresette in paradiso». Si trattava di un recupero sempre ben sorvegliato, tale da non lasciare equivoci sul ruolo egemonico della monarchia e di Vittorio Emanuele II, sorgenti principali del capitale simbolico risorgimentale. Il passaggio era nondimeno decisivo.

La morte di Garibaldi (1882), l'ultima tra quelle dei padri della patria, fu lo spartiacque. Il lutto nazionale poté essere convertito in una imponente operazione mitopoietica, la stessa già in parte sperimentata con successo quattro anni prima a Roma con i funerali del re. La celebrazione della diarchia simbolica Vittorio Emanuele II – Garibaldi, che nelle parole di Crispi splendevano come «due grandi astri, l'uno avente la forma dell'aquila, l'altro la faccia del leone»,[30] sanciva l'incontro postumo delle due anime del Risorgimento, rilanciandolo nella memoria pubblica e negli spazi urbani.[31]

Come è noto, il culto di Garibaldi si era già ampiamente dispiegato negli anni precedenti, sotto l'abile regia dello stesso nizzardo.[32] Ma dopo il 1882 esso fu inevitabilmente caricato di significati diversi. Il variegato universo dell'Estrema continuò a riconoscersi in un'idea di Risorgimen-

29. Cfr. Francesco Luciani, *La "monarchia popolare". Immagine del re e nazionalizzazione delle masse negli anni della Sinistra al potere (1876-1891)*, in «Cheiron», 25-26 (1996), pp. 141-188; Catherine Brice, *Monarchie et identité nationale en Italie (1861-1900)*, Paris, Éditions EHESS, 2010; Paolo Colombo, *Una Corona per una nazione: considerazioni sul ruolo della monarchia costituzionale nella costruzione dell'identità italiana*, in *Monarchia, tradizione, identità nazionale. Germania, Giappone e Italia tra Ottocento e Novecento*, a cura di Marina Tesoro, Milano, Bruno Mondadori, 2004, pp. 21-33.

30. Discorso del 20 settembre 1895, cit. in Alberto Mario Banti e Marco Mondini, *Da Novara a Custoza: culture militari e discorso nazionale tra Risorgimento e Unità*, in *Storia d'Italia, Annali 18. Guerra e pace*, a cura di Walter Barberis, Torino, Einaudi, 2002, p. 462.

31. Cfr. Tobia, *Una patria per gli italiani*; Catherine Brice, *Il Vittoriano. Monumentalità pubblica e politica a Roma* (1998), tr. it. Roma, Archivio Guido Izzi, 2004.

32. Lucy Riall, *Garibaldi. L'invenzione di un eroe*, Roma-Bari, Laterza, 2007.

to che non era riassumibile nell'esito dinastico e moderato: nel campo radicale, repubblicano e poi anche socialista ed anarchico circolò così un calendario rituale nel quale rientravano uomini e vicende espunti da quello ufficiale, specialmente in alcune aree di forte presenza democratica.[33] Nella vulgata popolare fu tuttavia la definizione del «rivoluzionario disciplinato», coniata da Depretis, a riscuotere un enorme e duraturo successo. La natura atipica del personaggio e la sua irriducibile diversità non potevano essere taciute: d'altra parte, l'enfasi finiva per cadere sugli atti con cui Garibaldi aveva additato la monarchia come la sola garanzia per il raggiungimento e il consolidamento dell'unità nazionale (su tutti l'incontro di Teano dell'ottobre 1860 e l'«obbedisco» del 1866). Queste espressioni di "disciplina" rendevano possibile – all'epoca e nei decenni a venire – un uso moderato e monarchico di Garibaldi, che stemperava le potenziali derive antisistema collegate alla lettura antagonistica della sua figura perorata dall'Estrema.[34]

Le città italiane diventarono il palcoscenico della messa in scena della storia patria imperniata sull'esaltazione edificante del Risorgimento conciliatorista, la cui forza paradigmatica si reggeva su «un reticolo discorsivo fitto di rinvii e di infiniti rispecchiamenti».[35] I nomi delle vie e delle piazze, le statue in omaggio al «re galantuomo» e al «rivoluzionario disciplinato» esprimevano l'urgenza di ampliare il quadro di riferimento simbolico della nazione. Armonizzando il filone dinastico e quello democratico-garibaldino, l'obiettivo era quello di proiettare su un presente ancora solcato da profonde fragilità e lacerazioni gli effetti emulativi dell'immagine nazionalpopolare del Risorgimento. Quest'ultima non poteva reggersi se non sulla coralità degli sforzi patriottici, sulla coesione sociale e sul modello dell'abnegazione e del sacrificio eroico.

33. Cfr. Maurizio Ridolfi, *Il partito della Repubblica. I repubblicani in Romagna e le origini del Pri nell'Italia liberale (1872-1895)*, Milano, FrancoAngeli, 1989. Sull'universo anarchico e socialista e sui robusti fili con la tradizione democratica del Risorgimento cfr. ora Elena Papadia, *La forza dei sentimenti. Anarchici e socialisti in Italia (1870-1900)*, Bologna, il Mulino, 2019.

34. Cfr. in particolare Mario Isnenghi, *I due volti dell'eroe. Garibaldi vincitore-vinto e vinto-vincitore*, in *Tracce dei vinti*, a cura di Sergio Bertelli, Firenze, Ponte alle Grazie, 1994, pp. 267-302. Maurizio Degl'Innocenti preferisce parlare di «rivoluzionario accorto» (*Garibaldi e l'Ottocento. Nazione, popolo, volontariato, associazione*, Manduria, Lacaita, 2008, pp. 44-46).

35. Alberto Mario Banti, *La memoria degli eroi*, in *Storia d'Italia, Annali 22. Il Risorgimento*, a cura di Alberto Mario Banti e Paul Ginsborg, Torino, Einaudi, 2007, p. 663.

Conferme significative della diffusione del paradigma conciliatorista vengono dalla coeva letteratura scolastica e militare.[36] *Cuore* di Edmondo De Amicis assorbiva e traduceva in una fortunata narrazione popolare il senso dell'operazione.[37] Le pagine dedicate ai grandi del Risorgimento rispondevano «alla necessità acutamente intravista di rianimare l'incontro tra monarchia e rivoluzione nel momento della scomparsa dei suoi artefici».[38] Né è casuale che tanta parte della produzione di De Amicis abbia avuto per tema l'esercito, che l'oleografia patriottica ritraeva quale custode supremo dei valori nazionali.[39]

Il tempio del Risorgimento di Torino 1884 fu una grande prova generale dell'applicazione di questa visione corale. Nella città "culla" dell'unità, la centralità istituzionale e simbolica della dinastia non poteva essere messa in discussione. Torino era stata prima il rifugio dei «perseguitati ed oppressi dal dispotismo dei governi stranieri», poi «la cittadella della indipendenza italica, la sentinella avanzata messa ai piedi delle Alpi».[40] Messo a confronto con le successive rappresentazioni torinesi del Risorgimento (a partire dallo stesso Museo nazionale), il padiglione del 1884 si caratterizzava per l'integrazione del protagonismo monarchico con l'apporto di tutte le forze politiche che avevano partecipato al Risorgimento. La provenienza disparata di documenti e cimeli favorì questa lettura del passato. Se ciò era funzionale al bisogno di sottolineare anche il carattere cospirativo e rivoluzionario, è forse eccessivo dedurne una prevalenza di

36. Cfr. Simonetta Soldani, *Il Risorgimento a scuola: incertezze dello Stato e lenta formazione di un pubblico di lettori*, in *Alfredo Oriani e la cultura del suo tempo*, a cura di Ennio Dirani, Ravenna, Longo, 1985, pp. 133-172; Anna Ascenzi, *Tra educazione etico-civile e costruzione dell'identità nazionale. L'insegnamento della storia nelle scuole italiane dell'Ottocento*, Milano, Vita e Pensiero, 2004.

37. Si veda soprattutto Gilles Pécout, *Le livre Cœur: éducation, culture et nation dans l'Italie libérale*, in Edmondo De Amicis, *Le livre Cœur*, Paris, Éditions Rue d'Ulm/Presses de l'École normale supérieure, 2001, pp. 357-483.

38. Silvio Lanaro, *Il Plutarco italiano: l'istruzione del popolo dopo l'Unità*, in *Storia d'Italia, Annali 4, Intellettuali e potere*, a cura di Corrado Vivanti, Torino, Einaudi, 1981, p. 558.

39. Cfr. Marco Mondini, *La nazione di Marte. Esercito e nation building nell'Italia unita*, in «Storica», 20-21 (2001), pp. 209-246; Lorenzo Benadusi, *Ufficiale e gentiluomo. Virtù civili e valori militari in Italia 1896-1918*, Milano, Feltrinelli, 2015; Marco Rovinello, *Disegnare la naja. Rappresentazioni della leva in Italia fra celebrazione, nation-building e antimilitarismo (1861-1914)*, in «Memoria e Ricerca», 44 (2013), pp. 43-72.

40. Tempia, *Guida al visitatore del Tempio del Risorgimento italiano*, p. 55.

personaggi e messaggi provenienti dalla eterogenea cultura politica democratica.[41] La cifra qualificante dell'esposizione mi pare meglio espressa dal paradigma conciliatorista, quale emerge dal discorso inaugurale di Villa: un conciliatorismo – questo sì – non ancora palesemente sbilanciato in chiave moderata e monarchica, come accadrà nel discorso pubblico di fine secolo.

Nel vestibolo, oltre agli stemmi delle città italiane, erano collocate le statue di Cavour, Garibaldi, Mazzini e Manin: l'inclusione del protagonista della Repubblica di San Marco del 1848-49 era significativa, anche alla luce della emarginazione che avrebbe conosciuto negli anni a venire nel pantheon nazionale.[42] Nel salone principale o sala dei plebisciti troneggiava al centro la statua in bronzo di Vittorio Emanuele II, circondata da due grandi trofei di armi utilizzate nelle guerre dell'indipendenza. Oltre alla sciabola e all'elmo del sovrano, alle bandiere dei vecchi reggimenti piemontesi e a quattro quadri raffiguranti Vittorio Emanuele in posa marziale, le pareti contenevano cartelli con i risultati dei plebisciti e un florilegio dei discorsi della Corona. L'impronta dinastica era infine accentuata dalla ricostruzione della camera in cui Carlo Alberto era morto esule nel 1849 a Oporto, donata da Umberto I ed esposta con l'arredo ricalcato sul modello originale.

Nel proseguimento del percorso, il tono monarchico lasciava posto a un'immagine più viva e polisemantica. Tra i cimeli e i documenti arrivati da tante città italiane, si distinguevano i trofei raccolti sui campi di battaglia di Magenta, Solferino e San Martino, spade, fucili, pistole, proiettili, medaglie, bandiere, dipinti e ritratti. Qui erano disposti anche veri e propri oggetti di venerazione reliquiaria: la chitarra di Mazzini, l'uniforme, il cappello e la spada di Luciano Manara, la campana di piazza Mercanti rottasi mentre suonava a stormo durante le Cinque giornate milanesi, il cappello di Carlo Cattaneo, l'ultima pezzuola usata da Cavour in letto di morte, una ciocca di capelli di Goffredo Mameli, camicie insanguinate di fucilati: né erano risparmiati alla vista particolari macabri, come la mano di una giovinetta caduta nella difesa della Repubblica romana.

41. Così Montaldo, *Celebrare il Risorgimento*, p. 92.

42. Cfr. Eva Cecchinato, *La rivoluzione restaurata. Il 1848-1849 a Venezia fra memoria e oblio*, Padova, Il Poligrafo, 2003; Ivan Brovelli, *Daniele Manin et l'image de la révolution de Venise en France et en Italie (1848-1880)*, thèse de doctorat, Paris, EPHE, 2019 (sous la direction de Gilles Pécout).

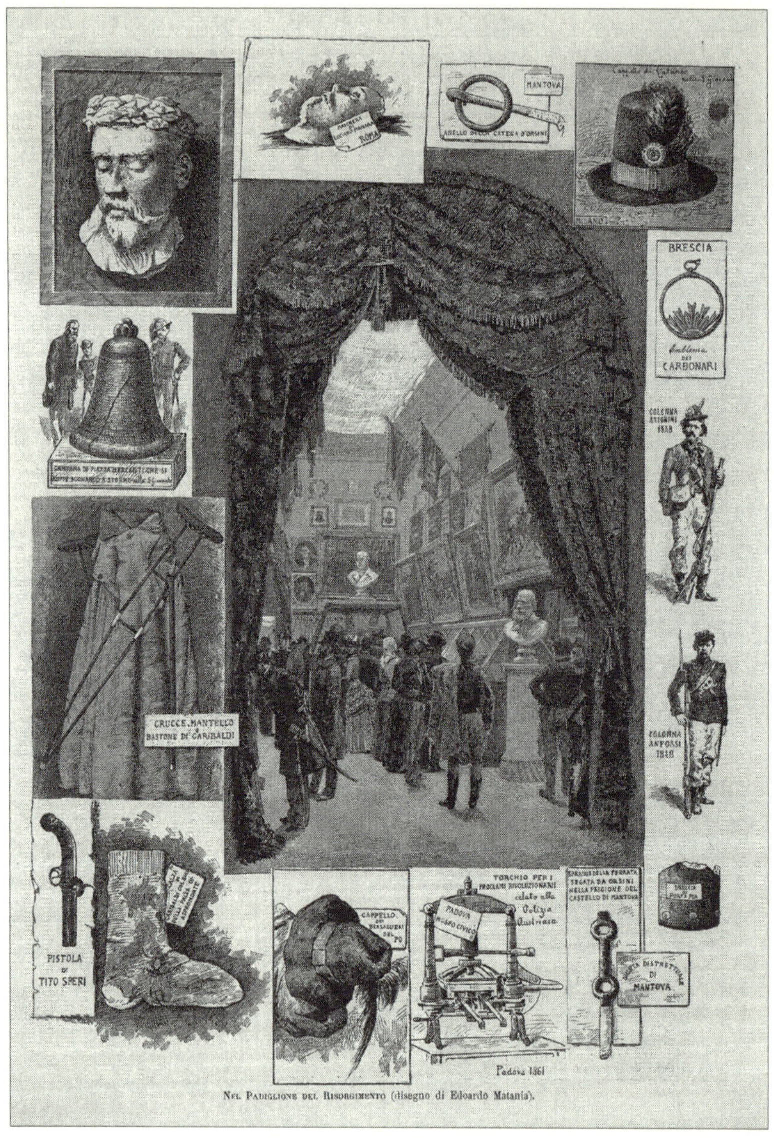

Fig. 1. Edoardo Matania, *Nel Padiglione del Risorgimento*, incisione tratta da «Torino e l'Esposizione italiana 1884». Napoli, Archivio Brevetti.

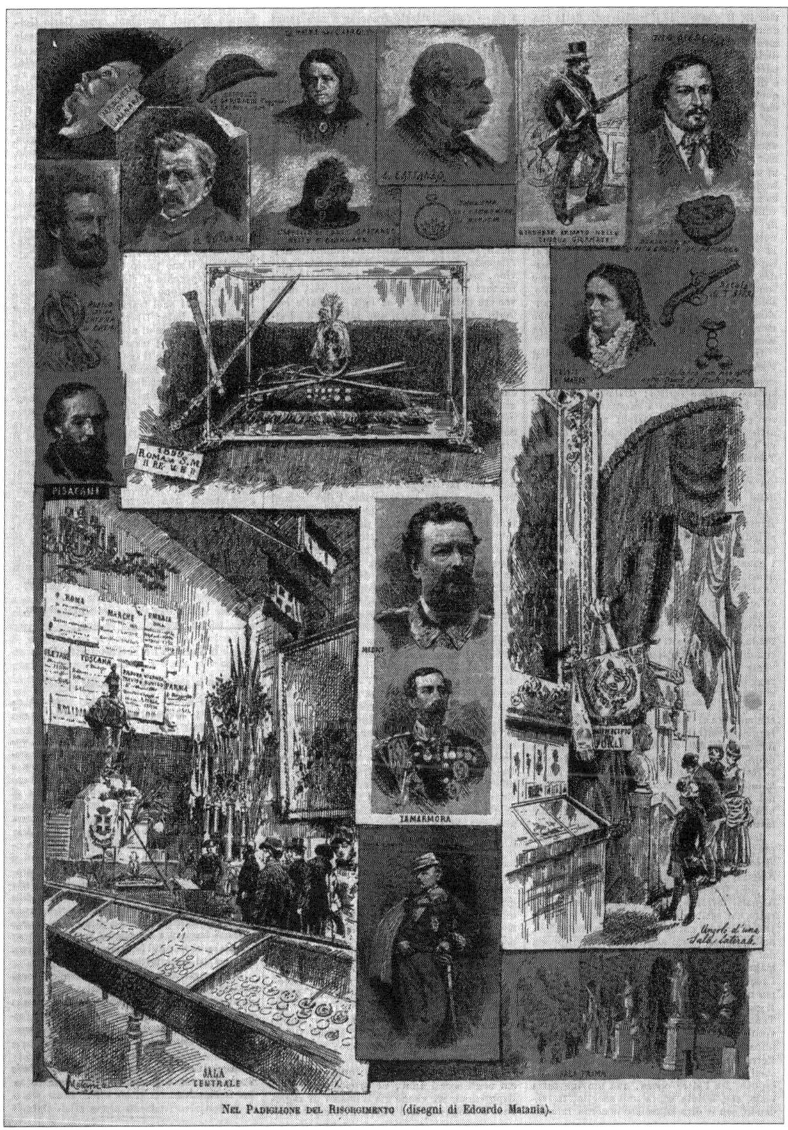

Fig. 2. Edoardo Matania, *Nel Padiglione del Risorgimento,* incisione tratta da «Torino e l'Esposizione italiana 1884». Napoli, Archivio Brevetti.

Nell'Italia monarchica, il caso più delicato era indubbiamente quello del repubblicano Mazzini. Il suo posto nel pantheon patriottico andava pesato e dosato con attenzione. Vari osservatori, segnalando la scarna presenza del genovese, ne trassero lo spunto per qualche commento polemico: «L'Italia è diventata una, ma Mazzini tiene ancora il capo chino sul petto: era ben altra e più virtuosa della presente, l'Italia che egli aveva sperato. Di fronte a Mazzini fu posta la statua di Cavour: e non si potevano avvicinare due menti e due fortune più diverse. Al primo i dolori dell'apostolato: al secondo tutte le soddisfazioni della riuscita».[43]

In effetti, il confronto con l'iconografia sabauda era affidato principalmente ai cimeli di provenienza garibaldina, solo in parte offuscati da una statua «calunnia», che la rivista dell'esposizione riteneva evidentemente troppo connotata a sinistra. L'espressione «serena e fascinatrice dell'eroe», secondo il modello già in voga del rivoluzionario disciplinato, era qui sostituita da un «viso fosco», da una «bocca aperta» e da «sguardi spiritati». In compenso «in tutte le sale del Risorgimento, in tutte le vetrine, appaiono il nome e la figura di Garibaldi. Egli è innestato, per così dire, nella storia di tutte le città e borgate: ha lasciato dappertutto la sua orma gloriosa, e con venerazione ciascuno le presenta, come il suo tesoro più ambizioso».[44] Il campionario garibaldino alimentava l'impianto reliquiario e religioso della mostra, integrandosi in una iconografia che faceva del nizzardo il santo laico per antonomasia.[45] Il Padiglione ospitava resti di uniformi delle varie campagne belliche, lo stivale di Aspromonte, la zappa e la calza con il sangue ancora rappreso della celebre ferita del 1862, il mantello, il fazzoletto e il cappello indossati nell'entrata a Palermo, la spada impugnata a Digione.[46] La leggenda garibaldina rendeva impraticabile l'emarginazione politica che ancora confinava Mazzini in una posizione defilata. Garibaldi aveva accettato apertamente il ruolo nazionale del Piemonte e di casa Sa-

43. *Nel Tempio del Risorgimento*, in «L'Esposizione Italiana del 1884 in Torino», dispensa 33, 1884, pp. 258-263.

44. Ivi, p. 259.

45. Cfr. Omar Calabrese, *Garibaldi tra Ivanohe e Sandokan*, Milano, Electa, 1982; Riall, *Garibaldi*; Dino Mengozzi, *Garibaldi taumaturgo. Reliquie laiche e politica nell'Ottocento*, Manduria, Lacaita, 2008.

46. Cfr. Tempia, *Guida al visitatore del Tempio del Risorgimento italiano*, ma soprattutto il *Catalogo degli oggetti esposti nel Padiglione del Risorgimento italiano. I. Medagliere. II. Oggetti. III. Documenti. IV. Bibliografia*, Milano, Dumolard, 1886-1894.

voia nelle tappe cruciali del Risorgimento: su queste basi, che eclissavano i successivi momenti di polemica e rottura con il governo monarchico, egli poteva essere assorbito e metabolizzato, a due anni dalla scomparsa, nell'operazione egemonica intessuta dalla classe dirigente liberale intorno alla memoria del passato prossimo.

Nel caso di Mazzini, la polemica implacabile contro la monarchia e il rifiuto di ogni compromesso ne facevano una figura «meno arrendevole a un racconto nazionale e a una sequenza pubblica in stile consociativo».[47] Per un pieno inserimento nella galleria dei padri della patria, il genovese avrebbe dovuto attendere il nuovo clima politico e culturale di inizio secolo, quando sarebbero maturati su scala nazionale i frutti della sua fortuna monumentale e scolastica.[48] Il monumento nazionale votato nel 1890 conobbe un percorso travagliato, tra Italia liberale e fascista: gli ostacoli furono rimossi soltanto nella cornice democratica del secondo dopoguerra e l'opera di Ettore Ferrari fu inaugurata nel 1949, centenario della Repubblica romana.[49] Sottoposto a una lettura che ne filtrava tutti gli aspetti antagonistici, Mazzini si impose invece quale protagonista incontrastato del linguaggio patriottico. Cavour era stato il vero vincitore politico, e in quanto tale fu ampiamente omaggiato anche nello spazio urbano. L'abilità diplomatica e la sobria concretezza ne facevano tuttavia un personaggio non facilmente utilizzabile sul terreno della mobilitazione simbolica. La santificazione dello statista nei circuiti dell'immaginario patriottico risultò così sbiadita e alquanto complicata.[50] Egli doveva cedere il posto alla retorica dei cavalieri dell'ideale e al dominio di un gusto romantico della storia che – lo notava Luigi Ambrosini nel 1909, alla vigilia del centenario ca-

47. Mario Isnenghi, *I luoghi della cultura*, in *Storia d'Italia. Le regioni dall'Unità a oggi. Il Veneto*, a cura di Silvio Lanaro, Torino, Einaudi, 1984, p. 386. Sergio Luzzatto, *La mummia della Repubblica. Storia di Mazzini imbalsamato* (2001), Torino, Einaudi, 2011; Simon Levis Sullam, *L'apostolo a brandelli. L'eredità di Mazzini tra Risorgimento e fascismo*, Roma-Bari, Laterza, 2010.

48. Sulla fortuna scolastica di Mazzini cfr. Claudia Mantovani, *I volti del profeta: Mazzini nei manuali di storia*, in *Mazzini e il Novecento*, a cura di Andrea Bocchi, Daniele Menozzi, Pisa, Edizioni della Normale, 2010, pp. 251-279.

49. Cfr. Jean Claude Lescure, *Les enjeux du souvenir: le monument national à Giuseppe Mazzini*, in «Revue d'histoire moderne et contemporaine», 140-42 (1993), pp. 177-201.

50. Sulla fortuna di Cavour nello spazio pubblico mancano ricerche di ampio respiro. Qualche spunto in Federica Albano, *Cento anni di padri della patria 1848-1948*, Torino, Comitato di Torino dell'Istituto per la storia del Risorgimento italiano – Carocci, 2017, pp. 135-146.

vouriano – ancora tracimava nella mania di esaltare «soprattutto i martiri, le forche, gli ergastoli, le imprese di guerra».[51]

D'altronde, dopo l'effetto scatenante della Rivoluzione francese, Mazzini era colui che più di tutti aveva contribuito a riportare la fede e lo slancio sentimentale al centro del discorso e della pratica politica. Come è stato notato con riferimento alle acute anticipazioni di Novalis, la dimensione di massa della politica in Europa non poteva più prescindere dai sensi, dalle emozioni, dal bisogno di «rigenerare il sacro e dare un senso trascendente al potere». Mazzini aveva colto perfettamente questa esigenza, proiettandola sulla nazione e su una poesia nazionale che occorreva nutrire «di lacrime di madri e sangue di martiri».[52] Tutti i principali codici di comunicazione e di rappresentazione della religione della patria – si pensi alla celebre opera di Atto Vannucci –[53] si nutrivano dei tratti tipici della predicazione mazziniana, con i richiami incessanti all'etica del sacrificio e al martirio per la causa nazionale, in cui entravano a pieno titolo anche i patrioti incarcerati o quelli costretti all'esilio.[54]

In questo senso, sulla scia del padiglione torinese, i musei del Risorgimento si distinsero come ambienti saturi di risonanze mazziniane, luoghi di sacralizzazione del momento fondante lo stato nazionale, templi laici della religione patriottica.[55] Lo si vedrà meglio più avanti, analizzando le politiche e le poetiche museali, i linguaggi, la tipologia degli allestimenti. Prima occorre delineare la mappa territoriale dei musei, vederne all'opera

51. Luigi Ambrosini, *Cavour*, in «Il Marzocco», 7 febbraio 1909, ora in Id., *Cronache del Risorgimento*, Bologna, Boni, 2011, p. 113.

52. Cfr. Rolf Petri, *Nostalgia e* Heimat. *Emozione, tempo e spazio nelle costruzioni dell'identità*, in *Nostalgia. Memoria e passaggi tra le sponde dell'Adriatico*, a cura di Rolf Petri, Roma, Edizioni di Storia e Letteratura, 2010, p. 21. Arianna Arisi Rota, *I piccoli cospiratori. Politica ed emozioni nei primi mazziniani*, Bologna, il Mulino, 2010.

53. Cfr. Fulvio Conti, *Per una religione della libertà: il culto dei martiri della patria*, in Id., *Italia immaginata. Sentimenti, memorie e politica fra Otto e Novecento*, Pisa, Pacini, 2017, pp. 59-85; Silvia Cavicchioli, *I resti dei vinti. I martiri della Repubblica romana (1849-1879)*, in «Il Risorgimento», 2 (2017), pp. 37-84.

54. Cfr. Roberto Balzani, *Alla ricerca della morte "utile". Il sacrificio patriottico nell'Ottocento*, e Lucy Riall, *"I martiri nostri son tutti risorti!". Garibaldi, garibaldini e il culto della morte eroica*, entrambi in *La morte per la patria. La celebrazione dei caduti dal Risorgimento alla Repubblica*, a cura di Oliver Janz e Lutz Klinkhammer, Roma, Donzelli, 2008, pp. 3-21 e 23-44.

55. Su caratteristiche e implicazioni della "nuova politica" resta fondamentale George L. Mosse, *La nazionalizzazione delle masse. Simbolismo politico e movimenti di massa in Germania 1815-1933* (1974), tr. it. Bologna, il Mulino, 1975.

i promotori, coglierne l'impatto diversificato in un paese alle prese con vari mutamenti tra fine secolo ed età giolittiana. Nella struttura policentrica italiana, la geografia dei musei consente di collegare i processi che li riguardano alle dinamiche più ampie proprie delle realtà locali, dove i luoghi e gli strumenti con cui il passato era rievocato incidevano in modo diretto nella vita politica.

4. *Geografia museale. Memoria e territorio*

Nelle intenzioni della commissione piemontese, il Padiglione del Risorgimento del 1884 avrebbe dovuto fungere da trampolino di lancio per la costituzione a Torino di un grande museo dell'indipendenza nazionale. L'idea risaliva al gennaio 1878, quando la notizia della morte di Vittorio Emanuele II aveva indotto il Consiglio comunale a trovare un modo adeguato per tributare al re l'omaggio della città e della nazione. Nella sua relazione, lo storico Nicomede Bianchi, direttore dell'Archivio di Stato di Torino, descrisse il museo come «il ricordo storico più prezioso, l'ammonimento civile più salutare che la generazione autrice della libera Italia possa lasciare alla generazione avvenire». Non mancò poi di ricorrere all'immagine della «santa concordia» attorno a cui, «ammaestrati dalla secolare sventura», si erano stretti «municipi, regioni, parti politiche», e che sarebbe stata perfezionata quattro anni dopo sull'onda dell'emozione prodotta dalla morte di Garibaldi.[56]

Le sorti del museo torinese erano tuttavia legate alla conclusione dei lavori della Mole Antonelliana, l'ex tempio israelitico acquistato dal Municipio e indicato come sede idonea per ospitare i reperti del Risorgimento. Vari progetti di musealizzazione circolavano da oltre un decennio, con l'intento di sfruttare collezioni che, attraverso l'esaltazione di singoli personaggi, rivendicassero la centralità di Torino e dei Savoia nel processo unitario. Fu però soltanto con la scelta della sede che la storia del Museo nazionale del Risorgimento prese effettivamente avvio. Il salto di qualità era innegabile: al confronto, ha notato Silvano Montaldo, sbiadivano le proposte precedenti, «scaturite da motivazioni legate alla patria d'origine,

56. Consiglio comunale di Torino, *Estratto di verbale della seduta del 12 dicembre 1884*.

assai più limitate rispetto alla nuova prospettiva che le discussioni e i conflitti della prima metà del 1878 avevano fatto maturare».[57]

L'Esposizione del 1884 rilanciò con forza il progetto e Tommaso Villa ne fu da subito l'interprete più autorevole e convinto. Sua fu la relazione con cui la commissione definiva scopi e carattere del museo, che non sarebbe dovuto diventare uno «strumento di passioni partigiane» o un «facile rifugio di malsane ambizioni».[58] Dietro quelle parole traspariva anche lo sforzo di sbarrare la strada al partito "piemontese": lo stesso che sei anni prima, dopo la morte del re, ne aveva invocato la sepoltura nella basilica di Superga, il sacrario della tradizione sabauda. All'epoca la manovra era stata sventata da Crispi – spalleggiato a Torino proprio da Villa –, secondo una strategia che faceva della tumulazione al Pantheon a Roma l'atto di consacrazione simbolica della nuova "monarchia nazionale".[59] Per evitare che si riaffacciasse il rischio di una sua declinazione piemontese, Villa affermò che il museo avrebbe dovuto ottenere la veste giuridica di istituto nazionale: «raccogliere le memorie dei nostri più sacri entusiasmi, dei nostri più gloriosi dolori, di tutto ciò che abbiamo più nobilmente amato, e accoglierle in un sacrario intorno all'immagine maestosa del Re, che tutte le riassume, e che meritò di essere chiamato il Padre della Patria, è tal fatto che s'impone alla coscienza nazionale e da essa deve trarre le sue condizioni di vita».[60]

Nel breve periodo, l'obiettivo principale restava la raccolta documentaria. Poiché il padiglione del 1884 aveva suscitato nei visitatori «un sentimento di profonda commozione», era lecito pensare che si potessero lasciare a Torino «consacrate all'affetto e alla religione della patria le memorie gloriose dell'eroismo del popolo italiano e delle virtù del suo Re».[61] Il sindaco Balbo Bertone di Sambuy inoltrò richieste formali al fine di saggiare la fattibilità del progetto, ma le speranze andarono presto deluse. Molti cittadini si mostrarono restii a privarsi dei cimeli familiari, mentre risposte negative arrivarono da quasi tutte le amministrazioni

57. Montaldo, *Celebrare il Risorgimento*, p. 78.

58. Consiglio comunale di Torino, *Estratto di verbale della seduta del 12 dicembre 1884*.

59. Cfr. in particolare Levra, *Fare gli italiani*.

60. Consiglio comunale di Torino, *Estratto di verbale della seduta del 12 dicembre 1884*.

61. *Ibidem*.

municipali,[62] che trassero dal successo del padiglione torinese l'incentivo alla formazione di autonomi nuclei museali.

Su questa scelta pesava un dato oggettivo, dal quale era difficile prescindere. Il Risorgimento era stato un movimento complesso, animato da esperienze eterogenee e distribuito su un lungo arco temporale: ciascuna città vantava episodi e personaggi che costituivano un prezioso capitale politico e simbolico per la legittimazione delle élite municipali. L'orgoglio dell'identità locale, alimentando lo spirito di emulazione, incoraggiava un'appassionata sfida patriottica. Lo scivolamento nel campanilismo e la rivendicazione di "primati" erano spesso un corollario inevitabile di questa gara. D'altro canto, la frammentazione conflittuale non ne costituiva un esito scontato. Era anzi diffusa la convinzione che l'esaltazione della "piccola patria" fosse la strada più efficace per rinsaldare l'appartenenza alla "grande patria":[63] e ciò grazie anche alla stratificazione territoriale di un patrimonio culturale che le comunità potevano riconoscere come parte di una memoria comune. Deputazioni di storia patria e musei civici, collezioni in prevalenza dedicate all'arte e all'archeologia svolgevano un ruolo cruciale nella costruzione di un tessuto culturale che unificava esigenze di conservazione e spirito civico.[64] Il fenomeno si iscriveva in una tendenza che travalicava i confini nazionali. In Francia, negli stessi anni, la convinzione che i musei fossero ormai una componente indispensabile dell'arredo urbano spinse alla moltiplicazione delle collezioni locali, che abbinavano gusto dell'arte, decoro civico e orgoglio municipale.[65]

62. Ad esempio, lettere inviate a Torino dai sindaci di Padova (5 febbraio 1885), Pavia (9 marzo 1885), Mantova (18 aprile 1885), Bologna (25 maggio 1885): ASCT, Gabinetto del sindaco, 1797/143/6, *Museo storico nazionale*.

63. Cfr. Stefano Cavazza, *Alla ricerca della Nazione: centro e periferia nella costruzione dello Stato unito*, in *Giuseppe Garibaldi. Un eroe popolare nell'Europa dell'Ottocento*, a cura di Andrea Ragusa, Manduria, Lacaita, 2009, pp. 111-126.

64. Cfr. Simona Troilo, *La patria e la memoria. Tutela e patrimonio culturale nell'Italia unita*, Milano, Electa, 2005; Andrea Emiliani, *Musei e museologia*, in *Storia d'Italia*, V, *I documenti*, t. II, Torino, Einaudi, 1973, pp. 1615-1655; *La storia della storia patria*; Axel Körner, *Politcs of Culture in Liberal Italy. From Unification to Fascism*, New York – London, Routledge, 2009; Andrea Ragusa, *Alle origini dello Stato contemporaneo. Politiche di gestione dei beni culturali e ambientali tra Ottocento e Novecento*, Milano, FrancoAngeli, 2015.

65. Cfr. Dominique Poulot, *L'invention de la bonne volonté culturelle: l'image du musée au XIX*[e] *siècle*, in «Le mouvement social», 131 (1985), p. 60; Maurice Agulhon, *Imagerie civique et décor urbain*, in Id., *Histoire vagabonde. I. Ethnologie et politique dans*

Non stupisce dunque che la forza delle tradizioni e degli interessi municipali si caratterizzasse sin dagli esordi come un tratto distintivo dei musei. La tendenza fu agevolata dal fatto che la loro gestione continuò a essere demandata quasi integralmente ai poteri locali. In assenza di un'operazione coordinata dal centro, l'impegno fu assolto da amministrazioni comunali, società di veterani e reduci, associazioni massoniche e del libero pensiero, eruditi e collezionisti. I musei potevano così presentarsi come canali di mediazione culturale tra le due patrie e integrare i valori del tessuto locale nell'appartenenza a una comunità più vasta, che quei valori avrebbe dovuto sublimare in senso nazionale.

In una situazione complessa come quella italiana, tale ramificazione poté rivelarsi un elemento di forza, talora rispecchiare invece la distanza che ancora separava la coscienza unitaria dello Stato da quella della società civile. Di fatto, quella peculiarità era destinata a incidere nella tipologia delle iniziative culturali, condizionando il rapporto tra museo, storia cittadina e storia nazionale: una sintesi che in quegli anni era perseguita anche con la rivisitazione assidua del Medioevo.[66] Lo sbilanciamento sulle glorie locali rientrava nella logica delle cose. La tradizione delle "cento città" spingeva i musei a rivendicarne l'apporto al Risorgimento e a magnificarne gli eroismi e i martiri. Il rischio era quello di disperdere i potenziali simboli unificanti a vantaggio di un'immagine della nazione come somma di tradizioni e cartoline civiche.[67] Contributi recenti invitano tuttavia a vedere in questa "territorializzazione" della memoria patria una strategia particolarmente congrua al caso italiano, quasi che soltanto l'incontro delle diversità regionali potesse imprimere una reale forza di mobilitazione civica e di riconoscimento nazionale. Gli organizzatori delle celebrazioni del cinquantesimo anniversario

la France contemporaine, Paris, Gallimard, 1988, pp. 101-136. Per alcune riflessioni sul caso italiano cfr. Roberto Balzani, *Collezioni, memorie locali, musei. Per una storia del patrimonio culturale*, in *Collezioni, musei, identità tra XVIII e XIX secolo*, a cura di Roberto Balzani, Bologna, il Mulino, 2007, pp. 9-28.

66. Cfr. Simonetta Soldani, *Il Medioevo del Risorgimento nello specchio della nazione*, in *Arti e storia nel Medioevo*, a cura di Enrico Castelnuovo e Giuseppe Sergi, vol. IV, Torino, Einaudi, 2004, pp. 149-186; Ilaria Porciani e Mauro Moretti, *Italy's various Middle Ages*, in *The Uses of the Middle Ages in Modern European. History, Nationhood and the Search of Origins*, a cura di Robert J.W. Evans e Guy P. Marchal, Basingstoke, Palgrave Macmillan, 2011, pp. 177-196; Duccio Balestracci, *Medioevo e Risorgimento. L'invenzione dell'identità italiana nell'Ottocento*, Bologna, il Mulino, 2015.

67. Cfr. Ilaria Porciani, *Stato e nazione: l'immagine debole dell'Italia*, in *Fare gli italiani. Scuola e cultura nell'Italia contemporanea*, p. 425.

dell'unità, nel 1911, avrebbero giocato proprio questa carta, riscuotendo un successo non trascurabile.[68] Resta il fatto che, nel caso dei musei, il rapporto con il territorio fu un fattore decisivo, tale da incidere in profondità nella definizione della loro struttura e organizzazione.

La prima ondata – sulla scia del padiglione torinese – si sviluppò tra il 1885 e la metà del decennio successivo, con una netta concentrazione nelle regioni settentrionali. Fu quello il periodo aureo della memoria del Risorgimento, che coincise – e non a caso, per i motivi già in parte ricordati – con l'egemonia politica di Francesco Crispi. Potremmo assumere ad apice di questo decennio i festeggiamenti del 1895. Nel venticinquesimo anniversario della breccia di Porta Pia, il Parlamento votò l'ingresso del 20 settembre nel calendario festivo[69] e la data fu celebrata solennemente a Roma con l'inaugurazione del monumento nazionale a Garibaldi al Gianicolo.[70] Una seconda fase si colloca tra l'età giolittiana e la Grande guerra: nuovi musei furono fondati a Ferrara, Mantova, Firenze, Macerata, Udine, Genova, Bergamo, solo per ricordare i più importanti. Il Museo del Risorgimento di Palermo, il primo di questo genere nel Meridione, progettato sin dagli anni Novanta, fu inaugurato soltanto il 31 dicembre 1918, quasi a siglare l'interpretazione del conflitto come il coronamento delle lotte per l'indipendenza.

Questo "secondo tempo" della politica museale evidenzia però anche alcune non trascurabili discontinuità. Il mutato contesto generale del paese condizionò sia la politica della memoria fondata sul Risorgimento sia le sue ricadute nel discorso pubblico. Sui musei storici e sul loro ruolo nella società si aprì in quegli anni un dibattito inedito, come ben testimonia il primo congresso di storia del Risorgimento, svoltosi a Milano nel novembre 1906 e sul cui significato di snodo si tornerà più avanti.

68. Cfr. in particolare Catherine Brice, *Il 1911 in Italia. Convergenza di poteri, frazionamento di rappresentazioni*, in «Memoria e Ricerca», 34 (2010), pp. 47-62.

69. Sul 20 settembre cfr. Guido Verucci, *Il XX settembre*, in *I luoghi della memoria. Personaggi e date dell'Italia unita*, a cura di Mario Isnenghi, Roma-Bari, Laterza, 1997, pp. 87-100; Jean Pierre Viallet, *Pour l'histoire d'une célébration anticléricale*, in «Mélanges de l'École française de Rome. Italie et Mediterranée», 109/1 (1997), pp. 115-137; Maurizio Ridolfi, *Le feste nazionali*, Bologna, il Mulino, 2003, pp. 38-44. Sulla presenza del 20 settembre nello spazio urbano cfr. Marta Margotti, *Per le strade della patria. Nazionalizzazione e laicizzazione nell'odonomastica dell'Italia post-unitaria*, in «Rivista italiana di onomastica», 2 (2015), pp. 641-660.

70. Cfr. Ilaria Porciani, *Stato, statue, simboli: i monumenti nazionali a Garibaldi e a Minghetti del 1895*, in «Annale ISAP», 1 (1993), pp. 211-242.

Un censimento realizzato in previsione del congresso aiuta a stendere la mappa delle istituzioni museali. All'epoca era attestata l'esistenza di 26 musei del Risorgimento.[71] Ben 22 erano dislocati nell'Italia settentrionale: Torino, Alessandria, Milano, Brescia, Pavia, Como, Varese, Cremona, Melegnano, Magenta, Padova, Treviso, Vicenza, Venezia, Pieve di Cadore, Udine, Cividale, Bologna, Ferrara, Modena, Forlì, Reggio Emilia. Sei nell'Italia centrale: Firenze, Macerata, Perugia, Foligno, oltre ai musei garibaldini di Roma e Mentana. Uno soltanto – quello di Palermo (ma non ancora operativo, come si è detto) – nell'Italia meridionale.

In realtà, nell'elenco compaiono nomi di città il cui museo era ancora *in fieri* o confinato allo stadio di progetto e delle buone intenzioni. In altri casi si era in presenza di un semplice fondo risorgimentale o di sezioni allestite all'interno del locale museo civico: talora si trattava di materiale depositato nei magazzini o sistemato provvisoriamente in qualche stanza, in attesa di essere ordinato. Sarebbe un errore trascurare le piccole collezioni: anch'esse potevano incentivare la promozione di ricerche storiche, creare il pretesto per l'allestimento di mostre temporanee in occasione dei principali anniversari, mobilitare l'orgoglio patriottico delle comunità locali e tenere desta l'attenzione nei confronti delle memorie del Risorgimento.[72] L'attenzione va però qui rivolta alle istituzioni che all'epoca erano in grado di svolgere un'azione attiva e continuativa nel tempo. Ne è riprova il fatto che al congresso milanese del 1906 fu avanzata la proposta di fondare un museo in ogni capoluogo di provincia: si voleva da un lato sollecitare lo Stato a uscire dalla latitanza nel settore, dall'altro colmare i vuoti ancora evidenti, soprattutto nelle aree meridionali.[73]

In breve, si vuol dire che i musei intitolati al Risorgimento erano per definizione altra cosa rispetto alle semplici collezioni risorgimentali disposte nei musei civici o alle esposizioni che, per quanto rilevanti, concentravano il loro impatto nei mesi di apertura. La rivendicazione di un'attività

71. Cfr. Ambrogio Crippa, *Saggio di indice generale dei Musei, raccolte e archivi pubblici e privati del Risorgimento nazionale*, in «Bollettino Ufficiale del Primo Congresso Storico del Risorgimento Italiano e Saggio di mostra sistematica», 8 (1906), pp. 387-408.

72. Sulle ricadute delle mostre insiste Giulio Brevetti, *La patria esposta. Arte e storia nelle mostre e nei musei del Risorgimento*, Palermo, Palermo University Press, 2019. Riferimenti anche in Luisa Renzo, *Il Risorgimento esposto. Mostre e musei di storia patria nell'Italia liberale e fascista*, Tesi di dottorato di ricerca in Storia contemporanea, Università degli Studi di Torino, a.a. 2012-2013.

73. Se ne fece interprete Ersilio Michel, in Congresso 1906, pp. 90-91.

autonoma rivelava il senso di un progetto culturale più specifico e ambizioso, che puntava ad avere profonde implicazioni nella vita cittadina. In questo senso, i musei del Risorgimento effettivamente funzionanti negli anni a cavallo del secolo erano quelli di Torino, Milano, Brescia, Pavia, Mantova (quest'ultimo non incluso nell'elenco del 1906), Bologna, Modena, Ferrara, cui si possono aggiungere i musei di Udine, Firenze e Macerata, inaugurati a ridosso del congresso milanese. Venezia, Vicenza, Treviso, Forlì disponevano di cospicue sezioni risorgimentali – in questo caso veri e propri surrogati di musei autonomi –, alloggiate nei musei civici. Il Museo centrale del Risorgimento di Roma, la cui costituzione nei locali del Vittoriano spettava dal 1906 al neonato Comitato nazionale per la storia del Risorgimento italiano, era ancora un castello di ambizioni: la sua vicenda si sarebbe rivelata lunga e tormentata, solcata da ritardi e incertezze che di fatto ne avrebbero compromesso a lungo una incisiva funzione pubblica.[74]

Un dato si staglia in tutta evidenza. L'area padana fu il vero terreno di germinazione e di sviluppo dei musei. In Piemonte, Lombardia, Emilia e Romagna, Veneto, i soggetti promotori riuscirono per primi a tradurre i propositi maturati all'indomani dell'esposizione torinese del 1884. Altrove la situazione era più incerta. Non mancavano i progetti, gli auspici, la mobilitazione di associazioni e privati: ma nei fatti si registrava una grande difficoltà nel passare dagli annunci alla realizzazione effettiva. Soltanto nel corso della Grande guerra e negli anni successivi la rete museale conobbe una più ramificata diffusione territoriale.

Come spiegare questo squilibrio? Quali le cause del ritardo o dell'assenza di tante città, specialmente nel Meridione, di fronte all'obiettivo di creare luoghi deputati alla sacralizzazione della patria e alla trasmissione museale della storia del Risorgimento?

È forte la tentazione di leggere il fenomeno come spia ulteriore del divario esistente tra le diverse zone del paese, quasi che la difformità delle tappe e delle modalità di partecipazione alla formazione dello stato unitario si rispecchiasse anche sul piano della loro rappresentazione e celebrazione. Una tale lettura rischia di fermarsi alla superficie del fenomeno: sono ancora pochi gli studi mirati sui rituali e i culti patriottici nelle città meridionali per far luce su dinamiche e geografia della politica della memoria, sulle

74. Cfr. Alberto Maria Arpino, *Il Museo Centrale del Risorgimento*, in «RSR», 2 (1971), pp. 305-310; Marco Pizzo, *Visita al Risorgimento. Il Museo centrale del Risorgimento di Roma*, Roma, Gangemi, 2006.

iniziative promosse dai governi locali e i livelli di coinvolgimento e mobilitazione sociale.[75] Allo stato attuale delle conoscenze, non sembra che affiorino eclatanti vuoti commemorativi.[76] Negli anni Sessanta, un agiato agricoltore pugliese in viaggio di nozze poteva costatare ammirato che a Torino «uomini e donne amano alla follia il loro paese e le loro vittorie e più ne imparano la storia da fanciulli sulle piazze», poiché, a differenza dei richiami prevalenti nelle città meridionali a santi e patroni, lo spazio urbano era qui intessuto di «monumenti che ricordano uomini storici o avvenimenti».[77] Qualche decennio più tardi il divario era stato in gran parte colmato. L'importante caso siciliano, ricostruito con particolare riferimento alla città di Palermo, evidenzia un sostrato di memoria risorgimentale tutt'altro che evanescente, anche qui come altrove permeato di spiccate venature locali.[78] Lo stesso vale per Napoli, dove esisteva un diffuso tessuto associazionistico e la stessa toponomastica urbana fu intensamente riplasmata secondo il pedagogismo patriottico di ascendenza risorgimentale.[79]

Due fattori oggettivi non vanno inoltre sottovalutati. La formazione di un museo richiedeva una concreta disponibilità di mezzi, risorse, uomini. In secondo luogo, l'allestimento museale era spesso legato al collezionismo privato: i lasciti erano formalmente vincolati all'impegno che i destinatari delle donazioni assumevano di provvedere alla conservazione e all'esibizione dei materiali. Considerando le tante variabili che segnarono

75. Cfr. *«L'Italia è». Mezzogiorno, Risorgimento e post-Risorgimento*, a cura di Maria Marcella Rizzo, Roma, Viella, 2013. Cfr. inoltre Carmine Pinto, *La guerra del ricordo. Nazione italiana e patria napoletana nella memorialistica meridionale (1860-1903)*, in «Storica», 54 (2012), pp. 45-76.

76. Cfr. *Effemeridi patriottiche. Editoria d'occasione e mito del Risorgimento nell'Italia unita (1860-1900)*, a cura di Fabrizio Dolci, Roma, Biblioteca di storia moderna e contemporanea, 1994; Renzo, *Il Risorgimento esposto*; Brevetti, *La patria esposta.*

77. Fabrizio Rossi, *Impressioni di un viaggio per l'Italia media e settentrionale*, diario redatto nel 1865, conservato all'Archivio diaristico nazionale di Pieve Santo Stefano (Arezzo).

78. Claudio Mancuso, *La Patria in festa. Ritualità pubbliche e religioni civili in Sicilia 1860-1911*, Palermo, La Zisa, 2013.

79. Cfr. *Materiali per costruire il paese. Documenti, monumenti, istituzioni*, a cura di Nadia Barrella e Renata De Lorenzo, in «Archivio storico per le province napoletane», CXXX (2012); in particolare, i saggi di Renata De Lorenzo, *Deputazioni e società di storia patria dell'Italia meridionale*, pp. 29-62; Nadia Barrella, *Musei, esposizioni e commissioni: la Patria da esporre e da tutelare*, pp. 63-72; Carolina Belli, *Eredità ottocentesche nella toponomastica napoletana*, pp. 231-237; Almerinda Di Benedetto, *Memoria risorgimentale. Episodi di scultura monumentale nella città postunitaria*, pp. 333-343.

la vita dei musei, un fattore dirimente può essere forse individuato nel tipo di interpretazione del Risorgimento che il racconto museale era chiamato a diffondere nell'Italia del tempo. Depurata di ogni allusione alla questione sociale e ai problemi connessi, l'immagine del processo unitario era dominata dal momento politico-militare, dal tema della liberazione dallo straniero austriaco, e in subordine dalla sconfitta del temporalismo pontificio e dei sovrani preunitari. Ne discendeva che gli episodi di eroismo civico, i sacrifici dei patrioti e le battaglie campali trovassero i sostenitori più entusiasti nelle città che erano state il teatro prolungato degli scontri con l'esercito austriaco e con le milizie papaline. Era in queste località che sul *topos* della lotta allo straniero era possibile elaborare una memoria storica in grado di incrociare una sensibilità diffusa. Dove mancava un sostrato robusto di memoria "negativa" o dove i governi preunitari avevano lasciato il ricordo di un'amministrazione relativamente temperata, diventava probabilmente più complicato avvalorare una lettura del passato assorbita interamente dal tema delle sollevazioni cittadine, imperniata su cospirazioni, carcerazioni, martirologio patriottico. Si pensi alla Toscana, dove infatti la celebrazione del Risorgimento dovette appoggiarsi anzitutto alla partecipazione dei giovani patrioti nei teatri della guerra contro l'Austria, come nel caso dei volontari universitari caduti a Curtatone e Montanara.[80]

Questa lettura poteva trovare qualche eco anche in contesti in cui la nota prevalente era quella del patriottismo clerico-moderato, decisamente rara nel caso dei musei. L'abate Luigi Bailo, direttore del Museo civico di Treviso, personaggio sul quale si tornerà, affidava al culto delle patrie memorie la vitalità della tradizione nazionale e la sopravvivenza stessa delle conquiste risorgimentali. Con tono severo di ammonizione, nel pieno della crisi del 1898, citava lo zelo con cui l'impero asburgico additava alla venerazione pubblica i ricordi di quanti avevano combattuto in territorio italiano:

> Vadano, vadano i nostri a Innsbruck, e là vedranno nel Ferdinandeum, come sono raccolte ed esposte le cose di Andrea Hoffer e di Giuseppe Radetsky! Vadano a Salisburgo, a Graz, a Zagabria, a Buda Pest, a Praga e a Vienna e vi vedranno il culto prestato da quelle città nei loro civici Musei, alle memorie

80. Cfr. Claudia Burzagli, *Tra piccola e grande patria. La costruzione della memoria di Curtatone e Montanara in Toscana (1849-1876)*, in «Rassegna storica toscana», 2 (2006), pp. 267-299; *Tanto infausta sì, ma pur tanto gloriosa. La battaglia di Curtatone e Montanara*, a cura di Costantino Cipolla e Fiorenza Tarozzi, Milano, FrancoAngeli, 2004.

di quegli uomini il cui nome non è senza l'associazione di idee di dolori, di sangue, di lutti italiani. Imparino là a conoscer Andrea Hoffer, Radetsky, D'Aspre, Jellacic, Welden, etc. se Dio non rimandi ancor di qua di quei signori a farci riapprender col dolor l'amor della patria e il culto delle sue cose sante; ché per alcuni non starebbero proprio male altri vent'anni di dominazione croata e qualcuno di carcere duro, sperando che, ora che anche l'Austria pare siasi cambiata, sarebbe, almeno pel momento, loro risparmiata la forca.[81]

5. *Milano e Torino*

L'organizzazione dei primi musei, come si vedrà, rispose a sollecitazioni alquanto omogenee riguardo ai criteri di raccolta, selezione ed esposizione dei documenti e dei cimeli. Le differenze si coglievano piuttosto nella lettura del passato, dove entravano in gioco i protagonisti dell'operazione e le tradizioni municipali. Nel caso di Milano, le implicazioni furono evidenti sin dalla fase di raccolta del materiale per l'esposizione torinese del 1884.[82] Benché il contributo di Bologna fosse infine giudicato da alcuni il «meglio organizzato»,[83] la sezione più ricca e articolata del padiglione risultò proprio quella milanese, frutto di un impegno assolto con diligenza e partecipazione: 1692 documenti, 1404 tra libri e opuscoli, 500 cimeli tra quadri, disegni, stampe e oggetti, 60 iscrizioni di targhe e lapidi cittadine. I verbali delle adunanze della commissione milanese documentano l'attenzione con cui furono valutati i criteri ordinativi della mostra storica. Presieduta da Cesare Correnti, la commissione includeva alcune delle personalità più in vista della città: Carlo D'Adda (vice presidente), Felice Calvi (segretario), Pompeo Cambiasi, Gabrio Casati, Gian Alfonso Casati, Sebastiano De Albertis, Enrico Guastalla, Girolamo Induno, Carlo Mancini, Giuseppe Missori, Damiano Muoni, Mario Paganetti, Massimiliano Ponti, Luigi Sala, Emilio Seletti, Carlo Ermes Visconti, Giovanni Visconti Venosta. Dunque, esponenti dell'aristocrazia, del notabilato borghese, ma

81. *Guida per l'Esposizione storica trevigiana del Risorgimento nazionale nel cinquantesimo del 1848*, in «Bollettino del Museo trevigiano», numero straordinario, maggio-giugno 1898, p. 3.

82. Esposizione Generale Italiana in Torino, *Sezione della mostra storica del Risorgimento nazionale. Commissione del Municipio di Milano*, Milano, Stabilimento Tip.-Lib. Ditta F. Manini, 1884.

83. Tempia, *Guida al visitatore del Tempio del Risorgimento italiano*, p. 32.

anche reduci garibaldini e celebri soldati-pittori. Tra questi ultimi, Induno si ritagliò un posto di rilievo: i quadri di argomento risorgimentale, specialmente garibaldino, ne avrebbero fatto per lungo tempo un protagonista delle mostre ed esposizioni temporanee allestite a più riprese nel corso degli anni.[84] La guida di Correnti certificava la matrice unitaria del progetto, che puntava a trascendere le divisioni di partito e coinvolgere un vasto movimento di opinione.[85]

La consapevolezza di dover impostare un'iniziativa che travalicava la circostanza espositiva affiorava sin dall'appello rivolto alla cittadinanza. L'opera che si voleva promuovere era «destinata a lasciare un'impronta seria e duratura nei cataloghi e negli indici da compilarsi, con copiose indicazioni, a vantaggio degli studi, e per chi in tempi più riposati, si accingerà ai lavori storici intorno alla rivoluzione italiana».[86] In realtà, dietro la compattezza di facciata, i verbali lasciano trasparire alcuni contrasti, che emersero in piena luce quando si passò a discutere la preparazione e l'organizzazione del materiale da inviare a Torino. Il Risorgimento era un periodo storico ancora troppo vicino per essere valutato e "sentito" con il dovuto distacco. Si spiegano così le cautele, la preoccupazione di non urtare suscettibilità personali, il timore di prestare il fianco a rancori e polemiche che avrebbero portato una nota stonata in seno a una manifestazione celebrativa.

Un caso esemplare era quello dei processi di Mantova, che tra il 1852 e il 1853 si erano conclusi con la condanna a morte dei "martiri di Belfiore", tra cui Enrico Tazzoli, Carlo Poma, Tito Speri. Un'interpretazione apertamente polemica nei confronti dell'Austria avrebbe potuto avere risvolti imbarazzanti sul piano dei rapporti politici e diplomatici con uno Stato che, da nemico storico, godeva dal 1882 dello status di alleato. L'idea di procedere all'accertamento scrupoloso dei fatti era guardata con altrettanto sospetto, perché rischiava di intaccare l'immagine consolidata della vicenda. I verbali riportano la testimonianza del notaio Antonio Lazzati, uno degli imputati ai processi, il quale consigliava di parlarne in modo cauto e generico per evitare di oscurare l'alone mitico di quel fatto storico.

84. Cfr. Brevetti, *La patria esposta*, *passim*.

85. Cfr. *Verbali delle Commissioni consultive del Museo dal 22 novembre 1883 al 15 dicembre 1884*, in *Il Museo del Risorgimento di Milano nel cinquantenario della fondazione*, Milano, 1934.

86. Cit. in *Il Museo del Risorgimento*, in *Milano fin de siècle e il caso Bagatti-Valsecchi. Memoria e progetto per la metropoli italiana*, a cura di Cesare Mozzarelli e Rosanna Pavoni, Milano, Guerini e Associati, 1991, pp. 59-66.

Le fasi del processo non erano state «tutte quali si vorrebbe nel desiderio di una illustrazione di periodo storico nei riguardi dell'amor patrio». Non tutti avevano saputo resistere «all'azione demoralizzatrice di chi conduceva il processo. Alcuni, purtroppo, oppressi da sofferenze o timorosi di misure minacciate, non seppero conservare il segreto; altri parlarono per imprudenza e senza misurare le conseguenze delle loro rivelazioni anche per dettagli a prima vista poco importanti: altri infine si resero delatori».[87]

Un'altra discussione animata si accese sulla eventualità di invitare Cesare Cantù a una seduta della commissione. Usciva allo scoperto il sentimento di malcelato sospetto dell'ambiente liberale milanese, che non aveva digerito la collaborazione di Cantù nel 1857 alla politica di Massimiliano d'Austria, viceré del Lombardo-Veneto. La diffidenza era probabilmente corrisposta, se è vero che, a sua volta, lo studioso di simpatie clerico-moderate «considerava i patrioti italiani come sviati dalla via sana del Risorgimento, che era per lui il neoguelfismo».[88] Fu necessaria l'autorità di Correnti e Guastalla per persuadere la commissione ad accantonare le ragioni del contrasto politico.[89] Secondo Guastalla, Cantù aveva scritto cose sulle Cinque giornate che non collimavano sempre «con lo spirito delle idee che la Commissione deve avere», ma la collaborazione e le indicazioni di un «uomo venerabile per suo lungo studio» – aggiunse Correnti – avrebbero potuto rivelarsi preziose per gli intenti di raccolta documentaria della commissione medesima.

Correnti non mancò di far pesare la sua leadership.[90] Fu lui a dettare i criteri di organizzazione della sezione milanese, gli stessi che sarebbero transitati di lì a poco nell'allestimento del museo ambrosiano. Forte di tale sostegno, la commissione si attivò precocemente per non restare subalterna ai progetti che si stavano profilando a Torino. Sin dal novembre 1883, Giovanni Visconti Venosta invitò a salvaguardare le condizioni

87. Seduta del 24 febbraio 1884, in *Verbali delle Commissioni consultive del Museo*, p. 102. Su Belfiore si veda il numero monografico del «Bollettino storico mantovano», 2 (2003).

88. Maturi, *Interpretazioni del Risorgimento*, p. 348. Inoltre l'ampia voce di Marino Berengo in DBI, 18 (1975), on line.

89. Sedute del 20 gennaio e 2 febbraio, in *Verbali delle Commissioni consultive del Museo*, pp. 55 e 77.

90. Cfr. Marco Soresina, *Cesare Correnti ministro «della cultura»*, in «Società e storia», 114 (2006), pp. 677-729; Id., *"Non potendo esser fiori contentiamoci di essere radici". Una biografia di Cesare Correnti*, Milano, Biblion, 2014.

per la formazione di un grande museo cittadino, sbarrando così la strada sia al proposito del museo torinese sia «in riguardo alla possibilità della formazione di un Museo Nazionale in Roma».[91] Mentre nella ex capitale del regno l'attuazione del museo stagnava in attesa della conclusione dei lavori della Mole antonelliana, la commissione lombarda agì con rapidità e all'indomani dell'esposizione torinese la stampa cittadina lanciò la diffusione del progetto.[92] Grazie anche all'appoggio finanziario della giunta moderata guidata da Gaetano Negri – che lodò l'iniziativa «per la sua utilità educativa e di studio»[93] –, il Museo del Risorgimento di Milano fu così aperto nel salone dei Giardini pubblici il 14 giugno 1885.[94]

Era la prima inaugurazione ufficiale di un museo del Risorgimento, anche se Torino poteva a sua volta rivendicare la primogenitura, esibendo i "voti" del 1878 e l'organizzazione del padiglione del 1884. Ciò che conta sottolineare è il ritardo con cui entrambi i musei approdarono a soluzioni soddisfacenti sul piano organizzativo, stante la difficoltà di ottenere una sede prestigiosa e capiente. A Torino, la commissione del museo si arricchì via via di nomi illustri (tra cui Edmondo De Amicis, Costanzo Rinaudo, Ariodante Fabretti), ma gli sviluppi operativi furono modesti, nonostante gli appelli periodici in Consiglio comunale.[95] Una prima sede provvisoria, ricavata nelle sale del Museo civico, fu aperta al pubblico il 9 settembre 1899, nell'ambito delle cerimonie per l'inaugurazione dell'imponente monumento a Vittorio Emanuele II, donato da Umberto I. Con decreto regio dell'8 dicembre 1901 il museo, eretto in ente morale, fu posto «sotto

91. Seduta del 22 novembre 1883, in *Verbali delle Commissioni consultive del Museo*, pp. 12-13.

92. Cfr. ivi, pp. 68 e 120.

93. Ivi, p. 121. Cfr. Fausto Fonzi, *Crispi e lo "Stato di Milano"*, Milano, Giuffrè, 1965. Per un quadro generale e di lungo periodo Marco Meriggi, *Lo «Stato di Milano» nell'Italia unita: miti e strategie politiche di una società civile (1860-1945)*, in *Storia d'Italia. Le regioni dell'Unità a oggi, La Lombardia*, a cura di Duccio Bigazzi e Marco Meriggi, Torino, Einaudi, 2001, pp. 5-49.

94. Municipio di Milano. Commissione del Museo del Risorgimento Nazionale, *Cataloghi*, 2 voll., Milano, Tip. Manini, 1894. Nel 1888 fu approvato il regolamento, cfr. Comune di Milano, *Regolamento pel Museo del Risorgimento italiano. Approvato dalla Giunta Municipale in seduta del 4 giugno 1888*, Milano, Tip. Manini, 1888.

95. Oltre a Villa, ne fecero parte Felice Rignon, Lino Benintendi, Giacinto Pacchiotti, Amedeo Peyron, Desiderato Chiaves, Ernesto Balbo Bertone di Sambuy, Raffaele Cadorna, Costanzo Rinaudo, Emilio Gioberti, Edmondo De Amicis, Ariodante Fabretti, Oreste Bollati.

l'alta sorveglianza del Municipio, e la sua amministrazione fu affidata ad un Consiglio Direttivo, presieduto dal Sindaco di Torino, membro nato, e composto di sei membri, da eleggersi dal Consiglio Comunale e di uno da nominarsi dal Ministero della pubblica istruzione».[96] Soltanto nell'ottobre 1908 il museo poté finalmente essere inaugurato nella prestigiosa sede della Mole Antonelliana. La scelta nel 1878 dell'ex tempio israelitico era stata un vero «colpo di genio», che aveva permesso di unificare due stereotipi di grande impatto; «l'identificazione di Torino col Risorgimento e della Mole con la "modernità", sintesi perfetta di arte e scienza, nell'età del positivismo e nella città più positivista d'Italia», aveva creato una saldatura tra «contenuto e contenitore, passato e futuro, inventando un simbolo per la città nuova e moderna che però a sua volta non prescindesse dal culto patriottico della memoria risorgimentale».[97]

Il museo milanese, che nel frattempo aveva ricevuto archivi importanti (tra cui quelli di Agostino Bertani e Carlo Cattaneo), fu trasferito al Castello Sforzesco il 24 giugno 1896, anniversario della battaglia di Solferino. Nello stesso giorno fu inaugurata la statua di Vittorio Emanuele II in piazza Duomo.[98] La concomitanza tradiva la volontà di istituire un legame privilegiato con la tradizione monarchico-moderata del Risorgimento, imperniata appunto sulla seconda guerra dell'indipendenza e sull'alleanza tra il regno sabaudo e la Francia di Napoleone III.[99] Non era un intento che potesse passare sotto silenzio: nella Milano delle Cinque giornate, i movimenti democratici si erano battuti a lungo, e con successo, per ostacolare il monumento cittadino all'imperatore dei francesi, che ai loro occhi restava pur sempre l'affossatore della Repubblica romana, l'autore del colpo di stato del 2 dicembre 1851, il primo responsabile del fallimento garibaldino a Mentana nel 1867. In questo clima, la memoria del marzo 1848 era il per-

96. Cfr. Città di Torino, Museo Nazionale del Risorgimento Italiano, *Statuto organico approvato con Regio Decreto in data 8 dicembre 1901*, Torino, 1902; Secondo Frola, *Museo Nazionale del Risorgimento italiano*, Torino, Tip. Vassallo, 1906.

97. Levra, *Fare gli italiani*, pp. 114-116; Montaldo, *Celebrare il Risorgimento*, pp. 93 sgg.

98. Cfr. Commissione del Museo del Risorgimento Nazionale, *Inaugurandosi il Museo del Risorgimento nella sede definitiva del Castello Sforzesco (24 giugno 1896)*, Milano, Tip. Manini, 1896.

99. Elisabetta Colombo, *Milano. Il padre della patria in faccia al Duomo*, in *La memoria in piazza. Monumenti risorgimentali nelle città lombarde tra identità locale e nazionale*, a cura di Marina Tesoro, Milano, Effigie edizioni, 2012, pp. 95-109.

no su cui si reggeva qualunque proposito di pedagogia patriottica e di legittimazione nello spazio cittadino.[100] La contesa tra i diversi schieramenti politici sulla rivendicazione pubblica delle Cinque giornate non conobbe pause. In prossimità del cinquantesimo anniversario, nel clima arroventato delle tensioni politiche e sociali culminate con la sanguinosa repressione dei moti di piazza ordinata da Bava Beccaris e infine con l'uccisione di Umberto I, la celebrazione dell'insurrezione milanese mostrò quanto fosse difficile salvaguardare l'impianto unitario della rappresentazione patriottica.[101] Intorno alla metà degli anni Ottanta, nella fase aurorale dei musei, il richiamo al Risorgimento e ai suoi valori di indipendenza, libertà e unità aveva aperto qualche possibilità di intesa politica, dalla quale erano rimaste escluse solo le frange più estreme dell'opposizione. Nella crisi di fine secolo quel patto mostrava palesi incrinature, non ricucite negli anni a venire a fronte delle trasformazioni profonde in atto nel paese e dell'evoluzione delle singole culture politiche nazionali.

6. *In provincia: protagonismo civico e conflitti*

Le scelte compiute in città come Torino e Milano contribuirono a dare una risonanza nazionale alla inclusione dei musei nel rituale della celebrazione patriottica. Lo sguardo spostato sulle realtà provinciali permette tuttavia di esplorare più a fondo l'operazione, di cogliere in modo più incisivo le dinamiche interne, il ruolo dei soggetti che ne furono protagonisti, le ripercussioni e l'impatto nella società locale.

100. Cfr. Bruno Tobia, *Le Cinque Giornate di Milano*, in *I luoghi della memoria. Strutture ed eventi dell'Italia unita*, a cura di Mario Isnenghi, Roma-Bari, Laterza, 1997, pp. 253-272. Sull'odonomastica cfr. Barbara Bracco, *Tendenze educative e istanze politiche della classe dirigente milanese: i luoghi dell'identità nazionale nella toponomastica del capoluogo lombardo dall'Unità alla Grande guerra*, in *Riforme e istituzioni fra Otto e Novecento*, a cura di Luigi Cavazzoli e Carlo G. Lacaita, Manduria, Lacaita, 2002, pp. 395-426.

101. Su Milano cfr. Alfredo Canavero, *Milano e la crisi di fine secolo (1896-1900)* (1976), Milano, Unicopli, 2012; sulle ripercussioni nel campo della memoria patriottica, Tobia, *Una patria per gli italiani*; Simonetta Soldani, *Il silenzio e la memoria divisa. Rispecchiamenti giubilari nel Quarantotto italiano*, in *Memoria, rappresentazioni e protagonisti del 1848 italiano*, a cura di Renato Camurri, Sommacampagna (Verona), Cierre, 2006, pp. 97-126.

Torino era la depositaria della tradizione dinastica; Milano puntava a saldare la propria storia con la tradizione nobiliare e illuministica di fine Settecento. In molti centri della provincia padana, i musei del Risorgimento furono caldeggiati da uomini del composito mondo della Sinistra liberale, convertiti alla monarchia ma ancora fortemente legati alle proprie origini democratiche. Dal 1887 al 1893, in città come Pavia, Brescia, Modena, Bologna, i musei furono inseriti organicamente nello sforzo di laicizzazione politica e culturale, potendo contare sull'apporto consistente delle associazioni dei reduci delle patrie battaglie, circoli massonici, società del libero pensiero. La varietà delle posizioni interne alla Sinistra storica dava inflessioni non uniformi al tema dell'educazione nazionale e al rapporto con il Risorgimento. In taluni casi, il museo agevolò l'incontro con i settori della democrazia radicale e repubblicana. In altri casi, specialmente nella fase avanzata del crispismo e poi durante la crisi di fine secolo, l'eredità della tradizione democratica fu svuotata dei significati originari e piegata a usi celebrativi di stampo moderato, se non di segno apertamente conservatore.

L'intonazione "progressista" dei musei è ben riscontrabile soprattutto a Pavia, Brescia, Modena, Mantova. In quest'ultima città, se l'insediamento di una giunta democratica nel 1894 aprì la strada al progetto, la realizzazione fu portata a termine soltanto dieci anni più tardi: l'inaugurazione del museo si tenne infatti il 3 marzo 1903, cinquantesimo anniversario dei martiri di Belfiore.[102] Le cose furono più spedite a Pavia e Brescia, dove il richiamo a numi tutelari del patriottismo locale quali Benedetto Cairoli e Giuseppe Zanardelli permise di proiettare sulle istituzioni museali un orientamento inequivocabile, che esaltava i valori del sacrificio e del volontarismo patriottico.

A Cairoli fu affidata la presidenza onoraria della commissione, istituita nel 1885 per studiare la realizzazione del museo pavese e poi rinnovata con la presidenza del sindaco Belli. Ne facevano parte uomini che brillavano per i trascorsi patriottici (specialmente nelle imprese garibaldine) o per meriti

102. Cfr. Rinaldo Salvadori, *Storia del "Museo del Risorgimento"*, in Id., *Studi sulla città di Mantova 1814-1960*, Milano, FrancoAngeli, 1997, pp. 104-113; Simona Todeschi, *Il Museo del Risorgimento di Mantova e il mito dei Martiri*, in «Bollettino storico mantovano», 2 (2003), pp. 323-332. Per il contesto politico locale cfr. Gian Luca Fruci, *La politica al municipio. Elezioni e consiglio comunale nella Mantova liberale 1866-1914*, Mantova, Tre Lune, 2005.

conseguiti negli studi.[103] La continuità dell'indirizzo del museo fu assicurata da Urbano Pavesi e Roberto Rampoldi, esponenti di spicco della democrazia locale. Pavesi aveva partecipato all'impresa dei Mille e a numerosi fatti d'arme del Risorgimento, abbinando la professione d'ingegnere a importanti incarichi nella vita pubblica cittadina.[104] Rampoldi, medico, deputato radicale e poi senatore, distintosi per un impegno costante di filantropia culturale,[105] fu il più solerte promotore del museo, invitando i cittadini a condividere un'opera «utile e di decoro comune». Nel 1887 annunciò la fondazione del «sacrario delle patrie memorie», luogo simbolo del tributo pavese alla causa dell'indipendenza e fonte dello spirito patriottico.[106] Il radicamento della tradizione democratica della città è testimoniato anche dal fatto che nel 1899, quando era retto da una Giunta popolare, il Comune fu il solo, unitamente a quello di Alessandria, a rifiutare l'invio di una propria rappresentanza all'inaugurazione del monumento torinese a Vittorio Emanuele II.[107] Fu Rampoldi, il 14 giugno 1900, a pronunciare il discorso ufficiale per l'inaugurazione del monumento nazionale alla famiglia Cairoli, il momento più solenne delle celebrazioni patriottiche pavesi.[108]

Anche a Brescia la fondazione del museo fu caldeggiata dagli ambienti della democrazia e del liberalismo progressista. In vista dell'Esposizione nazionale del 1884 fu nominata una commissione presieduta dal sindaco zanardelliano Giuseppe Bonardi, affiancato da «uomini distinti per patriot-

103. Cfr. Urbano Pavesi, *Museo pavese del Risorgimento*, Pavia, Fusi, 1902; Donata Vicini, *Il Museo pavese del Risorgimento*, in *Risorgimento pavese. Saggi documenti immagini*, Pavia, Formicona, 1982, pp. 10-11.

104. Su Pavesi (1842-1907) cfr. il necrologio di Giacinto Romano in «Bollettino della Società Pavese di Storia Patria», 1907, pp. 245-247.

105. Su Rampoldi (1850-1926) cfr. la voce di Valentina Cani in DBI, 86 (2016), on line; Marina Tesoro, *Roberto Rampoldi e la memoria del risorgimento pavese*, in «Bollettino della Società pavese di storia patria», XCVI (1996), pp. 17-24.

106. Il manifesto è in ASCP, Archivio Risorgimento, cart. XIV, fasc. 1, cit. anche in Pavesi, *Museo pavese del Risorgimento*, pp. 6-7.

107. Cfr. Marina Tesoro, *Democrazia e amministrazione: la prima giunta "popolare" a Pavia (1899-1902)*, in «Annali di storia pavese», 6-7 (1981), p. 122; Ead., *Pavia liberale 1899-1922*, in *Pavia e il suo territorio*, a cura di Giorgio Rumi, Gianni Mezzanotte, Alberto Cova, Milano, Cariplo-Laterza, 2000.

108. Cfr. *Inaugurandosi in Pavia il monumento nazionale alla famiglia Cairoli, addì 14 giugno 1900. Discorso commemorativo tenuto al Teatro Guidi da Roberto Rampoldi deputato al Parlamento*, Milano, Tip. Bernardoni, 1900; Susanna Zatti, *Arte figurativa risorgimentale: committenza pubblica e privata a Pavia*, in *Risorgimento pavese*, pp. 52-56.

tismo e per civili virtù».[109] Alcuni tra questi, come Gabriele Rosa, Antonio Frigerio, Giuseppe Capuzzi, Carlo Cassola, repubblicani militanti, dopo l'unità erano stati portavoce della tradizione mazziniana, segnalandosi tra gli elementi più attivi del movimento.[110] A uno specifico comitato consultivo fu chiesto di lavorare per persuadere i cittadini più riottosi a privarsi, sia pure temporaneamente, dei ricordi di famiglia da destinare al museo. Il progetto decollò soltanto quando fu chiaro che la formazione dei musei di Torino e di Milano rischiava di convogliare altrove parte della documentazione bresciana e fu votato formalmente in Consiglio comunale il 10 giugno 1887, ottenendo un plauso pressoché unanime.[111] Il 15 luglio la commissione del museo fu ricostituita nelle persone di Giuseppe Bonardi (presidente), Francesco Caprioli, Pietro Amadio, Eligio Battaggia, Gabriele Rosa, Carlo Cassola, Antonio Frigerio e Giuseppe Capuzzi (segretario).[112]

Un impianto ideologico simile a quello di Pavia e Brescia si riscontra nel caso di Modena. Accanto all'area lombarda, fu infatti in Emilia che maturarono le condizioni più adatte alla costituzione dei musei. L'idea fu favorita anche in questo caso da una manifestazione espositiva, quella che nel 1888 fu organizzata a Bologna per celebrare l'ottavo centenario della più antica Università d'Europa. All'interno dell'Esposizione regionale emiliana fu allestita una mostra storica dedicata alle lotte per l'indipendenza, il "Tempio del Risorgimento",[113] diretta antecedente dei musei di Bologna e Modena.

Come già a Pavia e Brescia, anche a Modena il progetto fu promosso dagli ambienti della cultura laica e anticlericale. Le polemiche non si fecero dunque attendere. La città aveva alle spalle uno status di ex capitale e non erano pochi coloro che guardavano con nostalgia al passato ducale,

109. Lettera di Bonardi al presidente del Comitato esecutivo dell'Esposizione nazionale, 28 febbraio 1884, ASB, 28 (Comune), rub. XIV, serie 6/2a.

110. Gian Ludovico Masetti Zannini, *Nell'unità italiana*, in *Storia di Brescia*, vol. IV, *Dalla repubblica bresciana ai giorni nostri (1797-1963)*, Brescia, Morcelliana, 1964, p. 417. Cfr. anche adunanza della commissione del 28 febbraio 1884, ASB, 28 (Comune), rub. XIV, serie 6/2a.

111. Cfr. adunanza della commissione 25 febbraio 1884; circolare della commissione milanese, 25 febbraio 1885; adunanza straordinaria del Consiglio comunale, 10 giugno 1887; ASB, 28 (Comune), rub. XIV, serie 6/2a.

112. Cfr. Gaetano Panazza, *I Musei bresciani*, in *Brescia postromantica e liberty 1880-1915*, Brescia, Comune, 1985, pp. 320-321.

113. Cfr. Otello Sangiorgi, *Il Tempio del Risorgimento*, in *Lo Studio e la città. Bologna 1888-1988*, a cura di Walter Tega, Bologna, Nuova Alfa Editoriale, 1987, pp. 177-180.

così come ben rappresentati erano gli ambienti del cattolicesimo intransigente. Il comitato promotore del museo, costituito nell'estate 1893, era guidato da Carlo Boni (1830-1894), direttore del Museo civico, esponente della borghesia illuminata e figura eminente della cultura cittadina. Al suo fianco si distinsero Luigi Picaglia, studioso (come Boni) di scienze naturali, e Giuseppe Boselli, direttore del «Panaro», il giornale schierato su posizioni di liberalismo progressista. Il 20 settembre 1893, anniversario della breccia di Porta Pia, il comitato permanente del museo tenne la sua prima riunione: tra il centinaio di adesioni figuravano in gran numero appartenenti alla Società dei reduci delle patrie battaglie[114] e al Comizio dei veterani, militari, membri della Deputazione di storia patria, insegnanti e archivisti, il prof. Pietro Riccardi, presidente della R. Accademia di scienze lettere e arti, il senatore Luigi Zini, sindaci dei comuni della provincia, consiglieri comunali e assessori, alcuni deputati nazionali di varia tendenza, i liberali progressisti Giuseppe Basini e Antonio Gandolfi, il radicale Giovanni Tabacchi, i liberali moderati Paolo Menafoglio e Gerolamo Colombo Quattrofrati. Si trattava di uno schieramento composito, nel quale tuttavia era prevalente l'influenza del liberalismo democratico. L'elemento aggregante era riconoscibile nel pronunciato laicismo patriottico, condito da una vena anticlericale che in città era stata a lungo condivisa anche dai liberal-moderati.[115]

In parte diversa era la situazione di Bologna. Dopo l'Esposizione del 1888, il Consiglio comunale approvò la proposta dell'assessore all'Istruzione Alberto Dallolio (poi sindaco e senatore) e il 24 ottobre 1889 deliberò l'assegnazione in via provvisoria di una sala del Museo civico a favore del nuovo museo risorgimentale.[116] La commissione ordinatrice annoverava il nome prestigioso di Giosuè Carducci, oltre a personaggi di spicco della società locale (Aristide Venturini, Vittorio Fiorini, Raffaele Belluzzi, Tito Azzolini) che si muoveva nel solco del laicismo postri-

114. Cfr. *Con la guerra nella memoria: reduci, superstiti, veterani nell'Italia liberale*, numero del «Bollettino del Museo del Risorgimento», a cura di Alberto Preti e Fiorenza Tarozzi, Bologna, 1994.

115. Cfr. Gianni Azzi, *Modena 1859-1898. Condizioni economiche sociali politiche. Il movimento clericale dopo l'unificazione. Le origini del socialismo modenese*, Modena, S.T.E.M – Mucchi, 1970, p. 149.

116. Cfr. Alessandro Albertazzi, Fiorenza Tarozzi, *La classe dirigente bolognese e il "Tempio del Risorgimento"*, in «Bollettino del Museo del Risorgimento», Bologna, 1989, p. 31.

sorgimentale. Diversamente da Pavia, Brescia e Modena, a Bologna lo schieramento liberale stava cercando di ricompattarsi intorno ad alcuni nuclei portanti della tradizione patriottica, come dimostrano l'attiva azione dell'amministrazione moderata e il ruolo dello stesso Dallolio. L'impronta unitaria dell'operazione, all'indomani della morte di Marco Minghetti (1886) e con la crisi dell'Associazione democratica, rispecchiava l'*embrassons nous* delle forze liberali bolognesi intorno a un grande partito di ispirazione crispina.[117] Carducci era all'epoca in grande sintonia con le posizioni di Crispi ed era approdato a un'interpretazione del Risorgimento quale sintesi di contrasto dialettico: le celebri e fortunate *Letture del Risorgimento* di fine secolo, da lui curate,[118] sono la testimonianza della centralità della mediazione letteraria nella trasmissione del culto risorgimentale, unitamente a *Cuore* e alla folta memorialistica garibaldina, tra cui un posto di rilievo ebbero le *Noterelle di uno dei Mille* di Giuseppe Cesare Abba.[119]

I lavori di preparazione si protrassero per più di tre anni. L'inaugurazione del museo, più volte rinviata, si tenne nel 1893. Inizialmente furono indicate giornate quali l'8 agosto, anniversario della sollevazione cittadina del 1848,[120] e il 20 settembre, ricorrenza di Porta Pia. La scelta cadde infine sul 12 giugno. Evocando la ritirata dell'ultimo contingente austriaco nel 1859, la data costituiva un altro pilastro del calendario patriottico cittadino e aveva il vantaggio di essere meno divisiva rispetto alle altre.[121]

117. Cfr. Pier Paolo D'Attorre, *La politica*, in *Bologna*, a cura di Renato Zangheri, Roma-Bari, Laterza, 1986, pp. 74-94; Gian Matteo Maestri, *Bologna tra clericalismo e radicalismo: una politica di "notabili"*, in *All'origine della "forma partito" contemporanea. Emilia Romagna 1876-1892: un caso di studio*, a cura di Paolo Pombeni, Bologna, il Mulino, 1984, pp. 181-208. Sul versante delle politiche culturali cittadine molti spunti in Körner, *Politcs of Culture in Liberal Italy.*

118. Cfr. Umberto Marcelli, *Gli studi sul Risorgimento a Bologna dal Carducci alla II guerra mondiale*, in «Bollettino del Museo del Risorgimento», Bologna, 1989, p. 11. Cfr. Laura Fournier-Finocchiaro, *Giosuè Carducci et la construction de la nation italienne*, Caen, Presses universitaires de Caen, 2006.

119. Per una sintesi cfr. Piero De Tommaso, *Quel che videro. Saggio sulla memorialistica garibaldina*, Longo, Ravenna 1977.

120. Cfr. *Un giorno nella storia di Bologna. L'8 agosto 1848. Mito e rappresentazione di un evento inaspettato*, a cura di Mirtide Gavelli, Otello Sangiorgi e Fiorenza Tarozzi, Firenze, Vallecchi, 1998.

121. Cfr. Fiorenza Tarozzi, *Dentro la storia. Il Museo del Risorgimento di Bologna*, in *Il Museo del Risorgimento di Bologna*, a cura di Mirtide Gavelli e Otello Sangiorgi, Bologna, Bononia University Press, 2013, pp. 1-28.

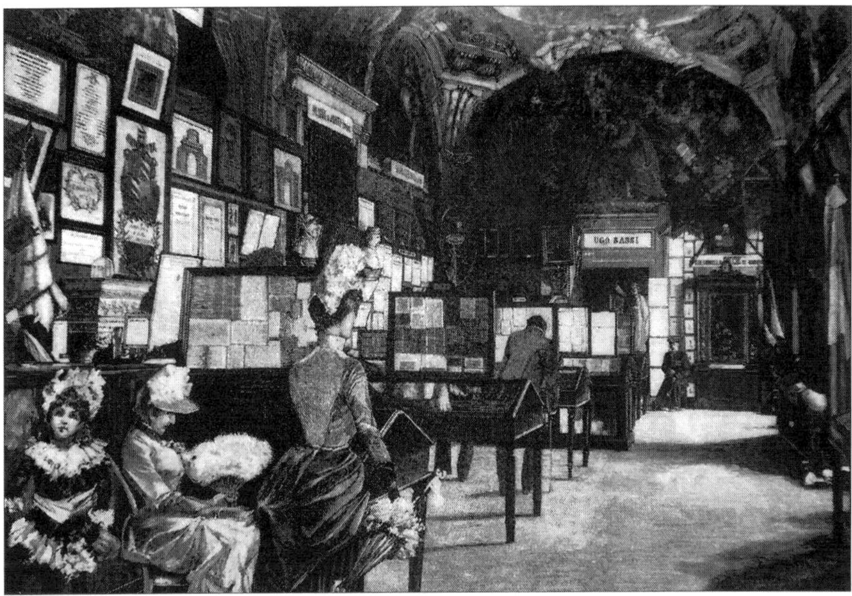

Fig. 3. *Tempio del Risorgimento*, da «L'Esposizione illustrata delle Provincie dell'Emilia in Bologna 1888». Collezioni d'Arte e di Storia della Fondazione Cassa di Risparmio in Bologna.

7. *Quale Risorgimento?*

Nel momento in cui ci si accingeva a raccogliere i documenti/monumenti della storia patria, quella della genesi del Risorgimento si affacciò come una delle questioni più esposte alle interpretazioni divergenti. Quando aveva avuto inizio il Risorgimento? Lo si poteva considerare concluso? E se sì, quali ne erano stati gli eventi emblematici? Sul terreno della periodizzazione da adottare, le tradizioni municipali e gli orientamenti politici dei comitati promotori poterono dispiegare tutta la loro forza di condizionamento.

Erano interrogativi che avevano fatto capolino sin dalla fase di preparazione del padiglione torinese del 1884. Se la decisione del 1870 aveva raccolto larghi consensi, più controverso era stato (e sarebbe rimasto) il nodo delle origini, perché la scelta di uomini, momenti, luoghi si caricava con tutta evidenza di implicazioni più ampie. La posta in gioco era alta. Si può intuire la difficoltà del notabilato e della società milanesi ad accettare che il racconto della storia cittadina fosse inserito dentro una griglia interpretativa imperniata sul primato del Piemonte e della dinastia sabauda. Cesare Correnti prese una posizione ferma contro l'idea di fissare al 1820 il *terminus a quo* della mostra. Una scelta di questo tipo avrebbe avvalorato un'origine del Risorgimento che sorvolava sul vasto movimento di idee e di trasformazioni politiche e sociali compreso tra la fine del Settecento e il periodo napoleonico. Al contrario, sosteneva Correnti, c'erano

> interessi a far valere e memorie a ricordare in un periodo antecedente; e cioè dal 1814 al '21 ed anche prima, come primo germe del risveglio nazionale. Ci sono serie di fatti dal 1796 al 1814. Importa ricordare il "bello Italo Regno", la Cisalpina, Verri, Parini, le prepotenze francesi, la Mascheroniana: Milano non può dimenticare la bella figura di Melzi.[122]

La tradizione dell'illuminismo lombardo e la centralità di Milano in epoca napoleonica definivano un complesso di eventi e di personaggi che aveva contribuito alla maturazione del risveglio nazionale ed era pertanto percepito come essenziale nella costruzione dell'immagine storica cittadina. In seguito, la commissione del museo milanese avrebbe applicato fedelmente le indicazioni di Correnti, recuperando proprio personaggi e vicende del periodo a cavallo tra i due secoli.

Ignorare quegli anni – scriveva il direttore Lodovico Corio nel 1908 – significava rinunciare a cogliere il senso degli eventi che avrebbero poi segnato la fase propriamente risorgimentale:

> La storia del Risorgimento nazionale non comincia dal 1848. Lo sapevano gli ordinatori, perché, a mano destra di chi entra, il Parini, il Verri avvertono che essi già sentivano il bisogno di romperla con quella vita inconcludente, che traevasi, specie in Milano, dal 1748 dopo la pace d'Aquisgrana. E lì presso, stampe napoleoniche: la battaglia di Lodi e l'ingresso dei Francesi in Milano nel 15 maggio 1796. Napoleone Bonaparte, generale in capite, ha scosso i Milanesi dal torpore in cui giacevano.[123]

In altre città, il recupero del Settecento illuminato poteva essere abbinato al riconoscimento esplicito dell'impatto della Rivoluzione francese. A Modena, il primo segmento del percorso espositivo (1750-1814) includeva

122. Cfr. seduta del 1° febbraio 1884, in *Verbali delle Commissioni consultive del Museo*, p. 66.

123. Lodovico Corio, *Il Museo milanese del Risorgimento nazionale*, in «Il Risorgimento Italiano», 1 (1908), p. 112.

i governi dei principi estensi Francesco III ed Ercole III, i quali «ispirandosi a idee larghe e generose, tante riforme liberali avevano spontaneamente introdotto negli Stati di Modena».[124] Di seguito erano illustrate le «diverse forme di regime che dopo il 1796 si successero fino al 1815, e cioè il Repubblicano, prima federale poi unitario, ed il Monarchico sotto lo scettro del grande Napoleone».[125] Le raccolte del museo bolognese partivano dai tentativi rivoluzionari promossi «dai quasi leggendari» Zamboni e De Rolandis nel 1790 e 1794. Accanto alla polemica antipapalina, la commissione volle codificare una sorta di primato patriottico della città. Quei nomi e quegli eventi evocavano i «primi preludi del concetto di libertà affermatosi col primo decreto di decadimento del potere temporale, decreto che si rinnoverà più tardi nel '48 e finalmente e definitivamente nel 1859».[126]

Un elemento comune va posto in evidenza. Gli ordinatori dei musei erano ben consapevoli del fatto che un vasto coinvolgimento dei cittadini avrebbe dovuto essere imperniato sull'esaltazione dei momenti di eroismo civico e di lotta allo straniero. Ferme restando la celebrazione dell'unità come paradigma del mito nazionale e la cifra conciliatorista che ne era il corollario ideologico, gli eventi e i protagonisti del Risorgimento locale costituivano il filtro decisivo per toccare le corde emotive del popolo. Ecco allora che a Milano i reperti che più attiravano la curiosità erano le maschere mortuarie di Carlo Cattaneo e Luciano Manara, i ricordi delle prigioni di Mantova, la tela raffigurante il «tiremm innanz» di Amatore Sciesa: e su tutti, «sempre affollatissima», la sala delle Cinque giornate, simbolo del contributo milanese alla causa patriottica e come tale valorizzata in tutto il suo potenziale di mobilitazione sentimentale.[127]

A Brescia, alla sala in cui spiccavano Mazzini, Garibaldi e il partito d'azione faceva eco quella dominata da Vittorio Emanuele II e dai cimeli della guerra del 1859. Ma nella roccaforte zanardelliana non sorprende che l'interpretazione fosse più sbilanciata sul versante della tradizione democratica. La sala principale custodiva i ricordi più gelosi della città, dalle memorabili Dieci giornate del 1849 alla figura di Tito Speri. L'allestimento

124. *Relazione Picaglia*, MRMO, 10 maggio 1899.

125. Relazione della Commissione incaricata del riordinamento delle collezioni, 7 marzo 1896, MRMO, fasc. *Storia del Museo del Risorgimento.*

126. *Il Museo del Risorgimento*, in «Il Resto del Carlino», 12 giugno 1893.

127. Cfr. la lettera-cronistoria del 12 febbraio 1901 inviata dalla direzione del museo di Milano a Raffaele Belluzzi, direttore del museo di Bologna: il documento è in MRBO, Cart. 1, 1888-1945, fasc. 3.

fu concepito con lo scopo di ricreare il clima infuocato di quelle giornate: intorno al monumento a Brescia libera, ritratta nei panni di donna e leonessa, furono disposti i busti di Carlo Cassola e Giovan Battista Formentini, medaglie commemorative, collezioni di giornali, proclami, daghe, stili, catenacci, fucili, pistole, cannoni e frammenti di bombe. Il posto d'onore spettava naturalmente a Tito Speri, la cui memoria fu alimentata con il ricorso al solito campionario di reliquie: tra le altre, i capelli, il berretto, la cravatta e i guanti indossati al momento di avviarsi al patibolo di Belfiore. Ne usciva una evocazione del passato sospesa tra «grandezza e dolore», fierezza per il ricordo di quei giorni e «angoscia nel ripensare alla catastrofe di tante dolci illusioni».[128]

Bologna, a sua volta, cercò di saldare la memoria storica della città con alcune tappe dei moti cittadini. La conquista dell'unità nazionale doveva apparire il risultato dello sforzo di tutte le classi sociali, non soltanto l'esito di astuzie diplomatiche delle élite politiche. Il richiamo era perciò più insistito su alcuni eventi e personaggi: il processo contro Zamboni e De Rolandis, il Governo delle Province unite nel 1831, i moti del 1843-44 e le speranze suscitate dall'amnistia di Pio IX nel 1846, Ugo Bassi e la giornata popolare dell'8 agosto 1848, eretta a simbolo della resistenza antiaustriaca, i battaglioni bolognesi e romagnoli costituiti durante i vari periodi delle guerre d'indipendenza.[129]

Altri esempi non farebbero che confermare la tendenza a esaltare gli eventi e gli uomini memorabili della città come strategia privilegiata per innestare l'orgoglio della tradizione municipale nella costruzione di un solido credo nazionale. Contenitori aperti alle immissioni più eterogenee, i musei si rivelavano la sede appropriata per trasmettere una visione polisemantica del Risorgimento. Nei loro percorsi espositivi la tradizione democratica delle lotte per l'indipendenza, emarginata dalla iniziale narrazione dinastica della storia patria, trovava una camera di compensazione e una legittimazione anche sotto il profilo simbolico, quale pietra fondante del nuovo stato nazionale. Il mito di Garibaldi, in particolare, svolse un ruolo cruciale di cerniera ideologica nella diffusione di un'immagine in cui la volontà popolare si stringeva intorno all'unica guida politica che avrebbe

128. Agostino Zanelli, *Il Museo del Risorgimento nazionale in Brescia*, in «Rivista storica del Risorgimento italiano», 1897, p. 119.

129. Per una descrizione delle collezioni cfr. anche Ersilio Michel, *Il Museo del Risorgimento di Bologna*, in «RSR», 4 (1927), pp. 732-735.

potuto dare risposta concreta alle speranze di indipendenza, libertà, unità. Il copiosissimo materiale garibaldino certificava una rappresentazione del Risorgimento che, dovendo valorizzare la monarchia "nazionale", non poteva prescindere dal recupero degli eventi a più alto tasso di partecipazione popolare e di volontarismo patriottico.

8. *Polemiche*

Considerando la varietà di messaggi che erano chiamati a diffondere e la tipologia del racconto che filtrava tramite gli allestimenti, non stupisce che i musei finissero al centro di polemiche accese, analogamente a quanto accadeva per tutti i luoghi e i momenti della celebrazione patriottica. La volontà di convogliare intorno ai musei un largo consenso traspare dagli inviti pressanti rivolti ai cittadini a donare o cedere in deposito documenti e ricordi: la stampa locale si impegnava a tener desta l'attenzione pubblica, segnalando i nomi di quanti si distinguevano in questa gara di generosità e di emulazione civica.

Sul fronte opposto, si levarono non poche voci di dissenso. Il duro contrasto tra lo Stato e la Chiesa non risparmiava le manifestazioni pubbliche, dispiegandosi sul terreno dell'occupazione simbolica dello spazio urbano. L'arroccamento nella difesa a oltranza del temporalismo pontificio, il rifiuto del Risorgimento e delle ideologie confluite nello Stato liberale spinsero gli ambienti dell'intransigentismo cattolico a una strenua polemica contro le iniziative patriottiche e la diffusione dei miti e culti laici.[130] Cogliendo lucidamente la portata della sfida in atto, la risposta della stampa cattolica fu declinata su un doppio registro. Gli articoli contro le varie forme di sacralizzazione della patria, mentre denunciavano l'attentato alla tradizione religiosa del popolo, erano spesso tinti di sarcasmo nei confronti dei nuovi santi laici dell'Italia liberale. Le autorità ecclesiastiche non esitarono inoltre a mobilitare la base cattolica, cercando di compattarla intorno alle feste patronali e alle processioni religiose, al fine di ribadirne il mag-

130. Cfr. Giovanni Spadolini, *L'opposizione cattolica da Porta Pia al '98*, Milano, Mondadori, 1976, pp. 168-211; Guido Formigoni, *L'Italia dei cattolici. Fede e nazione dal Risorgimento alla Repubblica*, Bologna, Il Mulino, 1998; Francesco Traniello, *Religione cattolica e stato nazionale. Dal Risorgimento al secondo dopoguerra*, Bologna, il Mulino, 2007.

giore radicamento sociale. Un caso esemplare è quello del Corpus domini. Celebrata nei primi giorni di giugno, la festa si trovò in aperta concorrenza con due eventi fondamentali del calendario civile nazionale: la festa dello Statuto, che si teneva la prima domenica di giugno, e l'anniversario della morte di Garibaldi che, pur cadendo il giorno 2, era spesso solennizzato la prima domenica utile. Da qui le frequenti situazioni di sovraffollamento commemorativo: lo spazio urbano finiva occupato simultaneamente da processioni, bandiere, musiche, discorsi, che mettevano in scena soggetti e linguaggi in aperta competizione.[131]

La polemica non risparmiò i musei del Risorgimento, specialmente laddove i promotori non dissimulavano la denuncia del temporalismo pontificio, identificando il ruolo della Chiesa *tout court* con quello della repressione e dell'oscurantismo. Il percorso biografico di tanti esponenti dei comitati era punteggiato di esperienze di matrice cospirativa, idee mazziniane e garibaldine, appartenenza o simpatia per la massoneria.[132] La propaganda anticlericale poté così delinearsi come una trave portante dell'edificio ideologico di molti musei della provincia padana, amplificandone la funzione di templi laici.

Lo sfruttamento sistematico del calendario patriottico non poteva che accentuare i dissidi. Il 20 settembre, ancora prima di diventare festa civile nazionale nel 1895, fu una giornata di grande mobilitazione del patriottismo laico e di cortei anticlericali, che spesso oscuravano per partecipazione popolare la più statica e ufficiale festa dello Statuto. Ma accanto a quella data, la pratica dell'anniversario e l'auspicata saldatura tra coscienza nazionale e memoria privata furono affidate soprattutto agli eventi e al martirologio della storia locale. Le cerimonie di inaugurazione dei musei e i principali rituali commemorativi furono ritmati preferibilmente sulla memoria cittadina, la più adatta a destare risonanze emotive tra quanti erano chiamati a condividere il messaggio politico dell'operazione.

Il 12 giugno, giornata scelta nel 1893 per aprire il museo di Bologna, aveva già fatto da sfondo cinque anni prima ai festeggiamenti dell'otta-

131. Cfr. Ilaria Porciani, *La festa della nazione. Rappresentazione dello Stato e spazi sociali nell'Italia unita*, Bologna, il Mulino, 1997.

132. Sul punto, in generale, cfr. Fulvio Conti, *Storia della massoneria italiana. Dal Risorgimento al fascismo*, Bologna, il Mulino, 2003. Nello specifico, dello stesso autore, *La massoneria e la religione del Risorgimento*, in Id., *Massoneria e religioni civili. Cultura laica e liturgie politiche fra XVIII e XX secolo*, Bologna, il Mulino, 2008, pp. 167-185.

vo centenario dell'Università. La celebrazione era stata resa ancora più solenne con l'inaugurazione del monumento a Vittorio Emanuele II e la già ricordata Esposizione regionale. L'abbinamento rinviava all'obiettivo di offrire l'immagine di una città dotta e industriosa, sensibile ai richiami della cultura così come alle innovazioni della scienza, decisa a sfruttare l'evento per incentivare lo sviluppo economico e produttivo della regione. I giornali del liberalismo locale – «La Gazzetta dell'Emilia» e «Il Resto del Carlino», all'epoca sostenitore dell'Associazione democratica bolognese – magnificarono l'orgoglio civico e il significato patriottico e laico delle manifestazioni. Da parte loro, attraverso la voce dell'Opera dei Congressi e del clericalismo locale, i cattolici risposero inizialmente con una cauta apertura, dimostrandosi disponibili ad accettare una festa che fosse «semplicemente *storica*, *scientifica* e anche se vuolsi *nazionale*», purché estranea a slittamenti in «gazzarra liberalesca e settaria».[133] Il dissenso si fece strada quando fu chiaro che le celebrazioni avrebbero avuto un preciso sigillo politico. Articoli velenosi ebbero come bersaglio comitato, studenti, professori, mentre la massoneria fu accusata di gestire il centenario e di contrapporlo al giubileo papale di Leone XIII.[134] Alle iniziative laiche, «L'Unione» oppose l'esaltazione della tradizione popolare religiosa: la processione con la Madonna di Santa Lucia – che arrivava in città il 5 maggio, lo stesso giorno in cui era prevista la visita della famiglia reale – fu additata dal foglio cattolico come esempio dell'attaccamento dei bolognesi alla loro «massima protettrice».[135]

Se ciò avveniva in corrispondenza di vicende tutto sommato effimere, il cui impatto era limitato alla durata dell'evento, non sorprende che istituti con ambizioni permanenti di educazione patriottica sollevassero preoccupazioni altrettanto forti. Agli occhi dei cattolici, i linguaggi suadenti ed efficaci dei musei rischiavano di portare acqua al mulino delle idee laiche e anticlericali. La formalizzazione del 1870 come data conclusiva del Risorgimento, associando la compiuta unità dell'Italia alla caduta del potere temporale della Chiesa, accentuava le ragioni della polemica cattolica. Vediamone alcuni esempi.

133. *L'Università di Bologna*, in «L'Unione», 17 novembre 1886, cit. in Vito Paticchia, *Specchi del tempo. La stampa cittadina di fronte al Centenario: dissensi, polemiche, confronti*, in *Lo Studio e la città*, p. 48.

134. Cfr. *Una spiegazione necessaria*, in «L'Unione», 24 novembre 1886, cit. in Paticchia, *Specchi del tempo*, p. 50.

135. Cfr. Fulvio Simoni, *L'inaugurazione*, in *Lo Studio e la città*, p. 141.

A Brescia l'egemonia politica del partito zanardelliano, sotto la cui egida era sorto il museo, rimase pressoché incontrastata dal 1870 al 1895. Di fronte al declino dei moderati e ai rapporti altalenanti con la democrazia radical-repubblicana, numericamente esigua ma molto combattiva, l'opposizione principale ai liberal progressisti bresciani venne proprio dall'agguerrito ambiente cattolico. Qualche anno dopo, i cattolici avrebbero abbandonato la pregiudiziale astensionistica, aprendo così la strada alla vittoria dell'alleanza clerico-moderata alle elezioni amministrative del 1895.[136] Negli anni Ottanta quello scenario era ancora lontano, come ben evidenzia la disputa intorno al monumento ad Arnaldo da Brescia, che nel 1882 divise movimenti politici e giornali locali: «La Provincia», «La Sentinella», «Il Cittadino», portavoce rispettivamente di zanardelliani, liberal moderati e cattolici. Voluto tenacemente dalla giunta municipale, invocato con clamore da tutto l'ambiente della democrazia laica e anticlericale, il monumento era la spia della spaccatura in atto nella società bresciana. Se da un lato era forte il proposito di accelerare la laicizzazione del tessuto culturale cittadino, dall'altro prevaleva il rifiuto di qualunque concessione allo Stato uscito dalle lotte risorgimentali. Gabriele Rosa associò la figura di Arnaldo a quella di Mazzini, suggerendo un'analogia che andava ben oltre l'aspetto estetico scolpito dagli artisti. A loro volta, gli oppositori denunciarono apertamente le feste municipali, vedendole come un'offesa del sentimento religioso e come pretesto dell'ennesimo attacco alla Chiesa cattolica.[137]

Qualche anno dopo, la tensione politica investì il progetto del museo e il monumento a Garibaldi. Quest'ultimo fu inaugurato l'8 settembre 1889, quando ancora era forte l'eco dell'imponente cerimonia svoltasi tre mesi prima a Roma per la controversa statua di Giordano Bruno.[138] Nel suo discorso, dopo aver rievocato l'entrata di Garibaldi in Brescia nel 1859 alla testa dei Cacciatori delle Alpi, Giuseppe Cesare Abba salutò il significato simbolico della statua, «che pare incamminata a trovar quella di Arnaldo laggiù, l'Azione che vorrebbe andar a inchinarsi al pensiero».[139] Il museo

136. Cfr. Gianclaudio Vecchiatti, *Lo scontro politico a Brescia per il venticinquennale della presa di Roma*, in «Il Risorgimento», 2 (1988), pp. 115-123.

137. Cfr. Roberto Chiarini, *Giuseppe Zanardelli e la lotta politica nella provincia italiana: il caso di Brescia*, Milano, SugarCo, 1976.

138. Cfr. Massimo Bucciantini, *Campo dei Fiori. Storia di un monumento maledetto*, Torino, Einaudi, 2015.

139. Masetti Zannini, *Nell'unità italiana*, p. 450.

si nutriva delle stesse ascendenze ideologiche: contenitore dell'apporto patriottico di Brescia al processo unitario, si proponeva come luogo educativo di devozione laica, un deposito di valori politici e morali che la presenza nella commissione di autorevoli personalità della democrazia, *in primis* Rosa, spostava in direzione progressista.[140]

Prolungate reazioni polemiche si registrarono anche a Modena, che costituisce un osservatorio particolarmente interessante.[141] La decisione di convocare la prima riunione del comitato del museo il 20 settembre, per salutare Roma «simbolo e pegno dell'unità e grandezza d'Italia»,[142] fu subito interpretata come una provocazione premeditata, specialmente dal «Diritto Cattolico» e in parte anche dal «Cittadino», l'organo del liberalismo moderato. Anche quanti professavano orientamenti cattolico-liberali finirono per abbandonare i propositi di collaborazione. La posizione più significativa al riguardo fu quella di Giovanni Bortolucci, l'avvocato cattolico-liberale che a partire dal 1865 era stato più volte eletto al Parlamento nel collegio di Pavullo, con grande disappunto del «Diritto Cattolico».[143] Rispondendo all'invito a far parte del comitato, Bortolucci espose i motivi che gli impedivano di aderire all'impresa e di presentarsi alla riunione del 20 settembre. Pur lodando la «patriottica proposta di codesto comitato, composto di tanti egregi e spettabili miei concittadini», Bortolucci indicava la massoneria quale regista occulta dell'operazione:

> avvertitamente, o a caso, si fece coincidere e collegare questo fatto, in sé lodevolissimo, col festeggiamento di una data, che ribadisce la occupazione violenta di Roma, e l'esautorazione e servitù del Supremo Gerarca della Chiesa di Gesù Cristo, contrapponendovi la libertà sconfinata della sua principale nemica, la massoneria, la quale [...] prescelse appunto quella data fatale per inaugurare pomposamente la sua nuova Gran Loggia e Bandiera massonica,

140. *L'età zanardelliana. La società bresciana negli anni dell'industrializzazione (1857-1911)*, p. 107.

141. Per una ricostruzione in dettaglio della vicenda modenese rinvio al mio *La città e la memoria patria. Un secolo di storia del Museo del Risorgimento di Modena*, in *Il Museo del Risorgimento di Modena*, a cura di Francesca Piccinini e Lorenzo Lorenzini, Bologna, Bononia University Press, 2011, pp. 7-53.

142. *Verbale dell'Assemblea generale per la costituzione del Comitato Permanente del Museo del Risorgimento Nazionale*, 20 settembre 1893, MRMO, *Verbali.*

143. Cfr. Aldo Berselli, *Primi decenni dopo l'Unità*, in *Storia della Emilia Romagna*, a cura di Aldo Berselli, Bologna, University Press, 1980, p. 274. Su Bortolucci (1819-1900) cfr. la voce di Francesco Malgeri in DBI, vol. 13 (1971), on line.

> quasi a derisione e scherno del Papato, nello storico Palazzo di Paolo V° Borghese, che [...] inaugurò il maggior tempio della Cristianità.
> Italiano e cattolico ad un tempo, mi stringono due doveri verso Dio e verso la patria, e mancherei al primo, che in sé comprende il secondo, se anche indirettamente [...] mi prestassi ad un atto qualsiasi che fosse inteso, o potesse esserlo, in senso di offesa [...] al Capo augusto e visibile della mia religione, che è pure la religione dell'immensa maggioranza degl'Italiani. Questo può farsi dal framassone, o da chi convintamente ne segue le orme, o non ne conosce i segreti fini, non da chi, pur amando la patria, come cosa sacra, non l'antepone a Dio e alla sua eterna legge.

Volendo seguire il principio del «frangar, non flectar» dell'«ispirato Vegliardo del Vaticano»,[144] Bortolucci esprimeva una idea di patria e di patriottismo che non era separabile dal riconoscimento della funzione sovrana della Chiesa e della religione cattolica, componenti imprescindibili dell'identità nazionale.[145] Pur «encomiando la sincerità» di Bortolucci, il presidente Boni affermò che il comitato non poteva accettare un'adesione vincolata a tali condizioni: le espressioni usate da Bortolucci suonavano come offesa

> non solo ai sentimenti di Italianità del Comitato che ravvisa nell'annessione di Roma il coronamento dell'edificio nazionale, ma anche offesa individuale ad alcuni membri del Comitato, il quale contando sull'appoggio di ogni ordine di cittadini né ha fatto, né farà, alcun atto che possa riescire ostile ai sentimenti della cittadinanza.[146]

Un sostegno consistente venne dal «Panaro» e dal suo direttore Boselli, tradizionalmente schierati in favore del generale Nicola Fabrizi (1804-1885), leader del movimento radicale modenese, antico cospiratore mazziniano e protagonista con Ciro Menotti delle giornate insurrezionali del 1831.[147] Il giornale difese con forza l'idea e l'impianto del museo, in po-

144. Lettera di Bortolucci a Boni, 20 settembre 1893, MRMO, *Carteggio, Corrispondenza 1893-1900*, fasc. 3.

145. Sul lungo periodo, cfr. Formigoni, *L'Italia dei cattolici*; Id., *Simboli religiosi e Tricolore nel movimento cattolico dall'unità alla Conciliazione*, in *Gli italiani e il Tricolore. Patriottismo, identità nazionale e fratture sociali lungo due secoli di storia*, a cura di Fiorenza Tarozzi e Giorgio Vecchio, Bologna, il Mulino, 1999, pp. 263-293.

146. Lettera di Boni a Bortolucci, 20 settembre 1893; *Verbali*, adunanza del 29 settembre 1893, MRMO, *Carteggio, Corrispondenza 1893-1900*, fasc. 3.

147. Cfr. la voce di Giuseppe Monsagrati in DBI, vol. 43 (1993), on line; *Nicola Fabrizi e i moti mazziniani*, Modena, Il Fiorino, 2005.

lemica – la frecciata era rivolta al «Cittadino» – con il liberalismo «di chi non appoggia le iniziative patriottiche, ma piuttosto asseconda le mene dei nemici dell'unità e della indipendenza della patria nostra».[148]

L'importanza storica e simbolica dell'annessione di Roma tornava con enfasi nel manifesto del 22 dicembre 1893: il comitato chiedeva la partecipazione dei cittadini all'arricchimento della nuova istituzione, che sarebbe stata ospitata presso il Museo civico. Erano accolti ricordi personali (uniformi, armi, decorazioni, brevetti, diplomi), ricordi storici (bandiere, stemmi, emblemi, medaglie, timbri, coccarde, uniformi, armi, attrezzi militari), ritratti, medaglioni, autografi, manoscritti, registri, disegni, avvisi, proclami, giornali, pubblicazioni e stampe d'ogni genere. L'arco cronologico partiva dalla Cispadana, cioè dai primi «generosi conati coi quali si tentò il riscatto della nostra cara Italia» dal «giogo degli oppressori», e si concludeva con il 1870 quando, «annessa Roma per volere di Popolo e di Re, si compié quell'unità della Patria che era stato il sogno, il desiderio, la speranza di tante generazioni di pensatori, di martiri, di eroi». Le pagine dell'epopea nazionale diventavano più comprensibili grazie allo spazio dedicato agli «illustri Concittadini che rifulsero per integrità di carattere, per elevatezza di ideali, per generosità di propositi, per virtù militari e civili».[149]

Il museo fu infine "battezzato" il 3 febbraio 1896, a coronamento di una giornata celebrativa che ebbe come attrazione principale l'inaugurazione del monumento a Nicola Fabrizi. I cattolici intransigenti non rimasero in silenzio. Pier Biagio Casoli, uno degli esponenti più autorevoli del gruppo, bollò la cerimonia come opera della massoneria «e insieme del governo centrale che sta nella Roma dei papi», sferrando l'ennesimo duro attacco contro il «succedersi di discussioni e di votazioni per monumenti, epigrafi e commemorazioni rivoluzionarie».[150]

148. Adunanza del 20 settembre 1893, MRMO, *Verbali*. L'attività del «Panaro» conferma l'importanza dei giornali quali strumenti dell'organizzazione politica: cfr. Hartmut Ullrich, *L'organizzazione politica dei liberali italiani nel Parlamento e nel Paese (1870-1914)*, in *L'origine dei partiti nell'Europa contemporanea 1870-1914*, a cura di Manlio Brigaglia, Bologna, il Mulino, 1985, pp. 403-450.

149. *Carteggio, Corrispondenza 1893-1900*, MRMO, fasc. 8.

150. *La Prima Vittoria Cattolica nel Comune di Modena, sotto il dominio liberale, il suo Annullamento e la Rivincita avvenire. Cronistoria e memorandum pei cattolici modenesi di Pier Biagio Casoli*, Modena, 1897, p. 48.

Un mese dopo, a seguito della disfatta coloniale ad Adua, il governo guidato da Crispi si dimetteva. Il tramonto politico di colui che non aveva lesinato sforzi per esaltare se stesso come l'ultimo "grande uomo" del Risorgimento non significò il ripudio della rappresentazione del passato alla cui trasmissione egli aveva dato un contributo decisivo. Si chiudeva nondimeno una fase epocale: le memorie del Risorgimento, i rituali civili e i canali della celebrazione patriottica non sarebbero usciti indenni dai nuovi scenari apertisi tra la crisi di fine secolo e la stagione giolittiana.

2. «È una questione di sentimento»: narrazioni e linguaggi

> Apriamo, apriamo le porte, ed entri il popolo in questo Santuario: entri a respirare l'aria impregnata degli acri profumi che esalano dai fiori recisi nei campi del riscatto nazionale; entri a purificarsi nelle acque lustrali attinte alle più alte sorgenti del patriottismo; entri, e si riversi quindi nella città, e si spanda per tutte le vie a raccontare che [...] poté venerare tante reliquie del martirologio italiano [...], che poté entrare in questo tempio dove si celebrano gli alti misteri della patria.[1]

1. *Custodi del tempio*

L'apporto di amministrazioni comunali, associazioni di veterani e reduci e di privati cittadini sensibili alle iniziative patriottiche fu determinante per coronare con successo la fondazione dei musei, la cui vicenda convogliò proprio nel periodo iniziale la partecipazione più intensa. Il museo si presentava (ed era percepito) come uno strumento importante nel racconto dell'epopea risorgimentale, in una fase delicata della costruzione dello Stato e della coscienza nazionale. Come tale, dava un forte sostegno alle ambizioni di autolegittimazione di tutti i soggetti, pubblici e privati, che ne avevano perorato la causa, finendo catapultato nel mezzo delle aspre contese tra le varie formazioni politiche. Superato il momento dell'entusiasmo iniziale, il funzionamento della macchina organizzativa fu

1. Dal discorso di Orazio Tretti, in Raccolta Fantoni nel Museo Civico di Vicenza, *Parole del senatore Fedele Lampertico e del sindaco Orazio Tretti nel ricevimento ed inaugurazione 20 settembre 1893*, Venezia, 1894, p. 7.

presto delegato ai direttori, con il risultato di affermare inclinazioni politiche e concezioni private dell'assetto museale e della sua funzione educativa. Le relazioni periodiche sono una testimonianza inequivocabile della lotta incessante per ovviare a una situazione che non di rado era fatta di spazi angusti e risorse economiche insufficienti a sostenere un dignitoso sviluppo delle raccolte. D'altra parte, l'impegno e l'abnegazione dei direttori furono ricompensati dalla risposta della cittadinanza, che garantì ai musei una buona visibilità sociale. Essi diventarono una meta obbligata per ampie fasce della popolazione urbana, con particolare riguardo a insegnanti, studenti, reparti militari di stanza in città.

L'associazione che si determinò in modo quasi naturale tra i musei e le figure dei direttori è un altro fattore costitutivo di lungo periodo nella storia di quelle istituzioni. La categoria non si presta a essere descritta in termini omogenei. Sono tuttavia riconoscibili alcuni tratti tipici, almeno nella prima fase, che fanno di quelle figure una sorta di anello di congiunzione tra l'elaborazione ufficiale del mito risorgimentale e la sua trasmissione ramificata nella rete sociale della media e piccola borghesia dell'Italia a cavallo del secolo. Insegnanti di scuola primaria e secondaria, giornalisti, bibliotecari, cultori di storia locale, irregolari della ricerca: uomini alle prese con un'attività professionale che univa il recupero e la valorizzazione dell'identità storico-artistica cittadina a una sentita partecipazione civica. Le convinzioni di ciascuno potevano essere varie, connesse com'erano agli specifici tragitti biografici, ma tutti condividevano l'idea che i musei fossero canali originali nella formazione e trasmissione del sentimento patriottico. Il linguaggio semplice e suggestivo degli allestimenti avrebbe dovuto avvicinare alle istituzioni una società ancora largamente estranea alla conoscenza del Risorgimento, disgregata e soggetta alle pressioni dei movimenti "antisistema". Più che per la dimestichezza con gli strumenti del lavoro storiografico, i primi direttori si distinsero per la fiducia riposta in una cultura storica impregnata «di partecipazione politica e di pedagogia civile».[2]

Una figura che ben riassume queste componenti è quella di Raffaele Belluzzi (1839-1903). Reduce delle spedizioni garibaldine del 1866, insegnante elementare, ispettore scolastico, filantropo, fondatore di una celebre Lega per l'istruzione popolare, giornalista e sostenitore delle società

2. Francesco Barbagallo, *Le origini della storia contemporanea in Italia tra metodo e politica*, in «Studi storici», 3 (1988), p. 580.

di cremazione,[3] Belluzzi è l'esempio del patriota militante che, una volta smessi i panni del combattente, persegue i propri ideali con altri mezzi ma con pari vigore. Esemplare è l'ampia e dettagliata ricostruzione della ritirata di Garibaldi nell'estate 1849, per realizzare la quale l'autore interrogò ogni fonte disponibile: «superstiti, reduci, abitanti e notabili dei villaggi, sindaci e segretari comunali, eruditi locali».[4] Belluzzi fornì un contributo determinante alla realizzazione del Tempio del Risorgimento all'Esposizione regionale di Bologna del 1888, curandone con Vittorio Fiorini il prezioso catalogo.[5] A seguito di quell'esperienza si rivelò il vero artefice del museo felsineo, grazie a un inesausto lavoro di corrispondenza con famiglie di patrioti, collezionisti e potenziali donatori. La costituzione del museo si inseriva nella predilezione di Belluzzi per i temi dell'educazione popolare, laica e patriottica,[6] in cui la celebrazione delle memorie risorgimentali si risolveva in fattore potente di spirito unitario e di concordia sociale.[7]

Alla generazione di coloro che avevano vissuto l'epoca del Risorgimento e ne avevano respirato entusiasmi, speranze e delusioni appartengono altri due personaggi, tra loro molto distanti per formazione e idee politiche: Luigi Picaglia e Luigi Bailo. Il primo (morto nel 1908), direttore del museo di Modena dal 1894 al 1904, fu insegnante, naturalista, segretario della Società modenese di Ginnastica e Scherma «La Fratellanza». Emilio Jacoli, suo successore (a sua volta volontario, ferito a San Martino nel 1859, insegnante elementare, presidente della Società di mutuo soccorso fra gli insegnanti), scrisse che del museo Picaglia «fu tutto: ideatore, col-

3. Tra i necrologi cfr. Rinaldo Sperati, in «Il Resto del Carlino», 21-22 dicembre 1903; L.F., *In memoria di Raffaele Belluzzi*, ivi, 23-24 dicembre 1903; *La commemorazione di Raffele Belluzzi*, ivi, 16-17 gennaio 1904.

4. Silvia Cavicchioli, *Anita. Storia e mito di Anita Garibaldi*, Torino, Einaudi, 2017, p. 184; Raffaele Belluzzi, *La ritirata di Garibaldi da Roma*, Roma, Società editrice Dante Alighieri, 1899.

5. Esposizione Regionale in Bologna 1888, *Catalogo illustrativo dei libri, documenti ed oggetti esposti dalle Province dell'Emilia e delle Romagne nel Tempio del Risorgimento italiano*, 3 voll., Bologna, Zamorani e Albertazzi, 1890-1901.

6. Belluzzi è ricordato anche da Guido Verucci, *L'Italia laica prima e dopo l'unità 1848-1876. Anticlericalismo, libero pensiero e ateismo nella società italiana*, Roma-Bari, Laterza, 1981, p. 108.

7. Su Belluzzi cfr. Fiorenza Tarozzi, *Un uomo, la sua città. Raffaele Belluzzi e la Bologna del secolo scorso*, in *Cent'anni fa Bologna. Angoli e ricordi della città nella raccolta fotografica Belluzzi*, a cura di Otello Sangiorgi e Fiorenza Tarozzi, Bologna, Costa, 2000, pp. 9-25.

lezionista, ordinatore; e con amor grande delle cose patrie, con pertinace volere, con attività quasi incredibile».[8] Pur senza disporre di una preparazione specifica – scrisse a sua volta Giovanni Canevazzi, direttore del museo modenese dal 1925 al 1932 –, Picaglia aveva il culto delle memorie e «seppe penetrare dappertutto; mettere insieme cose di ogni genere; alle volte per amore di aumentarle, dette posto a quelle che potevano essere anche rifiutate e scartate». Attraverso una fitta collaborazione al «Panaro», Picaglia richiamò l'attenzione dei modenesi sull'esistenza del museo e sulla necessità di concorrere al suo abbellimento. Fatti e persone del Risorgimento locale prendevano vita nei suoi scritti, «nei quali più che l'esattezza e la severità storica si poteva avvertire il patriottismo di chi scriveva, non disgiunto alle volte da un pizzico d'intransigenza e di settarietà che non contraddiceva colla natura dell'uomo».[9]

L'abate Luigi Bailo di Treviso (1835-1932) fu una figura singolare di sacerdote, patriota, studioso, insegnante. Amico d'infanzia del futuro papa Pio X, Bailo fu nominato bibliotecario comunale nel 1878: da quel momento (e per 54 anni, fino alla morte), egli svolse un lavoro ininterrotto a favore dell'ordinamento degli archivi storici e del museo civico, inaugurato il 30 agosto 1888 in occasione dell'Esposizione provinciale e al quale il suo nome è ora legato.[10] Bailo fu dunque un autentico protagonista della vita intellettuale di Treviso, per alcuni decenni un operoso «uomo di fiducia al quale il conservatorismo trevigiano delegò la gestione della cultura».[11] Nel 1921 Giovanni Comisso lo definì «il più giovane dei giovani», «l'intelligenza più vivace della Marca Trivigiana».[12]

L'esistenza quasi secolare ne fa un raro testimone di tutti i tornanti della storia italiana contemporanea, dalle lotte per l'indipendenza sino a fascismo inoltrato. Totalmente assorbito nel ruolo di erudito locale e di cultore delle patrie memorie, raccoglitore instancabile delle tracce storico-artistiche di

8. *Cenni sul Museo del Risorgimento in Modena*, MRMO, manoscritto, 21 febbraio 1909.

9. Giovanni Canevazzi, *Il Museo Civico del Risorgimento di Modena*, in «Rassegna storica del Risorgimento», 4 (1932), p. 382.

10. Cfr. Giovanni Netto, *Il cultore delle patrie memorie*, in *Luigi Bailo nel 150° della nascita*, in «Quaderni dell'Ateneo di Treviso», 3 (1986), pp. 11-12. Nello stesso volume Eugenio Manzato, *Luigi Bailo e il "Museo trevigiano"*, pp. 15-18.

11. Livio Vanzetto, *Dall'unità alla grande guerra*, in Livio Vanzetto, Ernesto Brunetta, *Storia di Treviso*, Padova, Il Poligrafo, 1988, p. 28.

12. Cit. in Emilio Lippi, *Bailo e Comisso*, in *Luigi Bailo nel 150° della nascita*, p. 28.

Treviso, Bailo applicò il proprio credo filologico con una spiccata propensione per la raccolta, l'ordinamento e la classificazione delle carte archivistiche, mostrandosi difensore intransigente della ricerca compiuta attraverso gli atti originali. Tra i molteplici settori di interesse di questo «intellettuale nascosto»,[13] una cura speciale fu riservata al Risorgimento: Bailo cominciò a raccogliere cimeli sin dal 1878 e vent'anni dopo, nella ricorrenza cinquantenaria del 1848, l'organizzazione di un'esposizione storica trevigiana del Risorgimento gli offrì il pretesto per la formazione del museo. Egli lo considerava il suo «più gran titolo di patriottismo»,[14] persuaso che fosse un modo efficace per «ridestare il sentimento patriottico e morale coll'onore reso al sacrificio di chi ha patito, e all'opera di chi ha tanto fatto per donarci una patria colla libertà, e che ora tanto si lavora a distruggere».[15]

L'impegno di Bailo si distese negli anni senza interruzioni, specialmente quando, lasciata la scuola per limiti d'età, il suo tempo fu assorbito interamente dal museo e dalla biblioteca. Gli studi risorgimentali e gli aspetti relativi all'organizzazione culturale trovarono in lui un ricettore sempre attento e solerte. Poco prima di morire, ripercorrendo le tappe della sua lunghissima esistenza, Bailo collocò l'adesione al fascismo al termine di una parabola ideologica che lo aveva trovato allineato su posizioni di convinto cattolico conservatore, con qualche caduta apertamente reazionaria.[16] Alludendo alle tensioni politiche e sociali di fine secolo, scrisse che «in quei giorni sciagurati che dovevano essere lieti e cari ricordi, ci furono amarezze ineffabili, e venne rifatto quasi a rovescio il 1848, e vennero giustificate le repressioni austriache».[17] La sfiducia verso i movimenti popolari e le loro rivendicazioni di fronte alle trasformazioni sociali suggeriva a Bailo una legittimazione implicita della mano pesante, necessaria per la sopravvivenza di «questa Italia [che], se ben si pensa, è forse ancora qualche cosa di più grande e di meglio che in fatto non si poteva sperare cinquant'anni sono».[18]

Già nella descrizione degli oggetti e documenti raccolti per l'allestimento della mostra del 1898 faceva capolino un giudizio di condanna sen-

13. Gino Benzoni, *La storiografia*, in *Storia della cultura veneta*, diretta da Girolamo Arnaldi e Manlio Pastore Stocchi, vol. 6, Vicenza, Neri Pozza, 1986, p. 615.

14. Lettera a Giovanni Cenzato, cit. in Netto, *Il cultore delle patrie memorie*.

15. *Guida per l'Esposizione storica trevigiana del Risorgimento nazionale nel cinquantenario del 1848*, p. 3.

16. Cfr. Vanzetto, *Dall'unità alla grande guerra*, p. 28.

17. Lettera a Cenzato, cit. in Netto, *Il cultore delle patrie memorie*.

18. *Guida per l'Esposizione storica trevigiana del Risorgimento*, p. 24.

za appello della Rivoluzione francese, cui contribuiva la memoria negativa che le armate napoleoniche avevano lasciato nel loro passaggio a Treviso. Sposando una lettura in chiave autoctona del Risorgimento, Bailo sosteneva che i germi della riscossa nazionale erano presenti «in tutto lo svolgimento anteriore della storia italiana, a partire dal dominio romano che unificò l'Italia con Roma sua capitale». Egli riconosceva tuttavia che soltanto a seguito dell'invasione straniera, «e pur sotto tutte le forme della spogliazione, dell'oppressione e della prepotenza militare e giacobina, [...] furono con la più aperta menzogna da una parte e la più cieca illusione dall'altra, messi fuori i nomi di libertà, di eguaglianza, d'indipendenza, di unità, di Nazione». La sola possibilità di trarre profitto dalle esperienze del passato stava nel risalire ai grandi principi morali del cristianesimo, conciliando «il giudizio dei fatti col sentimento della carità evangelica e della fede e speranza in Dio, il quale, come ha rese sanabili le nazioni, così suscita gli uomini e gli Stati e li atterra anche, quando sel meritano, compiendo un'alta giustizia e un continuo progresso per l'umanità».[19] Nell'ultima fase della sua vita, Bailo rivendicò orgogliosamente il fatto di essere stato «il primo in Treviso a combattere ad oltranza i popolari bianchi e rossi e prima molto della Marcia su Roma» e si compiacque di identificarsi con «il principio Mussoliniano: lo Stato è l'incarnazione della Nazione».[20]

Nella variopinta galleria dei direttori, la figura che meglio rispecchia il *modus operandi* e la continuità della narrazione museale tra la fase delle origini e la transizione di inizio secolo è probabilmente quella di Lodovico Corio (1847-1911), direttore del museo di Milano dal 1900 alla morte.[21] La gestione dell'istituzione ambrosiana ne fece il bersaglio principale della polemica emersa al primo congresso di storia del Risorgimento del 1906. Come si vedrà, in quell'occasione i criteri ordinativi dei musei furono sottoposti per la prima volta a una dura contestazione, rivelando lo scontro in atto sul terreno della memoria risorgimentale e della sua funzione nel discorso pubblico.

Corio era un personaggio popolare nella Milano di fine secolo.[22] Partito da posizioni anticlericali, collocato politicamente nella Sinistra sto-

19. Ivi, p. 2.

20. Le citazioni sono nella lettera a Cenzato, cit. in Netto, *Il cultore delle patrie memorie*.

21. Cfr. la voce di Elvira Cantarella in DBI, 29 (1983), on line; Luisa Gasparini, *In memoria di Lodovico Corio*, in «RSR», 4 (1933), pp. 800-801.

22. Arnaldo Cicchitti Suriani, *Il più amato e il più popolare dei milanesi nella seconda metà dell'800: Lodovico Corio primo direttore del Museo del Risorgimento*, in «La Martinella di Milano», 7-8 (1954), pp. 454-458.

rica locale, aveva stretto amicizia con Cesare Correnti, il cui appoggio si era rivelato decisivo per il conseguimento della cattedra di storia al liceo Manzoni. Accanto all'insegnamento, Corio fu promotore di numerose attività educative e assistenziali, collaborò a riviste pedagogiche e geografiche, fu saggista eclettico e diseguale, conoscendo un momento di grande notorietà tra 1876 e 1877 con l'inchiesta sul mondo dei "locch", il sottoproletariato milanese.[23] In seguito al declino politico e poi alla morte del suo protettore, Corio si dedicò essenzialmente alla scuola e all'educazione popolare. Il Museo del Risorgimento si inserì in questo legame tenace con un passato in larga parte trasfigurato nel mito e fu prontamente utilizzato come luogo strategico della sacralizzazione delle memorie patrie.

Prototipo del raccoglitore instancabile, Corio fu l'artefice del grande incremento delle raccolte museali, il cui ordinamento non rispondeva a criteri rigorosamente scientifici.[24] Ciò che gli premeva, come a tanti suoi colleghi, era la costruzione di una rappresentazione del Risorgimento che, attraverso il filtro dell'enfasi eroica, potesse sprigionare tutta la sua carica educativa. La struttura "religiosa" dell'esposizione era la conseguenza naturale del suo approccio alla storia. Essa andava difesa e tutelata a fronte delle «odiose pedanterie»[25] che rischiavano di snaturare l'autentica funzione dei musei. L'atteggiamento di Corio rispondeva alla consuetudine reliquiaria del tempo, in base alla quale la venerazione religiosa dell'oggetto era parte integrante dell'assetto museologico. Prima del cimelio in sé, era il significato simbolico che esso incorporava a essere rivestito di una fortissima valenza pedagogica.

2. *Allestimenti: sante reliquie laiche*

Da dove veniva questa visione sentimentale della *mise en scène* del Risorgimento? Si poteva davvero parlare di improvvisazione e di dilettantismo, come avrebbero affermato i suoi detrattori al congresso del 1906? O non si trattava, al contrario, di una strategia mirata, inserita in

23. Sulla produzione di Corio cfr. Giovanna Rosa, *Il mito della capitale morale. Letteratura e pubblicistica a Milano tra Otto e Novecento*, Milano, Ed. Comunità, 1982, pp. 83-103.

24. Cfr. *Il Museo del Risorgimento di Milano*, in «BSNSR», 8 (1913), p. 4.

25. Intervento di Corio, in Congresso 1906, p. 79.

una politica della memoria che, per quanto rudimentale, puntava a adeguare l'impatto del racconto museale alle condizioni reali dell'Italia di fine Ottocento?

Vediamoli all'opera dunque, questi musei. Sperimentiamo una sorta di visita virtuale. E cerchiamo di capire, dopo aver delineato il profilo dei direttori, in che modo i loro orientamenti fossero trasferiti nella costruzione dei percorsi espositivi. Il passaggio è cruciale, perché i caratteri impressi all'atto della fondazione dei musei ne hanno ipotecato a lungo l'ordinamento e l'immagine pubblica.

L'universo lessicale offre una prima chiave di lettura per accedere al dispositivo museale e cogliere la relazione circolare che si instaurava tra la concezione del museo, la struttura delle sale, il rapporto con i visitatori. Nel linguaggio adottato si rispecchiava la ragion d'essere del museo nel perimetro del territorio in cui era chiamato a svolgere la propria funzione sociale. L'adozione del termine "Risorgimento" mirava a stabilire una continuità con altre epoche gloriose del passato, quando la nazione era considerata esistente ma in attesa di essere "risvegliata" per approdare infine alla sua organizzazione statuale unitaria. Nel caso dei musei in questione, la scelta era più probabilmente connessa alla fortuna del termine Risorgimento, che fu abbastanza tardiva ed esplose proprio negli anni Ottanta.[26]

Nella maggioranza dei casi prevalse la dicitura classica di "museo del Risorgimento". Le varianti non vanno tuttavia sottovalutate. Esse potevano attenere al profilo giuridico dell'istituzione, al contenuto delle collezioni, al rapporto con il territorio. Il Museo nazionale del Risorgimento di Torino era (e resta tuttora) l'unico a fregiarsi di questo titolo, confermato dal riconoscimento in ente morale nel 1901.[27] Diverso infatti è il caso del Museo centrale del Risorgimento di Roma, la cui costituzione, inserita nel 1906 tra i compiti del governativo Comitato nazionale per la storia del Risorgimento, ha conosciuto un percorso alquanto tormentato, che di fatto ha limitato a brevi periodi la presenza pubblica del museo.[28] Fuori da queste eccezioni, il panorama era composto da istituzioni municipali, a

26. Cfr. in generale Soldani, *Il Risorgimento a scuola*; Catherine Brice, *De quoi le Risorgimento est-il (vraiment) le nom?*, in «Revue d'histoire du XIXe siècle», 52 (2016), pp. 65-79.

27. Città di Torino, Museo Nazionale del Risorgimento Italiano, *Statuto organico approvato con Regio Decreto in data 8 dicembre 1901*.

28. Cfr. Boselli 1916; Arpino, *Il Museo Centrale del Risorgimento*.

conferma del fatto che la dimensione locale rappresenta il dato qualificante della funzione e dell'azione sociale dei musei. Quando compariva, l'aggettivo "nazionale" slittava dal contenitore al contenuto: non designava più l'istituzione, come a Torino, bensì l'epoca storica raccontata nelle sue sale (ad esempio, il Museo del Risorgimento nazionale di Milano), esprimeva dunque l'esigenza di rimarcare il carattere corale dell'evento e con esso la sua proiezione patriottica nel presente. Diffusa era infine la rete dei musei civici del Risorgimento, dove la specificazione valeva a sottolineare sia il legame stretto con il territorio sia la forte carica pedagogica che stava a monte dell'operazione, talora con espliciti richiami al *genius loci* (per esempio, Aurelio Saffi a Forlì).

La definizione di "museo" rinviava invece alla cultura positivistica dell'epoca, protesa a indicare l'importanza della raccolta e della conservazione documentaria quale presupposto indispensabile di ogni seria ricognizione storiografica. In realtà, benché questa sensibilità trovasse sostenitori autorevoli nella cultura erudita che ruotava intorno alle deputazioni di storia patria,[29] per essere poi rilanciata in varie sedi congressuali a inizio secolo, l'indirizzo e l'impianto espositivo dei musei del Risorgimento rimasero largamente debitori delle pulsioni educative.

Si tocca qui un tasto decisivo. Mario Isnenghi coglie nel segno quando scrive che la carta d'identità del museo viene definita «in rapporto alla documentazione che possiede, alla sua localizzazione, ai tempi e alla composizione della dirigenza, alle influenze dall'esterno che scandiscono i suoi processi di costituzione e di trasformazione». D'altra parte, occorre aggiungere che l'alternativa tra un profilo «di luogo prevalentemente di conservazione e di studio o di luogo prevalentemente di educazione del pubblico»[30] si fece strada soltanto in una fase successiva a quella delle origini. Se avessero avuto piena libertà di movimento, è molto probabile che gli artefici dei primi musei non avrebbero esitato a scegliere un'altra formula, quella di "Tempio del Risorgimento". Tale titolo, come si è visto, compare diffusamente in tutta la fase aurorale, a partire dalle mostre stori-

29. Cfr. Gabriele B. Clemens, *Le società di storia patria e le identità regionali*, in «Meridiana», 32 (1998), pp. 97-119; Fulvio De Giorgi, *L'organizzazione degli studi storici locali: deputazioni e società di storia patria*, in Id., *La storia locale in Italia*, Brescia, Morcelliana, 1999, pp. 91-113; Gian Maria Varanini, *Le reti delle storie patrie: Deputazioni e Società storiche tra disciplinamento e ritorno dell'autonomia*, in *L'organizzazione della ricerca storica in Italia*, pp. 33-106; *La storia della storia patria*.

30. Isnenghi, *Le guerre degli italiani*, pp. 359-360.

che allestite alle esposizioni di Torino del 1884 e di Bologna del 1888,[31] e se ne trovano echi ancora a distanza di anni.

Nel 1908 Lodovico Corio descriveva il museo milanese come «tempio dell'amor di patria, scuola del sacrificio, fonte per la storia del riscatto nazionale». L'ordine stabiliva una emblematica gerarchia delle funzioni, che non lasciava dubbi sulla priorità del fattore patriottico ed emotivo: «Le gallerie del museo sono i corridori, gli androni, le camerate che per nove lustri echeggiarono delle bestemmie de' soldati stranieri. Qui vi hanno sede trionfale i cimeli e le reliquie de' nostri martiri, de' nostri eroi. La grande galleria, che prima s'affaccia al visitatore, pare voglia a tutte rivelare ad un tratto le stazioni della nostra dolorosa e gloriosa "Via Crucis"».[32] D'altronde, alcuni celebri episodi offrivano una base irresistibile alla valorizzazione di un immaginario religioso: il Museo di Mantova, per esempio, fuse l'intera sua storia con il ricordo dei martiri di Belfiore, in uno stretto legame con gli altri luoghi della memoria cittadina deputati a sacralizzare la vicenda e a farne il tessuto connettivo della fede patriottica.[33]

Siamo al cuore della concezione museologica delle origini, che per qualche decennio fornì un modello pressoché incontrastato. Soltanto durante il congresso milanese del 1906 le voci in senso contrario cominciarono a manifestarsi con una certa visibilità pubblica. In quell'occasione, come si dirà tra poco, Corio non esitò a porsi in aperto dissidio con quanti auspicavano un rinnovamento dei criteri di accertamento e selezione del materiale storico. La consapevolezza che il carattere nazionale dovesse essere plasmato sugli esempi del passato suggeriva a Corio la validità dell'approccio mitologico, che si basava sulla semplificazione e banalizzazione degli eventi. Al Risorgimento epopea esibito mediante le reliquie dei protagonisti, secondo un approccio a metà strada tra «l'*horror vacui*» e «l'affastellamento»,[34] si attribuiva la capacità di arrivare al cuore dei visitatori, suscitandone un sentimento di commossa identificazione con le conquiste della raggiunta unità. In questo senso, Corio portava alle estreme

31. Cfr. per esempio Tempia, *Guida al visitatore del Tempio del Risorgimento Italiano*.

32. Corio, *Il Museo milanese del Risorgimento nazionale*, p. 111.

33. Cfr. *I martiri di Belfiore tra storia e memoria*, a cura di Annamaria Mortari, Daniela Ferrari e Giancarlo Manzoli, Mantova, Tip. Grassi, 2002; Maurizio Bertolotti, *Il mito di Belfiore*, in «Bollettino storico mantovano», 2 (2003), pp. 347-360; Matteo Morandi, *Garibaldi, Virgilio e il violino. La costruzione dell'identità locale a Cremona e Mantova dall'Unità al primo Novecento*, Milano, FrancoAngeli, 2009, pp. 156-167.

34. Maurizio Fenzo, *Memorie patriottiche*, in *Una Città e il suo Museo. Un secolo e mezzo di Collezioni Civiche Veneziane*, Venezia, Museo Correr, 1988, p. 193.

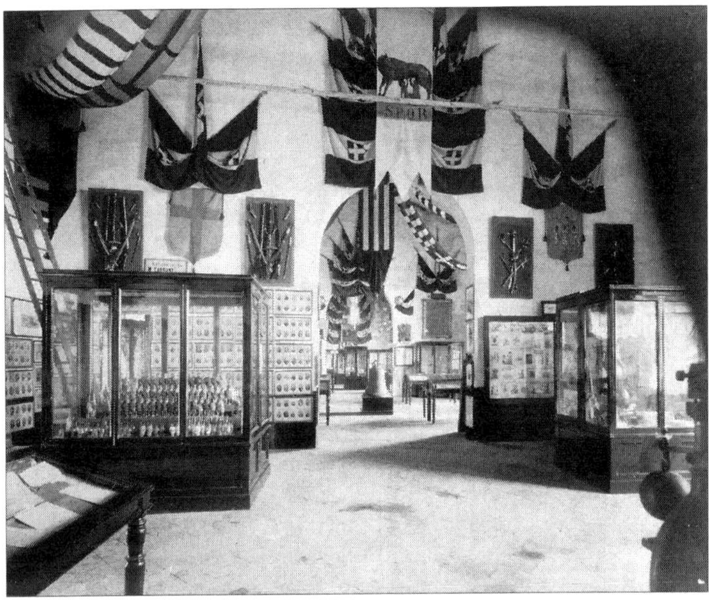

Fig. 4. Mostra del 1848 al Castello Sforzesco, 1898. Milano, Castello Sforzesco, Archivio Fotografico, FM F 19, © Comune di Milano – tutti i diritti di legge riservati.

conseguenze le indicazioni che Cesare Correnti aveva dato sin dal lontano 1884, in veste di presidente della sezione milanese del padiglione torinese. Da uomo politico navigato, Correnti era convinto che nella organizzazione delle celebrazioni patriottiche si misurasse la capacità dello Stato liberale di gestire le pratiche rituali, di confrontarsi con una prassi che nella Chiesa cattolica aveva avuto una interprete insuperata. «Ricordatevi che i prelati queste cose le sapevano fare bene», aveva scritto a Crispi nel gennaio 1878, nella fase di preparazione dei funerali di Vittorio Emanuele II. Poiché in gioco c'era la legittimazione simbolica dello stato nazionale e monarchico, aveva aggiunto di non esitare a «inventare» una tradizione, pur di raggiungere lo scopo: «Non abbiamo precedenti. Tanto meglio. Inventateli. [...] Queste solennità se non parlano ai sensi e insieme alla immaginazione sono una facchinata e una fanfullata».[35]

35. In *Carteggi politici inediti di Francesco Crispi (1860-1900)*, estratti dal suo archivio, ordinati e annotati da Tommaso Palamenghi-Crispi, Roma, L'Universelle, s.d. [1912],

Dal modello della Chiesa cattolica occorreva mutuare capacità e abilità nel parlare un linguaggio facile e comprensibile. «Simbolismo e ritualismo – si legge in una pagina del diario di Alessandro Guiccioli del 1893 – costituiscono una delle maggiori forze della Chiesa cattolica». Viceversa – proseguiva l'ex sindaco di Roma, mostrando però di non cogliere la portata di un fenomeno già largamente operativo sul terreno delle religioni civili –, uno degli errori della società moderna consisteva nell'«aver soppresso i riti, i simboli, i cerimoniali, per la stolta supposizione che l'uomo si possa regolare soltanto secondo la "ragion pura" la quale non si sa esattamente che cosa sia e che, ad ogni modo, è lungi dall'avere una qualsiasi efficacia imperativa sull'animo umano».[36] Tradotto nel campo dell'allestimento di una mostra o di un museo, tale principio suggeriva di «colpire l'immaginazione» dei visitatori, di trasportarli a contatto con il ricordo del Risorgimento attraverso «gli oggetti che colpiscono i sensi»:[37] dunque quadri, cimeli, memorie, tutto ciò che riuscisse a destare commozione e venerazione religiosa verso il passato. Il linguaggio dei sensi evoca punti di contatto con il «valore dell'antico» teorizzato all'inizio del XX secolo da Alois Riegl, lo storico dell'arte austriaco che stava riflettendo sul culto moderno dei monumenti. Rivolto a un referente sociale non elitario, il «valore dell'antico» parlava «con immediatezza al sentimento» e si manifestava «immediatamente al contemplatore per mezzo della più superficiale delle percezioni, quella sensibile (ottica)».[38]

Il Padiglione torinese del 1884 fu il grande laboratorio di sperimentazione di tale tipologia espositiva. Il visitatore, catapultato in un dialogo fitto e suggestivo con il passato recente della nazione, era portato a riattualizzare in prima persona un'esperienza fatta di visioni, odori, suoni. Il mito del Risorgimento che si dipanava nella *mise en scène* torinese incoraggia-

p. 349. Sul tema cfr. *L'invenzione della tradizione* (1983), a cura di Eric J. Hobsbawm e Terence Ranger, tr. it. Torino, Einaudi, 1987.

36. Alessandro Guiccioli, *Diario di un conservatore*, Milano, Edizioni del Borghese, 1973, p. 177 (1° aprile 1893).

37. Seduta del 1° febbraio 1884, in *Verbali delle Commissioni consultive del Museo*, p. 68.

38. Alois Riegl, *Il culto moderno dei monumenti. Il suo carattere e i suoi inizi* (1903), Introduzione e note di Sandro Scarrocchia, trad. it. Bologna, Nuova Alfa Editoriale, 1985, p. 47. Sulla "monumentomania" ottocentesca restano fondamentali le riflessioni di Maurice Agulhon, *La «statuomanie» et l'histoire*, in Id., *Histoire vagabonde. I.*, pp. 137-185. Cfr. inoltre Christophe Charle, *La dérégulation culturelle. Essai d'histoire des cultures en Europe au XIXe siècle*, Paris, Puf, 2015, in particolare le pp. 313-361.

va la rappresentazione fisica dei fatti e degli uomini, che rivivevano nella memoria non sbiadita delle vecchie generazioni ed entravano nella vita di quelle più giovani attraverso la lente dell'epica e della leggenda. Neppure «lo spirito di qualità infima» – scrisse con enfasi Giovanni Faldella, scrittore e deputato al Parlamento – poteva sottrarsi al pathos e alla commozione sprigionati dalla «sublime armonia» del Risorgimento italiano. Entrando nelle sale del Tempio, si spalancavano «un barbaglio di reliquie, di suppellettili, di bandiere, di ritratti, un visibilio di visioni» che sollecitavano le reazioni più disparate: «ci sono cose che ci fanno palpitare, altre che ci fanno lacrimare, altre che ci fanno sorridere, altre che ci sforzano al piantoriso, altre che ci fanno semplicemente pensare».[39]

Il modello torinese transitò rapidamente agli allestimenti museali, la cui storia è fitta di esempi sulla inclinazione ad adottare registri e codici mutuati dalla religione. Li ritroviamo nelle scelte generali, quando si trattava di raccogliere adesione e finanziamenti, di indicare i musei alla collettività come templi sacri della religione patriottica; al momento dell'inaugurazione, che la stampa descriveva con abbondante ricorso a locuzioni ispirate al sacrificio e al martirologio, alla volontà di «consacrare» il museo e di esibire le «sante reliquie» degli «apostoli» laici della causa patriottica.

Infine, dalla collocazione di documenti e cimeli alla combinazione di parole e immagini, tutto ruotava intorno alla volontà di condurre per mano i visitatori a un accostamento al Risorgimento che richiedeva un'adesione istintiva e un atteggiamento di venerazione estatica, fondati sulla forza trascinante del mito. La sezione risorgimentale del Museo Correr di Venezia esibiva reliquie come la falange del dito medio della mano destra di Attilio Bandiera, l'avambraccio del generale Antonini, colpito nel corso dei combattimenti di Vicenza nel 1848, una ciocca di capelli di Gioberti, i ceppi con cui fu incatenato Mazzini nella prigione di Savona nel 1830-31, la maschera mortuaria di Manin, un frammento della sua stanza staccatosi in seguito al bombardamento austriaco del 1849.[40]

L'atmosfera di seduzione religiosa è la stessa che promana dalla descrizione dei "luoghi santi" della memoria patriottica, tra cui spiccano quelli garibaldini. Il rituale del pellegrinaggio a Caprera significava abbeverarsi

39. *Il Tempio del Risorgimento Italiano. Rivista patriottica di Giovanni Faldella*, Firenze, Barbera, 1886, p. 10.
40. Fenzo, *Memorie patriottiche*, pp. 193-204.

direttamente alla fonte del patriottismo, rinforzando la fede attraverso la condivisione collettiva del culto: il contatto diretto con i documenti, i cimeli, le reliquie dell'eroe rinnovava il patto della memoria, stringendo in un abbraccio ideale le generazioni dei padri e dei figli.[41]

Piegata all'obiettivo primario di suscitare la reazione emotiva del visitatore, la struttura espositiva dei musei del Risorgimento richiama in più punti la «rottura epistemologica» che nel corso dell'età romantica aveva contaminato le varie espressioni di rappresentazione della storia.[42] Alla visione didascalica e raziocinante della cultura illuministica era subentrata una concezione che, nel ricreare il vissuto storico, immergeva il visitatore in una dimensione di «illusione» nei confronti del passato. Nell'ambito della «poetica» dei musei, questa trasformazione si concretava nella organizzazione delle sale. Al posto della suddivisione per blocchi cronologici, che privilegiava una spiegazione lineare, ma schematica e tendenzialmente "fredda", subentrava la disposizione per temi e ambienti. Stephen Bann ha indicato a questo proposito il modello del Museo di Cluny di Parigi, ordinato dal collezionista e antiquario Alexandre Du Sommerard: l'obiettivo era quello di realizzare un ambiente «where the object from the past becomes the basis for an integrative construction of historical totalities».[43] Per questa via si sarebbe raggiunto «the maximum degree of integration of the individual object in the overall effect».[44]

Nel 1843, pensando agli oggetti da offrire alla vista dei visitatori, lo storico francese Prosper De Barante affermava:

> Tout ce qui rappelle des noms illustres, des renommées populaires a un vif attrait pour l'imagination, et souvent même s'entoure d'une sorte de respect. L'épée d'un grand guerrier, les insignes d'un souverain célèbre, les joyaux d'une reine grande ou malheureuse, les livres où un écrivain traça quelques

41. Augusto e Alceste Trionfi, *Diletta patria. Quaderni di una famiglia garibaldina*, Bologna, il Mulino, 2009, pp. 95-109. Si veda ora, con riferimento all'esperienza della Repubblica romana, Silvia Cavicchioli, *The Remains of the Vanquished: Bodies and Martyrs of the Roman Republic from the Risorgimento to Fascism*, in *Public Uses of Human Remains and Relics in History*, a cura di Luigi Provero e Silvia Cavicchioli, New York, Routledge, 2020, pp. 208-229.

42. Cfr. Bann, *The Clothing of Clio*, pp. 77-92.

43. Ivi, p. 85.

44. Stephen Bann, *"Views of the past": reflections on the treatment of historical objects and museums of history*, in Id., *The invention of history. Essays on the representation of the past*, Manchester and New York, Manchester University Press, 1990, p. 139.

notes sont autant de reliques qu'on aime à voir, et qui font une autre impression que la lettre morte du volume où nous lisons leur histoire.[45]

Il richiamo a questi esempi rivela la diffusione europea di un certo atteggiamento culturale, unitamente alla vitalità di quella rappresentazione museale della storia. Sarebbe perciò fuorviante ricondurre la condizione caotica e sovraffollata dei primi musei del Risorgimento a una approssimativa competenza museologica dei direttori o ai vincoli imposti dallo spazio. Sono dati che non vanno ignorati. Ciononostante, l'assenza di una procedura selettiva, nella fase della raccolta così come in quella dell'ordinamento, le oscillazioni cronologiche, la dimensione reliquiaria e un certo gusto per il feticismo non erano elementi riducibili all'improvvisazione. Esposizioni, mostre, musei di storia patria entravano nel circuito pubblico come parte integrante di quella più ampia «utilizzazione funzionale del sentimentalismo come strumento pedagogico di formazione della nuova coscienza intellettuale», che Asor Rosa ha rilevato a proposito di *Cuore* e del suo rapporto con la cultura borghese dell'Italia umbertina.[46] L'operazione poté attecchire agevolmente – ha precisato Carlotta Sorba – perché recuperava il racconto melodrammatico della nazione che si era affermato negli anni Trenta e Quaranta, «arricchendolo nei contenuti e attualizzandolo nelle forme». Nelle sale stesse dei musei si consolidavano, e non a caso, due cardini della narrazione giocata sul registro della corda emotiva: «l'umiliazione dei patrioti e il pieno riconoscimento della loro virtù, la sofferenza del sacrificio e insieme il riscatto della patria».[47]

Grazie a questa loro specificità, i musei potevano esporre una serie di immagini e di oggetti la cui comprensione privilegiava piuttosto l'uso di quelli che in linguaggio sociologico sono definiti simboli di «condensazione»: evocando «le emozioni associate alla situazione», essi contribuiscono a condensare «in un solo evento, segno o atto simbolico, l'orgoglio patriot-

45. Cit. in Poulot, *Une histoire des musées de France*, p. 136.

46. Alberto Asor Rosa, *La cultura*, in *Storia d'Italia*, IV, *Dall'Unità a oggi*, t. 2, Torino, Einaudi, 1975, p. 933.

47. Carlotta Sorba, *Il melodramma della nazione. Politica e sentimenti nell'età del Risorgimento*, Roma-Bari, Laterza, 2015, p. 243. Spunti vari in *Il lungo Ottocento e le sue immagini. Politica, media, spettacolo*, a cura di Vinzia Fiorino, Gian Luca Fruci e Alessio Petrizzo, Pisa, ETS, 2013; *Politica ed emozioni nella storia d'Italia dal 1848 ad oggi*, a cura di Penelope Morris, Francesco Ricatti e Mark Seymour, Roma, Viella, 2012; *La politica dei sentimenti. Linguaggi, spazi e canali della politicizzazione nell'Italia del lungo Ottocento*, a cura di Marco Manfredi e Emanuela Minuto, Roma, Viella, 2018.

tico, le ansie, i ricordi di glorie e umiliazioni passate e le premesse di una futura grandezza: solo qualcuno o anche tutti questi sentimenti».[48]

L'adozione di questo canone religioso era peraltro raramente separata dall'enfasi posta sul termine "libertà" – pur nella sua polisemica accezione –, che a quel canone avrebbe dovuto dare forza e risonanza simbolica. Nei manifesti che annunciavano l'inaugurazione dei musei di Pavia e Brescia, la loro funzione era agganciata alla «religione di patria e di libertà», all'«ammaestramento delle forti virtù che libertà richiede ad essere conquistata e mantenuta», a «incremento delle cittadine virtù ed a soddisfazione di generosi sentimenti».[49] Il manifesto bolognese indicava il museo come pegno di memoria verso «quanti per l'Italia pensarono, operarono e patirono»: ai giovani erano stati lasciati in eredità «quelle sublimi idealità, quella fede gagliarda, quel sentimento del dovere, quella virtù del sacrificio, a cui [l'Italia] deve la sua redenzione, a cui solo può chiedere la sua grandezza e fortuna». Il museo custodiva «reliquie pietose di martiri, ritratti di patrioti», documenti «custoditi con pericolo nel tempo della servitù», che parlavano «alla mente e al cuore un sacro e commovente linguaggio; dicono ai caduti il religioso amore e la durevole riconoscenza dei superstiti; narrano ai giovani quanto tesoro di lagrime e di sangue, quanti miracoli di devozioni e di eroismi, di perseveranze e di audacie abbiano costato, e debbano farci più care, le nostre libertà».[50]

Il museo traeva dunque la sua ragion d'essere nella funzione di tempio laico del patriottismo. Per tale motivo la storia che si dipanava dentro le sue vetrine non rispondeva ai criteri della moderna critica storiografica. In sostanza, non era una "storia di tutti", dove le posizioni venivano soppesate e presentate con eguale importanza, contestualizzate con una certa dose di distacco scientifico e alla luce dei problemi del tempo in cui si erano sviluppate. Il certificato di patriottismo, l'impegno e l'attività svolta a favore della causa italiana, della libertà e dell'indipendenza predeterminavano il giudizio storico-politico, con inevitabile ripercussione sul modello della rappresentazione.

48. La definizione, di Edward Sapir, viene ripresa da Murray Edelman nel suo *Gli usi simbolici della politica* (1976), a cura di Giorgio Fedel, trad. it. Napoli, Guida, 1987, p. 70.

49. Il manifesto pavese (31 luglio 1887) è in ASCP, Archivio Risorgimento, cart. XIV, fasc. I. Quello bresciano (21 novembre 1888) in ASB, 28 (Comune), rub. XIV, serie 6/2a.

50. MRBO, Cart. 1888-1945, fasc. 4. Sui vari significati del lemma libertà, cfr. Eugenio Biagini, *Libertà*, in *Atlante culturale del Risorgimento. Lessico del linguaggio politico dal Settecento all'Unità*, a cura di Alberto Mario Banti, Antonio Chiavistelli, Luca Mannori e Marco Meriggi, Roma-Bari, Laterza, 2011, pp. 299-314.

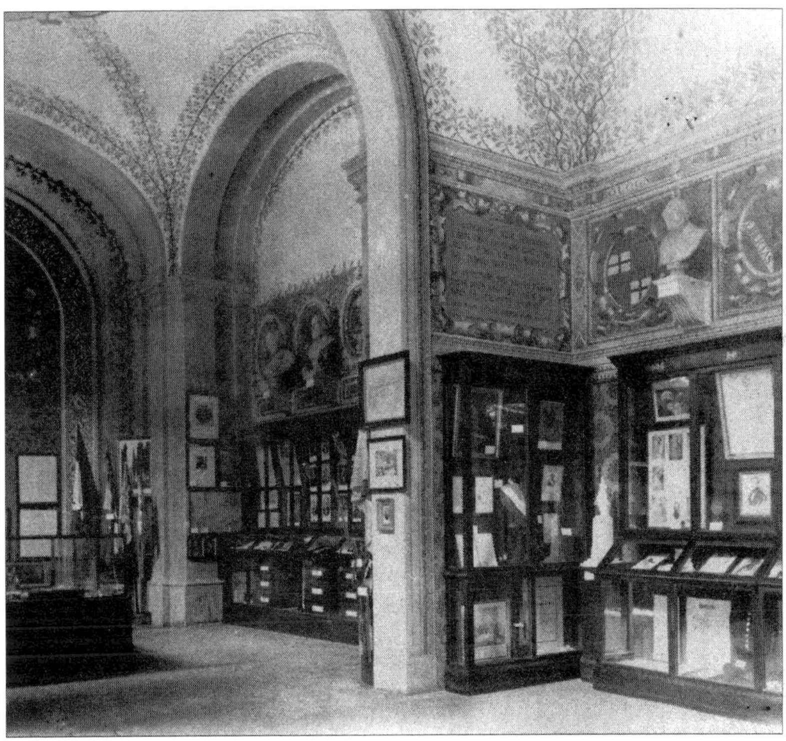

Fig. 5. Museo del Risorgimento di Bologna, 1893. Bologna, Archivio del Museo Civico del Risorgimento.

Ne troviamo una efficace sintesi in una lettera inviata al «Panaro» il 20 novembre 1895, nella quale Luigi Picaglia esponeva la propria concezione del museo. Citando l'esempio di Milano, e rispondendo alle critiche del «Cittadino», egli precisava che tutti i doni dovevano essere indistintamente accettati e registrati, anche quando potevano sembrare di scarso valore: «Si persuada l'articolista che tutti i Musei, tutte le raccolte si assomigliano: non tutte le tele sono del Raffaello e del Tiziano, non tutte le sculture del Michelangelo, non tutti i libri sono scritti dal Dante o dal Muratori. Non tutti i martiri si chiamano Andreoli e Menotti. Si potrà da alcuno mettere in dubbio p. e. che il Ricci fosso o no, reo di lesa maestà, non si potrà mettere in dubbio che Agostino Tagliazucchi abbia incontrato a Mentana la morte, vittima dell'avere voluto restituire Roma all'Italia». Ne scaturiva una precisa idea del museo storico:

> Non si dispensano diplomi di patriottismo dal Museo del Risorgimento, ma sono chiamati patriotti coloro che sui patiboli o sui campi di battaglia versarono il sangue per la patria, coloro che per la libertà soffrirono carcere, esiglio, confisca di beni; sono chiamati patriotti coloro che guadagnarono le spalline da ufficiale e salirono ai più elevati gradi della milizia, facendo le campagne per l'indipendenza italiana dal 1849 al 1870, e non quelli che le spalline si ebbero per essere forniti del diploma di licenza liceale, ed aver fatto per 15 giorni il soldato nel prato delle manovre. Patriotti non si chiamano quelli che passavano ogni giorno sotto il cannone del tiranno avanti il 1859, ma quelli che vi passavano nel 1848 quando le miccie erano già accese, per andare dal Duca a chiedere armi e libertà. Fra i documenti si troveranno le lodi per chi ha benemeritato della patria e il biasimo inflitto a chi fu strumento di tirannide.[51]

Rivelatrici di un orientamento molto diffuso alla fine dell'Ottocento tra i divulgatori della storia patria, le parole di Picaglia mettono in luce il divario esistente tra le tendenze dominanti in campo storiografico e le ricadute sul piano dell'uso pubblico della storia. La scuola filologico-erudita svolgeva un benemerito lavoro di accumulo documentario, critica del testo e promozione di riviste specializzate: ma quando i suoi assunti dovevano essere trasferiti sul versante della narrazione pubblica e popolare, la concezione della storia ispirata al culto del documento d'archivio come certificato di oggettività e imparzialità cedeva sovente il passo alle passioni e agli slanci patriottici di quanti operavano nel settore (non esclusi gli studiosi di un certo livello). Una volta entrato nel percorso museale, il visitatore non si trovava di fronte a una fredda successione di documenti né doveva essere spinto a formarsi una visione critica delle vicende e dei personaggi al centro del racconto: al contrario, il dispositivo incrociato di documenti, oggetti, immagini rispondeva alla volontà di distillare un messaggio emotivamente incontrovertibile, in cui le parole e le azioni a favore dell'unità e della libertà della nazione italiana predeterminavano il giudizio complessivo, separando chiaramente i "buoni" dai "cattivi", gli "eroi" dai "traditori".[52] Se si guarda ai filoni tematici prescelti

51. *A proposito del Museo del Risorgimento e del suo riordinamento*, in «Il Panaro», 20 novembre 1895. Cfr. anche lettera di Picaglia al presidente del Museo del Risorgimento, 24 novembre 1895, MRMO, *Carteggio, Corrispondenza 1893-1900*.

52. Sulla costruzione e sopravvivenza di tale modello, cfr. Alberto Mario Banti, *La nazione del Risorgimento. Parentela, santità e onore alle origini dell'Italia unita*, Torino, Einaudi, 2000; *La morte per la patria. La celebrazione dei caduti dal Risorgimento alla Repubblica*.

e all'interpretazione complessiva, la storia del Risorgimento restava essenzialmente una «storia del patriottismo italiano», come scriveva Gioacchino Volpe all'inizio degli anni Venti, notando la persistenza di un fenomeno che i musei avevano contribuito ad alimentare.[53]

Sarebbe tuttavia errato leggere la vicenda dei musei storici all'inizio del secolo secondo una chiave che li cristallizzi su posizioni di totale sordità alle trasformazioni in atto nella società italiana. Il primo congresso di storia del Risorgimento e le discussioni animate che si svolsero al suo interno sono la fotografia di questa situazione in movimento.

3. *1906 e dintorni*

Milano, Castello Sforzesco, 6 novembre 1906. Mentre volgeva a conclusione la grande Esposizione internazionale, preparata in concomitanza con l'ultimazione del traforo del Sempione,[54] si aprivano i lavori del primo congresso di storia del Risorgimento italiano. L'appuntamento era importante e scaturiva anche dall'esigenza di dare una nuova e solida organizzazione alla promozione e alla divulgazione degli studi sul Risorgimento:

> La sala delle statue era gremita d'una folla di congressisti e d'invitati. V'erano i più eminenti studiosi della storia d'Italia, gran numero di veterani, numerose rappresentanze delle scuole e delle società storiche, di musei, di accademie e di biblioteche, rappresentanti delle deputazioni provinciali di Treviso e Verona, dei Municipi di Torino, Ferrara, Monza, Padova, Treviso, Napoli e altre città. Si può dire che tutte le città italiane, o colla rappresentanza o col mezzo di qualcuno dei loro istituti, figuravano nel Congresso.[55]

Sono qui elencati i soggetti protagonisti della prima storiografia sul Risorgimento e soprattutto della trasmissione di quel periodo storico nel circuito del discorso pubblico nazionale. Tra gli studiosi che avevano aderi-

53. Cit. in Giovanni Belardelli, *Il mito della "nuova Italia". Gioacchino Volpe tra guerra e fascismo*, Roma, Edizioni Lavoro, 1988, pp. 203-204.

54. Cfr. *La scienza, la città, la vita. Milano 1906: l'Esposizione internazionale del Sempione*, a cura di Domenico Lini e Pietro Redondi, Milano, Skira, 2006; Francesca Misiano, *Milano prima dell'Expo. L'Esposizione Internazionale del 1906*, Milano – Udine, Mimesis, 2015; Anna Pellegrino, *Operai intellettuali. Lavoro, tecnologia e progresso all'Esposizione di Milano (1906)*, Manduria, Lacaita, 2008.

55. *Il nostro Congresso*, in «Bollettino Ufficiale del Primo Congresso Storico del Risorgimento Italiano e Saggio di mostra sistematica», 9 (1906), p. 409.

to al congresso non mancavano i nomi autorevoli: Giacinto Romano, Alessandro Luzio, Felice Momigliano, Gioacchino Volpe, Francesco Novati, Costanzo Rinaudo, Beniamino Manzone. A loro si univano associazioni di veterani e reduci delle patrie battaglie, insegnanti, rappresentanti delle istituzioni culturali, dell'esercito, delle amministrazioni politiche locali. Quello dei risorgimentisti si confermava un ambiente alquanto eterogeneo, i cui confini erano stati sin dalle origini estremamente porosi. Gli echi ancora vibranti delle battaglie per l'indipendenza avevano impresso alla prima ricostruzione storica degli eventi, come si è visto, dei tratti inevitabilmente segnati dalla passione politica. Il Risorgimento era stato perciò emarginato dalla sospettosa cittadella universitaria, che restava imperniata sul modello positivistico del metodo scientifico e dell'erudizione filologica, affezionata al Medioevo e ben poco propensa a scavalcare le colonne d'Ercole della Rivoluzione francese o del 1815.[56]

Quando scrittori, anche d'ingegno, si erano avventurati con animo polemico sul terreno scivoloso della storia contemporanea, senza aderire alle fonti d'archivio e allo scrupolo filologico, la reazione dell'accademia era stata durissima. Celeberrima, in questo senso, la recensione al vetriolo con cui nel 1892 Amedeo Crivellucci aveva stroncato *La lotta politica in Italia* di Alfredo Oriani, un libro che vent'anni dopo avrebbe viceversa intercettato le inquietudini di una nuova generazione di intellettuali: «Dicono che l'autore abbia mostrato della capacità nello scriver romanzi. Se è vero – era la chiusura sprezzante di Crivellucci –, noi lo consigliamo di tornare a quel genere letterario. Non sappiamo se ci guadagnerà il romanzo: certo non ci perderà nulla la storia».[57]

Ernesto Sestan ha disegnato un sapido profilo dei cultori della storia risorgimentale a cavallo tra Otto e Novecento, che aiuta a capire le prolungate diffidenze dell'ambiente universitario nei loro confronti:

> vecchi signori nostalgici della lontana gioventù, più o meno mescolati, come attori o semplicemente testimoni, a quei fatti; rievocatori di personali memorie o della propria famiglia; narratori di aneddoti e, in genere, di storia episodica; oratori ufficiali pronti sempre ad ogni patriottica rievocazione; borghesi

56. Cfr. *L'Università tra Otto e Novecento: i modelli europei e il caso italiano*, a cura di Ilaria Porciani, Napoli, Jovene, 1994.

57. In «Studi storici», vol. I, II (1892), p. 286. Per un'ampia indagine della ricezione del libro si veda in particolare Ennio Dirani, *I cento anni della "Lotta politica in Italia" di Alfredo Oriani*, in «I Quaderni del Cardello», 3 (1992), pp. 17-103.

e militari, politici o politicanti, in attività di servizio o in ritiro; repubblicani arrabbiati sfoganti in perentorie condanne l'ira o la disillusione per quello che sarebbe potuto e specialmente dovuto avvenire e che non era avvenuto; sabaudisti convinti, o convertiti, lieti di affrescare una marcia gloriosa, rettilinea, da Novara a Porta Pia [...]; massoni; mangiapreti, moderati scuotenti sconsolatamente la testa perché la Sinistra, evangelicamente, non sapeva quello che aveva fatto la Destra.

Per quanto fosse gente in genere «poco fatta per l'erudizione storica», Sestan ammetteva che, «accresciuta e rinsanguata da elementi provenienti dalla scuola e dal mondo accademico», anch'essa era riuscita a creare gradualmente una propria erudizione, contribuendo a suo modo allo sviluppo degli studi.[58]

In effetti, il congresso del 1906 arrivava nel momento in cui qualche passo concreto per dare alla storia del Risorgimento una più solida base scientifica era stato fatto o era sul punto di consolidarsi. Lo testimoniano la *Biblioteca storica del Risorgimento italiano*, avviata nel 1897 da Tommaso Casini e Vittorio Fiorini, così come varie riviste regionali fondate allo scopo di pubblicare regesti di fonti e documenti disseminati nel territorio: tra le altre, l'«Archivio storico del Risorgimento Umbro» (1905), l'«Archivio marchigiano del Risorgimento» (1906), l'«Archivio emiliano del Risorgimento nazionale» (1907).[59]

Le novità non erano limitate a questo. Alcuni importanti provvedimenti legislativi testimoniavano una più decisa volontà dello Stato di procedere alla valorizzazione della storia da cui traeva la propria origine. Nel 1904 fu varata la pubblicazione governativa dell'*Opera omnia* di Mazzini: dopo decenni di incertezza sotto il profilo celebrativo, Mazzini accedeva al pantheon dei padri della patria. Certo, non era né poteva essere il Mazzini caro al mondo repubblicano, che continuava a farne il caposaldo di rituali irriducibili al patriottismo governativo, specialmente nelle giornate del 9 febbraio e del 10 marzo (anniversari della Repubblica romana e della morte). Il Mazzini recuperato dalle istituzioni era quello depurato – *et pour cause* – dei tratti più marcatamente antagonistici rispetto allo stato monarchico: era l'apostolo dell'unità, il sostenitore dell'etica del sacrificio e del

58. Ernesto Sestan, *L'erudizione storica in Italia*, in *Cinquant'anni di vita intellettuale italiana 1896-1946*, a cura di Carlo Antoni e Raffaele Mattioli, vol. 2, Napoli, ESI, 1966, p. 442.

59. Cfr. Soldani, *Il Risorgimento a scuola*.

"dovere" nazionale, secondo una lettura tutta orientata in chiave di conservazione in una fase densa di mutamenti politici e sociali. D'altronde, sin dal 1901 i *Doveri dell'uomo* erano stati inseriti come lettura obbligatoria nella scuola dopo essere stati sottoposti a un rigoroso filtro selettivo.[60]

Ancora. Dopo qualche timida comparsa a fine secolo, nel 1905 la storia del Risorgimento riusciva a fare una piccola breccia nel muro accademico. Il fatto che ciò avvenisse sotto forma di un "incarico" conferito a Michele Rosi all'Università di Roma non impedisce di sottolineare la discontinuità rispetto a un ostracismo che peraltro era destinato a protrarsi, come mostra proprio la sofferta carriera di Rosi. L'ingresso del Risorgimento dalla porta principale del concorso a cattedra si sarebbe realizzato nel 1924 (nella neonata facoltà di Scienze politiche), mentre per le facoltà di Lettere e Filosofia il processo sarebbe giunto a compimento soltanto nel 1936.[61]

Un altro segnale importante del nuovo clima fu il decreto regio n. 212 del 17 maggio 1906, che istituiva il Comitato nazionale per la storia del Risorgimento italiano. Tra i compiti statutari del nuovo ente governativo spiccavano quelli relativi alla raccolta e conservazione dei documenti e cimeli risorgimentali e l'istituzione del Museo centrale del Risorgimento a Roma, la cui sede era posta nell'erigendo monumento nazionale a Vittorio Emanuele II. In realtà, l'attività del comitato prese avvio soltanto nel 1909, entrando sovente in competizione con quella della Società nazionale per la storia del Risorgimento, l'associazione nata a seguito dei voti del congresso milanese del 1906.[62] In epoca fascista i due organismi sarebbero stati assorbiti – non senza qualche tensione e punta polemica – nel nuovo Istituto per la storia del Risorgimento italiano, quale risultato del riordinamento

60. Cfr. Michele Finelli, *Il monumento di carta. L'Edizione Nazionale degli Scritti di Giuseppe Mazzini*, Villa Verrucchio (Rn), Pazzini, 2004; Mantovani, *I volti del profeta*; Pietro Finelli, *«È divenuto un Dio». Santità, Patria e Rivoluzione nel «culto di Mazzini»*, in *Storia d'Italia, Annali 22. Il Risorgimento*, pp. 665-695.

61. Emilia Morelli, *Su come è nato l'insegnamento di storia del Risorgimento e sulla tormentata carriera di Michele Rosi*, in «Rassegna storica toscana», 2 (1986), pp. 215-229; Laura Giambastiani, *Michele Rosi nella docenza e nella memoria postuma*, Lucca, Civita Editoriale, 2012; Maria Pia Paoli, *«[...] Mi scriva, caro professore»: prime note sull'epistolario di Michele Rosi (1864-1934)*, in *Culture e libertà. Studi di storia in onore di Roberto Vivarelli*, a cura di Daniele Menozzi, Mauro Moretti e Roberto Pertici, Pisa, Edizioni della Normale, 2006, pp. 189-238.

62. Vittorio Fiorini, *Della convenienza che sia fondata una "Società nazionale per la storia del Risorgimento Italiano"*, in Congresso 1906, pp. 32-39. La Società fu fondata ufficialmente il 3 gennaio 1907.

legislativo degli istituti e degli studi storici voluto dal regime all'inizio degli anni Trenta.

Inseriti nella medesima cornice istituzionale, questi provvedimenti erano concatenati alle trasformazioni in atto nel paese, che la classe dirigente liberale osservava con un misto di fiducia e di preoccupazione. L'ultimo ventennio del secolo era stato la stagione più fortunata dell'immagine eroica del Risorgimento, che era penetrata nella società attraverso i mille rivoli delle commemorazioni e dei tanti – seppure antagonistici – rituali patriottici. Lo Stato non era peraltro riuscito a incanalare l'uso di quelle memorie entro un disegno organico di intervento e coordinamento centrale. Il ritardo veniva colmato proprio nel momento in cui i mutamenti innescati dalla crisi di fine secolo, poi dalla svolta giolittiana e dal radicamento dei movimenti politici di massa, socialista e cattolico, aprivano questioni e prospettive nuove, incrinando in parte le fondamenta dell'edificio che aveva sorretto la mitologia risorgimentale. Il cinquantenario del 1848 aveva evidenziato le lacerazioni profonde presenti nella società e la spaccatura in atto sul terreno della celebrazione risorgimentale. Manifestazioni e cortei separati, contrapposizione dei simboli monumentali di Garibaldi e Mazzini a quelli propri della tradizione dinastica e moderata, rivendicazione di un'eredità incentrata per gli uni sui temi della libertà e della giustizia sociale, per gli altri sui valori dell'unità e della sua tutela contro i conati sovversivi. Nella crisi del sistema, la battaglia politica non rinunciava a investire la dimensione simbolica del potere e i luoghi della memoria.[63] Milano era stata teatro ed epicentro di questo scontro, politico e simbolico. Nel volgere di pochi mesi, si erano succedute vicende eclatanti: la morte in duello di Felice Cavallotti, la celebrazione del cinquantesimo delle Cinque giornate, i tumulti per il pane e le cannonate sulla folla ordinate dal generale Bava Beccaris.[64]

Nella nuova temperie di inizio secolo, il congresso milanese del 1906 e i provvedimenti sopra ricordati riflettevano l'esigenza di un intervento anche sul terreno sdrucciolevole della memoria. Il radicamento di un certo modo di guardare al passato risorgimentale si univa a sollecitazioni che

63. Cfr. Marina Tesoro, *Lo Statuto Albertino: l'anniversario dei primi cinquant'anni*, in *Celebrare la nazione. Grandi anniversari e memorie pubbliche nella società contemporanea*, a cura di Massimo Baioni, Fulvio Conti e Maurizio Ridolfi, Milano, Silvana editoriale, 2012, pp. 74-93.

64. Tobia, *Una patria per gli italiani*; Id. *Le Cinque Giornate*.

invitavano a leggerlo con occhi e strumenti nuovi. Si faceva strada l'esigenza di creare un riferimento organizzativo in grado di coordinare le varie iniziative e di evitare che il loro potenziale potesse disperdersi nei mille rivoli dell'improvvisazione. D'altra parte, le relazioni e le discussioni che animarono il convegno milanese furono la cartina di tornasole delle molte diffidenze che ancora resistevano alla richiesta di un approccio più scientifico al Risorgimento.

4. *Laboratorio educativo o «vivaio di ricerche»?*

I musei del Risorgimento furono tra gli strumenti che contribuirono a questa crescita, perché al loro interno fu possibile creare gli archivi e le biblioteche specializzate che erano una condizione necessaria del salto scientifico. Ciò spiega l'ampio spazio che ebbero al congresso del 1906 e le discussioni animate che ne seguirono. Era diffusa la convinzione che i musei fossero la spia della situazione più generale che riguardava lo studio del Risorgimento e al tempo stesso la delicata gestione della sua trasmissione pubblica. La loro posizione ibrida, sospesa tra conservazione documentaria e impianto educativo – un assunto che, a ben vedere, costituiva la vera forza del museo storico, la ragione della sua presenza sociale –, finiva per scontentare quanti si battevano per rimuovere la storia del Risorgimento dal piedistallo celebrativo.

La relazione sui musei fu preparata da Giuseppe Gallavresi e Achille Bertarelli, entrambi membri della commissione del Museo del Risorgimento di Milano.[65] Assetto organizzativo, criteri di conservazione, tutela ed esposizione del patrimonio documentario: nulla restò fuori dalla denuncia severa dei relatori, che sferrarono un durissimo attacco alla concezione politico-sentimentale. Tranne qualche eccezione, i musei tradivano i propri scopi a causa dell'assenza di un «ragionato ordinamento scientifico e cronologico», lo stesso che in quei giorni si era cercato di indicare con un "saggio di mostra sistematica" affiancata al congresso.[66] Le «molteplici opposizioni alle quali

65. Su Gallavresi (1879-1937) cfr. Antonio Monti, *Giuseppe Gallavresi 1879-1937*, in «RSR», 11 (1938), pp. 1599-1602 (con elenco delle opere principali). Su Bertarelli (1868-1938), che nel 1925 donò al Museo del Risorgimento di Milano la sua straordinaria raccolta di libri e stampe, cfr. la voce di Mario Crespi in DBI, 9 (1967), on line.

66. Cfr. «Bollettino ufficiale del Primo Congresso Storico del Risorgimento Italiano e Saggio di mostra sistematica»; uscito in 9 fascicoli mensili dal marzo al novembre 1906.

ebbero a lottare nel loro sviluppo» non erano considerate un'attenuante sufficiente di fronte alle lacune vistose, alle inadempienze dei comitati direttivi, alla latitanza di una visione organica e razionale. I percorsi espositivi mancavano di linearità cronologica e di aggregazioni tematiche, con l'effetto di situare documenti e cimeli in uno spazio segnato da connubi impropri e da anacronismi diffusi. Per Gallavresi e Bertarelli era la stessa funzione educativa che andava sottoposta a un profondo ripensamento: «Si aggiunge anche che il popolo si interessa e si commuove senza fare tante distinzioni sottili: non si pensa però che i musei sono fatti anche per le persone colte, che si può arrivare allo stesso risultato col salvaguardare la dignità dell'istituto e non avvilendolo ad essere poco più che una scuola froebeliana».

La condizione preliminare per superare il disordine e l'affastellamento era la selezione rigorosa del materiale espositivo. Con «inflessibile rigore», i relatori suggerivano soluzioni drastiche: occorreva ritirare dai musei tutto ciò che perpetuava «infondate leggende» e trasformava mostre e musei del Risorgimento in «vetrine d'antiquari», alimentando un indirizzo «feticistico» contrario a ogni principio storico. L'insoddisfazione verso i canoni celebrativi del mito non significava abbandonare la spinta educativa connessa al Risorgimento, bensì incoraggiare un'interpretazione meno soggetta alle spinte sentimentali:

> L'illustrazione grafica di un periodo storico, se non è divisa sistematicamente, corrisponde presso a poco ad una pagina di libro nella quale il compositore abbia per caso trasposte le righe; il materiale della pagina c'è tutto, ma il senso è scomparso. Se invitiamo il visitatore ad osservare una dopo l'altra una caricatura, un busto, una pianta topografica, come potrà egli dinnanzi a questo caleidoscopio ricostruirsi l'immagine sintetica di un dato periodo storico? Se invece con una collocazione perspicace, con ingegnosi raggruppamenti di una logica intuitiva, suggeriremo i nessi che collegano tra loro i diversi elementi, potremo scorgere con viva compiacenza l'attenzione dello spettatore risvegliata, stimolata, da un'idea semplice e chiara, e riesciremo anche a provocare talora una schietta emozione.

Nella frase finale e in quell'«anche» si cela forse il punto decisivo: era da lì che ancora passava la linea di divisione tra i «pretoriani della scienza» e le «vestali del mito».[67] Per i primi, la «schietta emozione» era tutto som-

67. Alberto Maria Ghisalberti, *Relazione sulla storia dell'Istituto*, in *Grandi problemi della storiografia del Risorgimento*, Roma, Istituto per la storia del Risorgimento italiano, 1978, p. 18.

mato un obiettivo accessorio, subordinato all'immagine del museo come deposito di fonti, laboratorio di ricerca che, agevolando la pubblicazione di studi rigorosi, avrebbe aperto la strada anche a un'autentica e severa educazione nazionale. Per le seconde, la spinta emotiva era viceversa la chiave di volta per dare un senso compiuto al recupero della tradizione del Risorgimento e al suo trasferimento nella memoria pubblica della nazione. Continuava a prevalere in questo caso il paradigma pedagogico che additava i musei quali templi laici del patriottismo, luoghi in cui la storia del Risorgimento era mediata da filtri espositivi capaci di sprigionare anzitutto un'empatia naturale verso personaggi, eventi, eroismi corali o individuali.

Alla radice del contrasto emerso al congresso del 1906 stavano ragioni di vario tipo. Un primo dato rinvia a un possibile divario di ordine generazionale: l'adesione alla visione sentimentale del passato era insita nella *forma mentis* di coloro che avevano partecipato alle battaglie del Risorgimento o che avevano avuto la possibilità di respirarne l'atmosfera di febbrile entusiasmo. Sull'altro versante, per gli studiosi più giovani, la professione di fede patriottica avrebbe dovuto camminare di pari passo con l'applicazione di rigorosi criteri di interpretazione storica. Al congresso presero la parola anche studiosi di una nuova generazione: denunciando il ritardo accumulato dalla storiografia sul Risorgimento, essi sentivano il bisogno di saldarla ai canoni dell'erudizione filologica e del metodo storico. La differenza anagrafica poteva essere accompagnata talvolta da una distanza politica, anche se in realtà su questo piano potevano registrarsi confluenze sorprendenti: in linea di massima, tra i più convinti sostenitori del museo "sacrario civile" prevalevano gli ex mazziniani e garibaldini, appartenenti alla Sinistra storica o vicini al repubblicanesimo, integrati nell'humus radicale, laico e massonico, talora con accese connotazioni anticlericali.

Le ragioni esposte da Bertarelli e Gallavresi trovarono subito una sponda in Alessandro Luzio. Nei confronti dell'autorevole esponente dell'indirizzo filologico-erudito non era mancata l'accusa di voler strizzare l'occhio all'ex nemico austriaco, specialmente nella ricostruzione di vicende controverse come quelle del Mantovano e di Belfiore.[68] Nel suo intervento congressuale, Luzio rilanciò le critiche alla conduzione dei musei. L'analisi dei presunti «iconoclasti» – spiegò – non puntava a «sopprimere la fonte delle emozioni patriottiche», bensì a «depurarla da elementi spuri», a introdurre criteri che nulla concedessero all'improvvisazione e al

68. Cfr. Maturi, *Interpretazioni del Risorgimento*, pp. 432-446.

dilettantismo. Ne derivava la necessità di una «radicale riforma», necessaria per porre rimedio alla duplice reazione di «ammirazione e disgusto», «commozione e ilarità» che la visita ai musei suscitava. Secondo Luzio, la riforma avrebbe dovuto fondarsi su tre punti essenziali:

> 1. Accertamento scrupoloso dell'autenticità di ogni oggetto. 2. Discrezione e tatto nello stabilire la storicità dell'oggetto, ossia il suo diritto indisputabile alla conservazione. 3. Ordinamento sistematico, che concilii le ragioni del sentimento con quelle degli studi; mettendo in grado i Musei d'esercitare degnamente la lor duplice funzione, da un lato verso i visitatori che vanno ad attingere una rapida e schietta emozione; dall'altro verso gli studiosi che vi cercano un archivio prezioso e ben disposto per le loro indagini storiche.

«Veri e propri depositi per la storia»: questo dovevano essere i musei. Secondo Luzio, la loro funzione somigliava per metafora a quella di un buon giardiniere: «strappino le erbacce, ridonino a tanto fiore di eroismi nazionali la sua non mantecata fragranza, la sua essenza inebriante, suscitatrice di non effimeri e retorici entusiasmi».[69] Con la richiesta di un severo «disciplinamento», Luzio sferrava un attacco aperto al mito canonico del Risorgimento, che era accusato di rimanere prigioniero di leggende, racconti, aneddoti. I musei erano diventati il luogo in cui il filtro passionale della concezione espositiva aveva amplificato e cristallizzato il mito, rendendoli impermeabili ai tentativi di rivisitazione critica della storia nazionale.

Le preoccupazioni dei vari Gallavresi, Bertarelli, Luzio non erano infondate. La mutazione profonda che, in piena età giolittiana, investiva il paese non restava senza effetti anche sul terreno dei simboli, dei miti, dei rituali patriottici. Nonostante ciò, il mito del Risorgimento conservava – e avrebbe conservato ancora a lungo – una folta schiera di cultori appassionati e intransigenti, che infatti non esitarono a far sentire la propria voce anche al congresso milanese.

Luigi De Andreis, deputato repubblicano, già coinvolto nei moti di fine secolo, affermò esplicitamente che i musei non potevano limitarsi a «raccogliere storicamente i documenti». Si trattava di istituzioni del tutto particolari, che «hanno tutte le risonanze dei nostri sentimenti, e tendono ad educare le generazioni venture ai sentimenti di patria, di amore, di sacrificio, che sentirono i nostri padri».[70]

69. Per le citazioni dell'intervento di Luzio cfr. Congresso 1906, pp. 80-83.

70. Ivi, p. 85. Su De Andreis (1857-1929) cfr. la voce di Giuseppe Sircana in DBI, vol. 33, pp. 249-251.

Non sorprende che il difensore pugnace di questa visione fosse Lodovico Corio, il combattivo direttore del museo di Milano che abbiamo già incontrato nelle pagine precedenti. Nella loro relazione, Gallavresi e Bertarelli avevano fatto allusione con tutta evidenza al museo milanese, affermando di aver visto congiunti, «in una vicinanza inesplicabile, Bonaparte ai comizi di Lione e il trasporto delle sue ceneri a Parigi; de' figurini del 1848 colla stampa che riproduce le onoranze a Dandolo nel 1859, una stampa satirica che allude all'abdicazione di Napoleone far bella mostra di sé fra il ritratto di Talleyrand e quello di Lafayette; le caricature pubblicate per la caduta di Napoleone precedere quelle della reazione austrorussa del 1799».[71] Consapevole di essere uno dei principali bersagli di quanti accusavano i musei di essersi ridotti a «botteghe di rigattiere» o «santuari di pizzocchere», Corio si lanciò in un'accalorata perorazione del concetto sentimentale ed educativo del museo storico, e per riflesso dell'intera epopea risorgimentale.

La sua posizione, un vero e proprio manifesto ideologico della museologia risorgimentale delle origini, è una testimonianza autorevole della *forma mentis* con cui gran parte dei conservatori e direttori assolveva il proprio ruolo:

> Quando a cagion d'esempio si vede una vecchierella che porta la sciabola ed altri oggetti appartenenti a uno dei difensori di Marghera..., come si può dire a questa donna: Guarda che questo si deve collocare in questa bacheca, e quest'altro in quest'altra. Quando si vedono le lagrime negli occhi di questa donna, la quale poi torna a vedere, e vi scrive cose commoventi. E quando si vede arrivare una sorella che vi porta tutto quanto ha di suo fratello che è stato uno dei Mille, e un'altra che vi porta tutto quello che è stato di P. Salvi, come si può dire: "questo lo posso accettare, quest'altro no?". È una questione di sentimento: e a me pare che ancora non sia venuta l'ora di poter dire: no, noi non vogliamo accettare le spoglie di un periodo glorioso; perché altrimenti esse andranno nelle mani degli speculatori, che ce le rivenderanno a ben più caro prezzo, quando noi le cercheremo.[72]

Come si vede, Corio non esitava a sfruttare abilmente anche la nota di genere: le donne erano qui evocate come le depositarie naturali – e insieme destinatarie – dell'efficacia pedagogica insita nella trasmissione del documento-oggetto. Per questa via egli poteva ribadire la validità di un modello

71. Congresso 1906, pp. 75-76.
72. Ivi, p. 79.

museale che andava ben oltre le ragioni della critica storica. Tutto ciò che potesse facilitare l'accostamento religioso alla storia patria era esposto da Corio senza riserve di natura filologica o di ordinamento razionale. Gli anacronismi erano talora considerati necessari, come nel caso del quadro di Gaetano Previati raffigurante Amatore Sciesa tratto al patibolo nel 1851. Il dipinto era stato collocato nella sala del 1848, perché secondo Corio, «si impone per la grandezza e per la drammatica scena e suscita commenti di ammirazione e di commiserazione per l'intrepido popolano affissatore volontario di manifestini rivoluzionari».[73] Era l'ennesima dimostrazione, tra l'altro, di un utilizzo essenzialmente iconografico delle pitture e delle opere d'arte, che servivano quasi esclusivamente a supporto del dispositivo narrativo.[74] Corio dava risalto a tutto ciò che sapesse di moti popolari, apostolato mazziniano, gesta garibaldine: di qui il culto per le Cinque giornate, che offriva materiale abbondante per esaltare la dinamica drammatica e l'afflato religioso di cui si nutriva il suo patriottismo. Oppure si legga la descrizione dei cimeli dei fratelli Bandiera, la cui bacheca «ci fa reverenti le gambe e il ciglio»:

> Dall'attestato scolastico di Attilio Bandiera al lembo del mantelletto nero che gli appartenne, dal ritratto della Baronessa, madre di Attilio ed Emilio, al loro attendente ed amico Paolo Mariani, [...] dai ritratti dei compagni fucilati coi Bandiera nel Vallone di Rovito, al monumento innalzato per opera d'un loro compagno, lo scultore Pacchioni, all'obelisco eretto nella chiesa di San Giovanni e Paolo in Venezia in onore di quei gloriosi sventurati, tutto dà una forte emozione e vi tragge una lagrima del ciglio, e mentre vi pare che le ombre dei Bandiera s'abbraccino in fondo al Vallone di Rovito coi martiri Cosentini, che li hanno preceduti in eterna luce, vi sentite suonare all'orecchio, a giustificazione di quelle temerarie insurrezioni, le fiere parole di Giuda Maccabeo: «Meglio è che noi moriamo in guerra che vedere i mali della nostra nazione».[75]

Torna alla mente il personaggio di Mauro Mortara disegnato da Pirandello ne *I vecchi e i giovani*: l'anziano reduce incarna il patriota puro e disinteressato, in cui animus garibaldino e fedeltà alla monarchia coesistono senza contraddizione. La memoria dei tempi eroici (custodita gelosamente nel «camerone») diventa una prigione senza finestre sull'attualità ben altrimenti

73. Corio, *Il Museo milanese del Risorgimento nazionale*, p. 114.
74. Considerazioni ben argomentate in tal senso sono in Brevetti, *La patria esposta*.
75. Corio, *Il Museo milanese del Risorgimento nazionale*, p. 116.

virtuosa dell'Italia e della Roma di fine secolo, alle prese con la «bancarotta del patriottismo». L'Unità è percepita come *il* valore per antonomasia: è l'orizzonte ideale che, quando si parla di Italia e Risorgimento, filtra e condiziona l'interpretazione complessiva. Ma i personaggi letterari avevano qualche effettiva corrispondenza con una realtà che ne restituiva esempi in carne e ossa. Una sorta di privato santuario laico nutriva la vita quotidiana dell'ex garibaldino Augusto Trionfi, rievocata dal figlio Alceste: vi erano conservati gelosamente, oltre al berretto e alla camicia rossa indossati a ogni ricorrenza patriottica, «i documenti, i brevetti, le medaglie commemorative, le fotografie di alcuni suoi indimenticabili compagni d'armi e le immagini dei più noti fattori del Risorgimento nazionale, tolte dai giornali».[76]

Chiusa l'animata discussione, la mozione finale votata dai congressisti accoglieva una sorta di compromesso, tessuto da Alfredo Comandini.[77] A ben vedere, era tuttavia chiaro che la maggioranza – trascinata dai tanti militari e politici presenti al congresso – ribadiva la fedeltà al ruolo civile ed educativo dei musei. Per dirla con le parole di Felice Momigliano, la corrente «sentimentale» aveva avuto la meglio su quella «intellettuale».[78] L'invito di Luzio a rinviare la decisione alla costituenda Società nazionale per la storia del Risorgimento fu respinto. Si arrivò invece alla fusione delle proposte di Corio e De Andreis: l'invito era a prestare maggiore attenzione alla fase della raccolta e dell'ordinamento dei materiali, ma in modo altrettanto chiaro si diceva che i musei «debbono avere sempre di mira, anche nell'ordinamento, lo scopo educativo e popolare al quale principalmente sono diretti».[79]

5. *Dopo il congresso*

Pur nel precario equilibrio tra continuità con la tradizione di fine secolo e incitamenti al rinnovamento, l'assise milanese segnò uno spartiacque. In quell'occasione fu varata la Società nazionale per la storia del Risorgimento, che nacque ufficialmente il 3 gennaio 1907. La sua articolazione per

76. Trionfi, *Diletta patria*, p. 97.

77. Congresso 1906, p. 86.

78. Ivi, p. 87. Su Momigliano cfr. Alberto Cavaglion, *Felice Momigliano (1866-1924). Una biografia*, Bologna, il Mulino, 1988.

79. L'o.d.g. fu approvato con 45 voti a favore e 5 contrari, cfr. Congresso 1906, pp. 89-90.

comitati regionali e la convocazione di periodici congressi nazionali, così come l'esistenza dell'omonimo comitato governativo, assicuravano quella base organizzativa la cui assenza era stata una delle cause della fragilità e della frammentarietà della discussione sul Risorgimento. Ciò permetteva di portare alla luce questioni e problemi, approntare strumenti idonei per la raccolta e la catalogazione della documentazione, promuovere iniziative divulgative e celebrative, impegnarsi in uno sforzo più costante per la presenza del Risorgimento nel campo dell'insegnamento scolastico.

Da questa svolta anche i musei trassero qualche beneficio. L'animata discussione congressuale non restò senza conseguenze. Negli anni successivi, il confronto sulla revisione dei criteri di organizzazione e di allestimento dei musei non si arrestò, in una situazione che di fatto certificò l'antagonismo tra le due concezioni affiorate al congresso.

A Bologna, per esempio, la direzione di Fulvio Cantoni (dopo la morte di Belluzzi nel 1903) inaugurò una stagione nuova nella vita dell'istituzione, che sfociò «nel riordino e nella sistemazione del ricco patrimonio bibliografico e archivistico che si era andato pian piano accumulando».[80] In una relazione di sintesi dell'attività svolta al museo dal 1904 al 1914 – documento tra i più interessanti nel descrivere la varietà di questioni che ruotavano intorno ai musei all'inizio del secolo –, Cantoni evidenziava lo sforzo profuso per riequilibrare il rapporto tra impianto scientifico e propaganda educativa. Senza nulla concedere all'improvvisazione, il museo poteva aspirare a diventare «qualcosa di più vivo»: più che un «tempio in cui giacciono in un sacro silenzio le reliquie di un grande dramma, esso potrà divenire [...] un vivaio di ricerche continue per gli studiosi, i quali, ancora per lungo tempo, vi troveranno il filo conduttore verso documenti nuovi e forse inattesi».[81]

La tendenza a imporre una maggiore vigilanza critica nell'applicazione dei criteri espositivi si registrò anche a Torino: Adolfo Colombo (spalleggiato da Costanzo Rinaudo, il fondatore nel 1884 della prestigiosa «Rivista storica italiana»),[82] poté impostare l'allestimento nella nuova sede

80. Tarozzi, *Dentro la storia. Il Museo del Risorgimento di Bologna*, p. 9.

81. *Il Museo Civico del Risorgimento dal 1904 a tutto il 1914. Relazione del direttore Fulvio Cantoni al Sig. Assessore per la Pubblica Istruzione*, Bologna, Tip. Mareggiani, 1916, p. 4.

82. Cfr. Attilio Baldan, *Dalla storiografia di tendenza all'erudizione "etica": la "Rivista storica italiana" di Costanzo Rinaudo (1884-1922)*, in «Annali dell'Istituto storico italo-germanico in Trento», 1976, vol. II, pp. 337-397.

della Mole Antonelliana secondo canoni di più severo approccio scientifico e di valorizzazione della sezione archivistico-bibliotecaria, di cui è solida testimonianza il catalogo pubblicato nel 1911.[83] Musei di recente formazione, tra cui quelli di Firenze e Macerata, respirarono a loro volta questa atmosfera di modernizzazione scientifica.[84]

Di particolare interesse è il caso della città marchigiana. Qui l'operazione fu agevolata dalla presenza dei fratelli Domenico e Giovanni Spadoni, studiosi di orientamento politico socialista e impegnati a fondo nella ricostruzione di personaggi e vicende del Risorgimento regionale. Il primo fu l'artefice principale del progetto museale. Figura centrale del movimento socialista marchigiano a cavallo del secolo, partito da posizioni anarchiche e approdato negli anni Novanta al socialismo riformista, Domenico Spadoni ripiegò verso una linea di liberalismo laico e radicale che lo distanziava dalle voci massimaliste e dall'intransigentismo classista del socialismo locale. Fu nel corso dell'età giolittiana che il suo ruolo di organizzatore culturale raggiunse i risultati più interessanti, grazie alla realizzazione del museo e a una folta attività sul versante giornalistico.[85] L'idea del museo era partita dalla mostra storica realizzata all'interno dell'Esposizione regionale del 1905: per quanto modesta, e a detta dello stesso Spadoni «se non meschina, certo senza un criterio d'ordine, vuoi di date storiche, vuoi d'espositori»,[86] essa aveva tuttavia mosso le acque, avviando il processo di coinvolgimento di istituzioni, associazioni, cittadini. La giunta popolare guidata dal sindaco repubblicano Milziade Cola deliberò lo stanziamento a favore del museo e indicò la sede nell'ex chiesa di S. Lorenzo. Se Ancona aveva il museo archeologico, Ascoli, Urbino e Pesaro potevano fregiarsi

83. Cfr. Adolfo Colombo, *Il Museo Nazionale del Risorgimento. Catalogo-Guida*, Torino, Tip. Schioppo, 1911.

84. Su Firenze cfr. Emilia Franceschini, *Il Museo del Risorgimento in Firenze*, Firenze, Ufficio della «Rassegna nazionale», 1915; Emilio Sestini, *Il Museo, la Biblioteca e l'Archivio del Risorgimento a Firenze*, in «RSR», 3 (1940), pp. 263-264.

85. Sui percorsi dei due fratelli rinvio ai saggi inclusi nel volume *Domenico e Giovanni Spadoni*, a cura di Michele Millozzi, Macerata, Giardini, 1996. Su Domenico anche la voce di Enzo Santarelli in *Il movimento operaio italiano. Dizionario biografico (1853-1943)*, a cura di Franco Andreucci e Tommaso Detti, vol. 4, Roma, Editori Riuniti, 1978, pp. 678-680.

86. Domenico Spadoni, *La Mostra del Risorgimento all'Esposizione marchigiana di Macerata*, Sinigaglia, prem. ditta tip. edit. Puccini & Massa, 1906, p. 5; Paolo Giannotti, Ermanno Torrico, *La questione marchigiana (1884-1906). Nascita di una identità regionale. Testi e documenti*, Urbino, Quattroventi, 1989.

dei musei d'arte, Macerata avrebbe dovuto specchiarsi in una istituzione culturale che ambisse a diventare anche un centro regionale di raccolta e valorizzazione delle fonti storiche. I particolarismi municipali, talora le gelosie campanilistiche non tardarono ad affiorare. L'amministrazione provinciale di Ancona negò il contributo annuo richiesto, trincerandosi dietro il pretesto di dover provvedere a un futuro museo del Risorgimento. Il Municipio di Pergola fece sapere a sua volta di aver in cantiere da tempo il progetto «di raccogliere in un museo quegli oggetti e quei documenti che testimoniano la grande parte da Pergola avuta nel movimento liberale».[87]

La cerimonia di inaugurazione fu fissata per il 20 settembre 1907, preceduta da un manifesto del 19 agosto che annunciava la fondazione del «sacrario delle memorie patriottiche di tutte le Marche».[88] Furono presi contatti con Alessandro Luzio, marchigiano di nascita, per un discorso inaugurale che si collocasse al di sopra delle parti.[89] Ad avvicinare due personalità come Spadoni e Luzio, certo distanti quanto a orientamenti politici, era probabilmente l'idea della storia come scienza, la comune aspirazione a raccogliere documenti e oggetti «pro e contro la libertà e l'idea nazionale», presupposto metodologico per giungere a una ricostruzione «esatta e sincera del fenomeno del Risorgimento nazionale».[90]

I lavori furono improvvisamente bloccati a causa dei dissidi politici esplosi all'interno della giunta. Spadoni reagì con disappunto: rassegnò le dimissioni da assessore e criticò l'«inesplicabile ostruzionismo» di un'amministrazione che dava «spettacolo disgustoso di incoerenza e di quella invida discordia, che purtroppo a Macerata contraria tutte le buone e utili iniziative».[91] Di fatto, il museo fu inaugurato soltanto il 25 aprile 1909: all'epoca gli equilibri politici erano ormai mutati e il trionfo dell'alleanza clerico-moderata nel 1908 aveva gettato le basi di una prolungata egemonia nel contesto cittadino.[92] L'amarezza per la conclusione dell'esperienza

87. Entrambe le lettere sono del 9 gennaio 1906, MRMC, fasc. 5.

88. Adunanza del 12 giugno 1907, MRMC, fasc. 1; il manifesto del 19 agosto 1907 è ivi.

89. Lettera di Spadoni del 27 agosto 1907, MRMC, fasc. 5.

90. Circolare della Commissione ordinatrice della Mostra del Risorgimento di Macerata, 20 marzo 1903, MRMC, fasc. 1.

91. *Museo Marchigiano del Risorgimento in Macerata*, in «Pro Macerata», 31 agosto 1907.

92. Cfr. Vittorio Gianangeli, *I periodici*, in *Storia di Macerata*, a cura di Aldo Adversi, Dante Cecchi, Libero Paci, vol. 4, Macerata, Tip. Romano Compagnucci, 1975, p. 366.

popolare, per la quale Spadoni si era lungamente battuto, fu compensata dal vedere finalmente realizzato il sogno del museo. Una soddisfazione che peraltro era destinata a non durare nel tempo, a fronte di un sostanziale disimpegno dell'amministrazione municipale negli anni a venire.

Accolte nella luminosa chiesa di S. Lorenzo – a pochi passi dal monumento a Garibaldi, nel 1849 rappresentante della città all'Assemblea costituente della Repubblica romana –, le collezioni si presentavano disposte in tredici vetrine, che con acribia filologica Spadoni aveva situato in ordine razionale di successione cronologica. Nel breve andito da cui si accedeva alla sala campeggiava solitario il busto di Napoleone Bonaparte, «quasi a significare che la dominazione francese forma il preambolo del nostro risorgimento nazionale». Dopo aver sostato di fronte ai busti di Giacomo Leopardi, del generale Angelo Pichi e di Diomede Pantaleoni, il visitatore trovava sei vetrine dedicate al ventennio che intercorreva tra le insorgenze repubblicane di fine Settecento, il periodo murattiano e la battaglia di Tolentino del 1817, quest'ultima assunta a orgoglio patriottico regionale ed elevata quasi al rango di prima guerra dell'indipendenza. Aveva poi inizio il «Calvario del movimento nazionale», dalle trame carbonare alla battaglia di Castelfidardo. Al posto d'onore il materiale garibaldino, collocato in una grande vetrina al centro della sala, dove spiccava il busto in bronzo dell'eroe eseguito dallo scultore Ercole Rosa.[93]

Altro importante evento che rispecchiava le discussioni in ambito museologico fu la mostra risorgimentale aperta il 20 settembre 1911 nei locali del Vittoriano, il grande monumento nazionale inaugurato proprio in occasione del 50° anniversario dell'unità. Curata da Vittorio Fiorini, la mostra metteva a frutto le recenti acquisizioni in tema di organizzazione del materiale storico, ponendosi anche come potenziale prova generale del futuro Museo centrale del Risorgimento. Già curatore del catalogo della mostra bolognese del 1888, Fiorini volle fare dell'esposizione romana «lo svolgimento razionale di un concetto organico».[94] Lo scarto metodologico non era di poco conto. Il materiale doveva essere in funzione del progetto, non viceversa, secondo una linea dettata «da una scelta ragionata e dal

93. Domenico Spadoni, *Una visita al Museo marchigiano del Risorgimento di Macerata*, in «Rivista Marchigiana Illustrata», 7 (1909), pp. 229-233; *Museo del Risorgimento. L'inaugurazione*, in «L'Unione», 28 aprile 1909.

94. Dalla relazione di Fiorini, allegata al verbale del Comitato nazionale per la storia del Risorgimento italiano, adunanza del 5 febbraio 1912 (MRM, *Verbali del Comitato nazionale*): il documento è riportato anche in Boselli 1916, pp. 30-39.

netto rifiuto della reliquia ostentata».[95] Ne conseguì una selezione mirata del materiale, ristretto alle vicende svoltesi nello Stato pontificio, con prevalenza di documenti originali, riproduzione di autografi significativi, ma anche ritratti, stampe (tra cui la ricca collezione dell'antiquario Pio Luzzietti), caricature, oggetti. Gli elementi di suggestione dovevano dunque transitare per vie diverse dalla «fiera di vanità» o dal «deposito di reliquie eterogenee»:

> Ognuno che la visiti, deve a seconda dei ricordi personali e delle conoscenze che possiede, della maggiore o minore facilità sua a pensare e ad immaginare, potervi trovare delle impressioni che suscitino in lui idee e sentimenti, lo facciano rivivere nel passato, lo conducano a vedere e a intravedere le relazioni fra esse e le condizioni presenti. L'arte dunque di chi ordina una Mostra siffatta sta tutta nel moltiplicare e facilitare quelle impressioni, allargandone il campo e proporzionandole a tutte le intelligenze, e nel dare ad esse una direttiva verso determinati concetti.[96]

Come suggeriscono questi esempi, il dibattito che investiva l'organizzazione di mostre e musei dava segnali di qualche vitalità, che potevano mutare a seconda della sensibilità dei soggetti coinvolti e del contesto territoriale. Occorre tuttavia precisare che, nella maggioranza dei casi, la concezione espositiva tardò a liberarsi dell'impianto di stampo reliquiario, nella cornice di una visione del Risorgimento che, risolvendosi prevalentemente nelle vicende militari, continuava a enfatizzare le gesta eroiche dei protagonisti e a essere intessuta di richiami al martirologio patriottico.[97]

Il contesto bellico nel quale anche l'Italia fu coinvolta, dalla guerra coloniale in Libia del 1911 al conflitto del 1915-18, impresse una brusca frenata allo sviluppo della museologia storica. Chiamati a fornire il loro apporto alle esigenze della propaganda, i musei storici furono prontamente ricondotti entro i binari di un'azione educativa i cui contenuti sarebbero stati peraltro toccati profondamente dall'esperienza bellica.

95. Brevetti, *La patria esposta*, p. 63.

96. Relazione Fiorini.

97. Varie indicazioni, sul lungo periodo, in Roberto Mancini, *Il martire necessario. Guerra e sacrificio nell'Italia contemporanea*, Pisa, Pacini, 2015.

3. Musei in guerra, 1911-1918

La continuità e la tenace unità di propositi che collega gli albori del nostro risorgimento alla piena consapevolezza dell'odierna impresa redentrice deve avere specchio fedele in testimonianze storiche gelosamente raccolte e custodite.

Paolo Boselli, 1915

1. *Dal giubileo della patria alla Libia*

Nel 1911 il regno d'Italia festeggiava i primi cinquant'anni di esistenza. L'anniversario giungeva al culmine di una stagione celebrativa che era stata fittissima di ricorrenze. I centenari della nascita di Mazzini (1905), Garibaldi (1907), Cavour (1910), i cinquantenari della seconda guerra d'indipendenza, dell'impresa dei Mille e dei plebisciti avevano ribadito la presenza dominante del Risorgimento nel dibattito pubblico. Le grandi esposizioni allestite nel 1911 a Roma, Torino e Firenze dovevano testimoniare agli occhi dell'Europa il progresso raggiunto dalla nuova Italia, proiettando sugli italiani un più solido sentimento di orgoglio nazionale. Il clou fu l'inaugurazione del monumento a Vittorio Emanuele II, avvenuta a Roma il 4 giugno, festa dello Statuto. Dopo interminabili anni di lavori, interruzioni, modifiche al progetto, polemiche, la mole ideata da Giuseppe Sacconi poteva finalmente cominciare a svolgere il ruolo di riferimento simbolico per il quale era stata pensata, dopo la morte del re nel 1878.[1]

Il giubileo della patria fu altresì l'occasione per stilare un bilancio del percorso compiuto in cinquant'anni di vita unitaria. Nessuno si sottrasse

1. Cfr. Brice, *Il Vittoriano. Monumentalità pubblica e politica a Roma*; Tobia, *L'altare della patria*.

all'appuntamento: era evidente quanto il giudizio sul passato recente della nazione, focalizzando lo sguardo sul presente, indicasse altresì le strade da seguire. Prospettiva nazionale e prospettiva locale si intrecciavano, portando alla luce le dinamiche che agivano dietro l'apparente ripetitività di cerimoniali e linguaggi.[2]

Come era già accaduto in passato, anche le esposizioni del 1911 non tardarono a rivelarsi un fiasco dal punto di vista finanziario. Lo Stato fu costretto a intervenire per coprire bilanci che si erano gonfiati oltre il lecito e dissimulare non pochi episodi di corruzione e malaffare.[3] Nell'immediato, il successo delle celebrazioni ebbe comunque ricadute positive sull'immagine della dinastia e delle istituzioni liberali, entrambe «presentate al popolo come le più autentiche incarnazioni del mito nazionale del Risorgimento»,[4] e costrinse i partiti popolari a calibrare con nuovo vigore le rispettive posizioni. In ambito socialista, repubblicano e cattolico ne uscirono radicalizzate alcune divergenze interpretative sulla storia risorgimentale, in un corto circuito polemico in cui ciascun raggruppamento politico accusava gli avversari di deformare il passato e di cedere a compromessi con il potere politico.[5]

La «Civiltà Cattolica» presentò il 1911 come «anno di lutto», giudicando le feste «viziate e guaste in radice giacché né sbandieramenti né entusiasmi potranno mai legittimare l'usurpazione violenta dei diritti della Chiesa di Dio».[6] La giunta bloccarda di Roma, guidata da Ernesto Nathan,

2. Si veda Brice, *Il 1911 in Italia*. Per alcuni sondaggi sulle cerimonie nel territorio cfr. Massimo Baioni, *Rituali in provincia. Commemorazioni e feste civili a Ravenna (1861-1975)*, Ravenna, Longo, 2010, pp. 98-108; Annarita Gori, *Tra patria e campanile. Ritualità civili e culture politiche a Firenze in età giolittiana*, Milano, FrancoAngeli, 2014, pp. 147 sgg.; Rosanna Basso, *Dal Sud. Le celebrazioni per il cinquantenario dell'Unità: consonanze e antinomie*, in *«L'Italia è»*, pp. 333-350.

3. Cfr. Silvano Montaldo, *La bancarotta del patriottismo. Feste ed esposizioni nel primo cinquantenario dell'Unità*, in «Il Risorgimento», 1-2 (2015), pp. 88-131.

4. Emilio Gentile, *La Grande Italia. Il mito della nazione nel XX secolo* (1989), Roma-Bari, Laterza, 2006, p. 16.

5. Cfr. Antonio Parisella, *Fuori dalla scena: le classi popolari e l'Esposizione del 1911*, in *Roma 1911*, a cura di Gianna Piantoni, Roma, De Luca, 1980, pp. 53-66; Patrizia Dogliani, *Un'immagine alternativa dell'Italia? L'Italia socialista*, in «Mélanges de l'École Française de Rome. Italie et Méditerranée», 109/1 (1997), pp. 35-44; Luca Tedesco, *Roma 1911 e la disfida dei Cinquantenari*, in «Storicamente», 2011, volume 7 - 2011, http://www.storicamente.org/05_studi_ricerche/tedesco_roma_1911.htm.

6. Cit. in Enzo Forcella, *Roma 1911. Quadri di una Esposizione*, in *Roma 1911*, p. 37.

reagì alzando il tiro della battaglia anticlericale e massonica, che costitutiva il «vero cemento» dell'alleanza politica popolare.[7] La stessa scelta del 20 settembre come giornata di inaugurazione della mostra del Risorgimento allestita nei locali del Vittoriano – non a caso ricca di venature mazziniane – fu fortemente voluta da Nathan, che l'anno precedente aveva utilizzato la ricorrenza di Porta Pia per tenere un durissimo discorso antipapale.[8] L'esposizione, scriveva il curatore Vittorio Fiorini, ruotava intorno a due concetti basilari. Da un lato, «l'affermarsi successivo e sempre più determinante della necessità della vita nazionale italiana di abbattere il dominio temporale dei Papi»; dall'altro, il «costante convincimento, negli uomini che nella età nostra hanno diretto le sorti del nostro paese, della intima e necessaria connessione fra Roma Capitale e l'Unità Nazionale».[9]

In realtà, fuori dalle asprezze verbali e dai gesti simbolici, al ritorno di fiamma dell'anticlericalismo mancava il sostrato politico e culturale che negli ultimi decenni del secolo ne aveva fatto un punto d'incontro di settori non trascurabili della società, come aveva mostrato la vicenda del monumento a Giordano Bruno in Campo dei Fiori.[10] Era difficile sfuggire all'impressione che la polemica anticlericale fosse diventata sempre di più «motivo di comizii e una occasione buona di retorica», come scrisse Romolo Murri.[11] Nonostante Nathan evocasse la realizzazione della Terza Roma mazziniana, la forza dei miti risorgimentali doveva fare i conti con dinamiche politiche e sociali che stavano mutando il volto del paese. Riconoscendo l'importanza

7. Alberto Caracciolo, *Roma capitale. Dal Risorgimento alla crisi dello Stato liberale*, Roma, Edizioni Rinascita, 1956, p. 252; Tra gli interventi sul tema, cfr. Marco De Nicolò, *L'occasione laica: Ernesto Nathan sindaco di Roma*, in *Municipalismo democratico in età giolittiana. L'esperienza della giunta Nathan*, a cura di Domenico Maria Bruni, Soveria Mannelli, Rubbettino, 2010, pp. 9-51.

8. Cfr. Matteo Sanfilippo, *La Santa Sede, Ernesto Nathan e le ripercussioni internazionali delle celebrazioni per il 20 settembre 1910*, in «Archivio della Società Romana di Storia Patria», 113 (1990), pp. 347-360.

9. Relazione Fiorini. Sulla mostra cfr. Vittoria Buonanno, *Mostra del Risorgimento. Roma 1911. Catalogo dei documenti e degli oggetti esposti*, Milano-Roma-Napoli, Società Dante Alighieri, 1913; *La Mostra del Risorgimento nel Monumento a Vittorio Emanuele*, in «La Tribuna», 17 settembre 1911; Brevetti, *La patria esposta*, pp. 58-66.

10. Cfr. Bucciantini, *Campo dei Fiori*.

11. Romolo Murri, *L'anticlericalismo dello Stato italiano*, in «La Voce», 11 gennaio 1912. Sul contesto cfr. Enrico Decleva, *Anticlericalismo e lotta politica nell'Italia giolittiana. II: l'Estrema sinistra e la formazione dei blocchi popolari (1905-1909)*, in «Nuova rivista storica», 5-6 (1969), pp. 541-617.

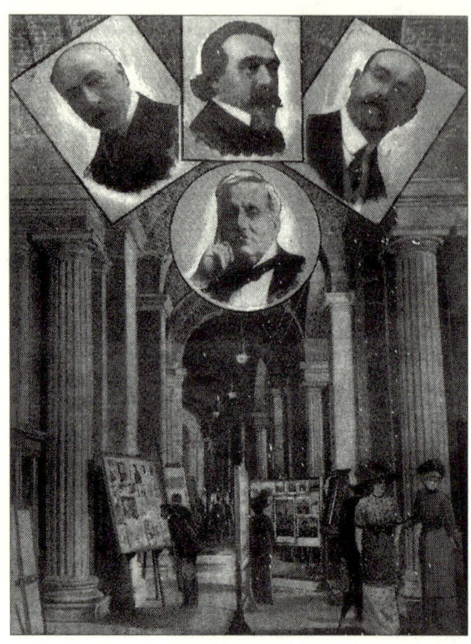

Fig. 6. Edmondo Abbo, *La Mostra del Risorgimento italiano nel monumento a Vittorio Emanuele a Roma*, in «La Tribuna Illustrata», 28 settembre – 1° ottobre 1911. Napoli, Archivio Brevetti.

storica dell'unità nazionale, l'«Avanti» ricordò che l'anniversario non poteva nascondere la distanza che separava le feste ufficiali dalle condizioni di arretratezza e miseria in cui ancora versavano ampi strati della popolazione, specialmente nel meridione.[12] Lo stesso mondo cattolico, nonostante l'asprezza dello scontro politico, stava ridefinendo il proprio orientamento verso la tradizione patriottica, lasciando intravedere aperture impensabili qualche decennio addietro. Saggi dedicati al pensiero religioso di Mazzini (da Tommaso Gallarati Scotti ad Angelo Crespi) testimoniavano il coinvolgimento della cultura cattolica nella più generale reazione al positivismo che attraversava l'inquieta intellettualità dell'epoca.[13]

12. *I due cinquantenari*, in «Avanti!», 27 marzo 1911. Numerosi telegrammi inviati alla Presidenza del Consiglio dei ministri erano fitti di proteste contro le spese militari e il caro viveri o invocavano il suffragio universale: cfr. *Cinquantenario dell'unità d'Italia. Felicitazioni*, ACS, PCM, 1911, fasc. 3.

13. Cfr. Nicola Raponi, *Motivi risorgimentisti nella partecipazione di Cacciaguerra e Gallarati Scotti alla Lega Democratica*, in *Eligio Cacciaguerra e la prima democrazia*

Nel campo delle celebrazioni patriottiche, le nostalgie temporaliste erano ora affiancate a valutazioni più sfumate. A Bologna, già nell'estate 1903 le associazioni cattoliche avevano manifestato l'intenzione di partecipare alla cerimonia di inaugurazione del monumento che ricordava la giornata insurrezionale dell'8 agosto 1848, provocando lo sconcerto nelle file degli ambienti democratici e socialisti. La giunta popolare del sindaco Golinelli aveva posticipato provocatoriamente l'inaugurazione al 20 settembre, allo scopo di prevenire «l'intervento di associazioni clericali e di rappresentanze ostili alla patria».[14] I tempi erano però maturi per il consolidamento dell'incontro tra cattolici e liberal-moderati. Nel 1909, l'«Avvenire d'Italia» definì di «edificante insegnamento storico» la mostra allestita al Museo del Risorgimento di Bologna in ricordo del 12 giugno 1859, un'altra data che in passato, come si ricorderà, aveva destato accese polemiche. Oppure si legga come la «Rassegna Nazionale», l'autorevole organo del cattolicesimo conservatore e transigente, descriveva le collezioni del Museo del Risorgimento di Firenze. Quest'ultimo era stato inaugurato il 29 maggio 1909, nella fase di maggiore consenso alla giunta popolare guidata tra 1907 e 1910 da Francesco Sangiorgi e Giuliano Chiarugi. La vita stentata dell'istituzione rivelava che la strategia anticlericale delle amministrazioni bloccarde non era di per sé sufficiente a dare forza e continuità all'azione dei musei.[15] Pochi anni dopo, contestualmente alla partecipazione alla vita politica incoraggiata dalla linea mediatrice di Giolitti e culminata nel patto Gentiloni, la «Rassegna Nazionale» rispecchiava il tratto di strada percorso dal mondo cattolico nel rifare «i conti con la storia nazionale e con le istanze fondamentali di accelerazione e di trasformazione dello Stato unitario»:[16]

> Dalle spade non più lucenti, dai moschetti arrugginiti, dalle stinte e traforate camicie garibaldine, dalle consunte tuniche a cui il sangue ha cambiato

cristiana, vol. 1, Roma, Cinque Lune, 1982, pp. 201-225; di Tommaso Gallarati Scotti si veda ora *L'ora delle tenebre. Carnets di guerra 1915-1918*, a cura di Diego Leoni e Irene Tessaro, Roma, Donzelli, 2019.

14. Dal manifesto pubblicato dal Comitato il 7 agosto 1903, in *Il monumento dell'8 agosto 1848. Relazione storica sull'operato del Comitato esecutivo pel monumento inaugurato il XX settembre MCMIII in Bologna*, Bologna, 1904.

15. Cfr. Lorenzo Piccioli, *I "popolari" a Palazzo Vecchio. Amministrazione, politica e lotte sociali a Firenze dal 1907 al 1910*, Firenze, Olschki, 1989; Gori, *Tra patria e campanile*, pp. 140-145.

16. Francesco Traniello, *Cattolici e orianesimo nel primo Novecento*, in *Alfredo Oriani e la cultura del suo tempo*, p. 63.

> colore, dai ritrattini sbiaditi che le donne italiane rigarono di lacrime, dalle lettere ingiallite che esse tennero sul cuore, da ogni più semplice ricordo di chi combatté col pensiero o con l'azione per togliere di servaggio la Patria, esce e si offre per così dire tangibile, una sempre nuova rivelazione di ardenti energie, di ascosti sacrifizi, di nobili abnegazioni; ed il fascio sempre più grande in cui si uniscono, del pari venerati dai visitatori, così nel Museo fiorentino come in quello di altre Città italiane, le più modeste e le più gloriose reliquie, fomite di orgoglio nazionale, suscita spesso un palpito, forse fatidico, nel cuore dei vecchi, accende un desiderio, certo non sterile, nell'animo dei giovani.[17]

Il nuovo protagonismo cattolico fu agevolato anche dall'altro grande evento che caratterizzò il 1911. L'inizio della guerra in Tripolitania e Cirenaica, giunto quasi in coda ai festeggiamenti del cinquantenario, portava la tradizione risorgimentale a incontrarsi con la propaganda coloniale, in un'atmosfera che risultò «tutta variamente nazionalista o nazionalisteggiante».[18] Nel mondo intellettuale, la guerra si insediò nell'immaginario dell'ancora giovane compagine nazionale come potente fattore unificante.[19] L'interpretazione della guerra come "esame di riparazione", fuoriuscita dalla minorità patita a seguito delle sconfitte di Lissa, Custoza, Dogali, Adua, esprimeva un malessere diffuso: la cultura antigiolittiana vi trovò una risposta alle insoddisfazioni del presente e lo stimolo per un rinnovamento della nazione che aveva accenti morali prima ancora che politici.[20] Secondo Giovanni Amendola, che rintracciava nell'anno commemorativo «tanta disparità di livelli, tanto contrasto di ombra e di luce», il «sollievo morale» prodotto dalla guerra andava compreso risalendo agli albori della storia unitaria. Con l'eccezione dell'impresa dei Mille, la rivoluzione italiana era stata fagocitata dalla politica e dalla diplomazia, restando «terribilmente povera di sforzo collettivo, di

17. Franceschini, *Il Museo del Risorgimento in Firenze*, p. 11.

18. Giampiero Carocci, *Giolitti e l'età giolittiana* (1961), Torino, Einaudi, 1979, p. 142.

19. Cfr. Nicola Labanca, *La guerra italiana per la Libia 1911-1931*, Bologna, il Mulino, 2012; Gabriele Proglio, *Libia 1911-12. Immaginari coloniali e italianità*, Firenze, Le Monnier, 2016. Di Labanca, sul lungo periodo, *Oltremare. Storia dell'espansione coloniale italiana*, Bologna, il Mulino, 2002.

20. Cfr. Luisa Mangoni, *L'interventismo della cultura. Intellettuali e riviste del fascismo*, Roma-Bari, Laterza, 1974. Sulla rappresentazione letteraria delle sconfitte militari cfr. *La vittoria mancata. Memoria e racconto della sconfitta militare nel Risorgimento*, a cura di Duccio Tongiorgi, Roma, Edizioni di Storia e Letteratura, 2012.

sacrificio popolare, insomma di sangue versato e di affermazioni cruente della volontà nazionale di risorgere».[21]

Dall'interscambio tra l'anniversario e la mobilitazione innescata dalla spedizione coloniale, il vario risorgimentalismo di inizio secolo usciva con una curvatura ideologica per molti aspetti inedita. Il riposizionamento dei miti patriottici alle esigenze politiche del presente affiorò con evidenza nelle varie sedi del discorso pubblico, musei inclusi. Un caso eclatante è rappresentato dal congresso della Società nazionale per la storia del Risorgimento, che si aprì a Roma proprio mentre l'esercito entrava in Tripolitania. Il discorso inaugurale di Ettore Pedotti è una cartina di tornasole sia della circolazione di idee e linguaggi di cui si alimentava il mito della nazione sia della «crescita tumultuosa» di interesse verso il Risorgimento, trainata da componenti extra scientifiche.[22]

> Dopo lunghi anni di vita dimessamente in sé raccolta, troppo dimessamente, e quasi paurosamente alle sole interne sue cure rivolta, come se fosse sola al mondo, e nessun interesse la sollecitasse al di là delle sue frontiere (mentre sei milioni di nostra gente venne dovunque per le straniere terre a far prosperare col lavoro delle loro vigorose braccia le altrui fortune), mentre eravamo minacciati di vederci da un giorno all'altro rinserrati negli angusti confini di casa nostra e di vederci contesa la nostra parte di libertà, di moto, di espansione, di dominio dentro il mare nostro; orbene, ora, in questo momento, in un vigoroso e magnifico slancio di sentimento nazionale, con unanimità di fede, con alto concorde proposito, l'Italia si è levata per chiedere ai suoi governanti che fosse alto proclamato il suo diritto di essere davvero una grande potenza: le sue forze, le sue energie tutte, economiche, militari, intellettuali, il posto che essa ha nel Mediterraneo e fra le potenze d'Europa, la missione sua storica, il suo passato, il fatto stesso del suo risorgimento, l'avvenire che le spetta, le danno ragione di pretenderlo, di volerlo. [...] Bastò questo imperioso monito della coscienza nazionale perché nel volgere di pochissime settimane la nostra bandiera fosse gloriosamente piantata su quella costa africana dove già fiorì la civiltà di Roma, dove i nostri interessi imperiosamente ci chiamavano. Le nostre forze di mare e di terra stanno ora facendo al cospetto del mondo bella prova di sé, della loro disciplina, del valore e della abilità loro, e questo

21. Giovanni Amendola, *La guerra*, in «La Voce», 28 dicembre 1911, in Giuseppe Prezzolini, *La Voce 1908-1912. Cronaca, antologia e fortuna di una rivista*, Milano, Rusconi, 1974, pp. 723-731.

22. Simonetta Soldani, *Risorgimento*, in *Il mondo contemporaneo, I. Storia d'Italia*, 3, a cura di Fabio Levi, Umberto Levra e Nicola Tranfaglia, Firenze, La Nuova Italia, 1978, p. 1139.

allieta e fa giustamente altera l'anima di tutti gli italiani [...]. Ma oltre a questa conquista materiale rallegriamoci, esultiamo, che altra e maggior conquista morale noi abbiamo in questi giorni compiuta: dico, il vigoroso solenne risveglio della coscienza nazionale. Questo il grandioso, il magnifico evento dell'ora che volge, dopo cinquant'anni dal giorno della resurrezione.[23]

Sono parole che non autorizzano a liquidare come estinta la varietà e il sincretismo politico-culturale dell'associazionismo risorgimentalista, che restavano un suo dato costitutivo. Nondimeno, l'intervento di Pedotti rifletteva l'evoluzione in atto in un microcosmo che respirava la «retorica libica» impostasi con pochissime eccezioni nel «linguaggio pubblico generale».[24] La presenza dell'Italia in Africa era giudicata una tappa dell'«avvenire che le spetta», la dimostrazione di una vitalità politica e morale finalmente ridestatasi, il rinnovamento di un carattere nazionale quasi imposto dal paese "reale" a quello "legale".[25] Oltre al disprezzo per la politica delle «mani nette», echeggiava la tesi di Enrico Corradini sulla nazione proletaria e il diritto dell'Italia di rivendicare un ruolo di grande potenza. La ricostruzione diventava satura di richiami al «mare nostrum», alla «missione storica», alla «civiltà romana», alle «necessità» della storia, al «fato» che assegnava all'Italia il compito di guidare i progressi civili e ideali del mondo grazie alle energie «mai spente» della sua «razza antica».[26]

Non erano considerazioni isolate. Arturo Galanti faceva loro eco, trattando il tema delicato dell'insegnamento della storia patria. Esponente autorevole della massoneria, segretario della Società Dante Alighieri,[27] Galanti ricordava che nei decenni '70 e '80 la storia del Risorgimento era stata abbandonata alle correnti «reazionarie ed ultra novatrici», con il

23. Cit. in Società nazionale per la storia del Risorgimento italiano, *Atti del VI Congresso tenutosi in Roma dal 22 al 24 ottobre 1911*, Roma, Cooperativa tipografica Manuzio, 1911, pp. 9-19. Su Pedotti (1842-1919), di origini nobiliari, con trascorsi giovanili di volontario garibaldino, poi generale dell'esercito e ministro della Guerra nel secondo governo Giolitti, cfr. *Annuario del Comitato nazionale per la storia del Risorgimento italiano. 1933*, Bologna, Zanichelli, 1933, pp. 51-52.

24. Giulio Cianferotti, *Giuristi e mondo accademico di fronte all'impresa di Tripoli*, Milano, Giuffrè, 1984, p. 1.

25. Sull'importanza delle trame discorsive, cfr. Silvana Patriarca, *Italianità. La costruzione del carattere nazionale*, Roma-Bari, Laterza, 2010.

26. Dal discorso di Pedotti citato alla nota 23, p. 9.

27. Cfr. Beatrice Pisa, *Nazione e politica nella Società "Dante Alighieri"*, Roma, Bonacci, 1995.

risultato di «falsare la conoscenza degli eroici sacrifici che aveva costato la resurrezione politica della patria nostra». Ne era scaturita l'ostilità «alla politica audace e intraprendente di Francesco Crispi», cui aveva fatto seguito il «contegno timido e sfiduciato del paese di fronte alla sventura di Adua».[28] Posizioni simili disegnavano una linea di confine sottile tra nazionalismo culturale e nazionalismo politico. Quest'ultimo, impegnato non a caso nella rivalutazione di Crispi e della sua politica estera,[29] poteva essere percepito come un movimento capace di rinvigorire la tempra morale di una classe politica borghese accusata di inerzia e di scarsa consapevolezza del proprio ruolo egemone. Registrando compiaciuto il rifiorire del patriottismo, Galanti lo metteva in relazione con le celebrazioni del cinquantenario e con le manifestazioni nazionaliste a sostegno della guerra in Libia, «che nessuno di noi, pur non partecipandovi, oserebbe sdegnosamente riprovare».[30]

Non sorprende che associazioni come la Società nazionale per la storia del Risorgimento e luoghi di narrazione della storia come i musei fossero sensibili a una propaganda che indicava il risveglio delle idealità passate come presupposto di una più salda coscienza nazionale. La glorificazione del Risorgimento, la creazione di uno Stato forte, il recupero del mito di Roma come sorgente della nazione italiana:[31] su tutti questi fronti l'associazionismo risorgimentale finiva per incrociare la propaganda della neonata Associazione nazionalista italiana, che era ancora alla ricerca di una ben definita identità ideologica e politica.[32] Alcuni suoi esponenti diffidavano della requisitoria antidemocratica e antiparlamentare del gruppo più intransigente, ma condividevano il richiamo al Risorgimento come fonte di legittimazione di nuovi traguardi di espansione: non esitavano così a magnificare la spedizione militare in Libia come «resurrezione di tutte le energie della stirpe», per aver reintrodotto una dimensione "poetica" che

28. Arturo Galanti, *Dei modi più efficaci per l'insegnamento della storia del nostro Risorgimento*, in Società nazionale per la storia del Risorgimento italiano, *Atti del VI Congresso*, pp. 97-103.

29. Cfr. Francesco Bonini, *Crispi e l'unità. Da un progetto di governo un ambiguo mito politico*, Roma, Bulzoni, 1997.

30. Galanti, *Dei modi più efficaci per l'insegnamento della storia del nostro Risorgimento*, p. 98.

31. Ivi, pp. 101-102.

32. Cfr. Elena Papadia, *Nel nome della nazione. L'Associazione Nazionalista Italiana in età giolittiana*, Roma, Archivio Guido Izzi, 2006.

era stata a lungo sommersa dalla morale scettica e ordinaria della cultura relativistica.[33] Secondo Paolo Arcari, il nazionalismo era il «codicillo» della volontà degli artefici del Risorgimento, laddove nel patriottismo garibaldino era già riconoscibile la «tendenza a una gagliarda attività coloniale della stirpe».[34] L'eredità garibaldina si prestava per l'ennesima volta a usi contrapposti: nel mondo democratico, repubblicano e socialista era esempio di solidarietà e fratellanza verso i popoli ancora impegnati a rivendicare libertà e indipendenza; per i seguaci del nuovo nazionalismo, diventava un invito a considerare lo spazio extranazionale come occasione di espansione e affermazione della civiltà italiana.[35]

2. *Risorgimento e colonialismo*

L'organizzazione di esposizioni coloniali e l'allestimento di appositi musei risposero allo scopo di dare una maggiore visibilità all'integrazione della guerra coloniale nel solco della tradizione patriottica. Intenti di propaganda si mescolarono a considerazioni scientifiche di taglio etno-antropologico.[36] La costruzione dell'immaginario coloniale, in termini di elementare "acculturazione africana", passava dalla stretta connessione dei momenti relativi alla "esibizione", "raccolta" e "propaganda".[37] Sin dagli ultimi decenni dell'Ottocento, quando le spedizioni geografico-esplorative e lo sviluppo di scienze come l'antropologia e l'etnologia avevano spostato l'attenzione verso il continente africano, i primi progetti di politica

33. Scipio Sighele, *Risveglio italico*, in Id., *Ultime pagine nazionaliste*, Milano, Treves, 1912, pp. 27-50. Su Sighele anche Suzanne Stewart-Steinberg, *L'effetto Pinocchio, Italia 1861-1922. La costruzione di una complessa modernità* (2007), tr. it. Roma, Elliot, 2011, pp. 89-129.

34. Paolo Arcari, *La patria nelle dottrine e nella coscienza italiana contemporanea*, in *La coscienza nazionale in Italia. Voci del tempo presente raccolte ed ordinate da Paolo Arcari*, Milano, Libreria Editrice Milanese, 1911, p. IV.

35. Cfr. Eva Cecchinato, *Camicie rosse. I garibaldini dall'Unità alla Grande Guerra*, Roma-Bari, Laterza, 2007, pp. 234 sgg.

36. Guido Abbattista, *Umanità in mostra. Esposizioni etniche e invenzioni esotiche in Italia (1880-1940)*, Trieste, EUT, 2013; Giuseppe Maria Finaldi, *Italian National Identity in the Scramble for Africa. Italy's African Wars in the Era of Nation-building, 1870-1900*, Bern, Peter Lang, 2009.

37. Cfr. *L'Africa in vetrina. Storie di musei e di esposizioni coloniali in Italia*, a cura di Nicola Labanca, Paese (Treviso), Pagus, 1992.

coloniale avevano gettato le basi di un incontro tra scienza e politica.[38] Il rapporto conobbe fasi alterne, come mostra la vicenda del Museo di antropologia fondato da Paolo Mantegazza, e fu gradualmente incrinato dalla distorsione ideologica che si impose come cardine dell'atteggiamento nazionale verso le colonie. I musei e le esposizioni coloniali furono concepiti come vettori efficaci di una prima educazione coloniale. Il senso delle iniziative attuate in quegli anni non era volto alla comprensione del "mondo altro" o alla valorizzazione antropologica di culture diverse, quanto piuttosto all'ostentazione dell'intervento correttivo e civilizzatore del "genio" italiano; in questo modo le immagini e i cimeli degli allestimenti espositivi rispecchiano meno la storia e la cultura dei popoli colonizzati di quanto non dicano sul sistema di valori dei conquistatori. L'obiettivo primario era quello di filtrare nella mente dei visitatori e sedimentare nella coscienza della nazione la legittimazione dell'azione italiana, l'esistenza di una scala gerarchica alla quale nazioni e popoli non potevano sottrarsi.[39]

In prima battuta, furono però i musei del Risorgimento a ospitare documenti e cimeli provenienti dai teatri della guerra in Africa. Il contenitore avrebbe dovuto suggerire il collegamento immediato con la tradizione e lo spirito del Risorgimento. Qualche timido precedente aveva fatto capolino sullo scorcio del secolo, nel clima africanista dell'ultimo governo Crispi. A Brescia, il direttore del museo Cesare Quarenghi aveva annunciato l'apertura di una sala «detta dell'Eritrea»: vi avrebbero trovato posto «le Armi, le Bandiere ed i Ritratti dei generali nonché i quadri rappresentanti gli episodi e tutto quel materiale che potrà servire per la futura storia». I cimeli provenienti dalle colonie sarebbero stati ordinati e interpretati come un'appendice naturale delle vetrine risorgimentali, poiché «le Vittorie o le sconfitte dell'Africa sono una conseguenza della conquistata *unità della Patria*».[40] La sconfitta di Adua e la polemica che ne seguì, alimentata dalla propaganda anticoloniale dei movimenti democratici, agirono da freno rispetto

38. Cfr. Giancarlo Monina, *Il consenso coloniale. Le società geografiche e l'Istituto coloniale italiano 1896-1914*, Roma, Carocci, 2002; per un caso di studio cfr. Beatrice Falcucci, *Tra esplorazioni ed esposizioni: immaginare un museo etnografico. Il caso di Milano (1870-1911)*, in «Museologia scientifica», 13 (2019), pp. 57-67.

39. Cfr. *L'Africa in vetrina*; inoltre *A Place in the Sun. Africa in Italian Colonial Culture from Post-Unification to the Present*, a cura di Patrizia Palumbo, Berkeley, University of California Press, 2003; Giuliana Tomasella, *Esporre l'Italia coloniale. Interpretazioni dell'alterità*, Padova, Il Poligrafo, 2017.

40. Lettera al sindaco, 24 agosto 1895, in ASB, 28 (Comune), Rub. XIV, Serie 6/2°.

a simili propositi. Non mancarono peraltro le occasioni per continuare a mettere in scena l'alterità, come testimoniano le mostre allestite nelle varie esposizioni di inizio secolo.[41]

Nel 1911-12 quelle idee trovarono nuova linfa grazie alla rinnovata ventata di nazionalismo e alla rivendicazione dell'eredità imperiale di Roma, prontamente recepite anche nei programmi di storia per i licei.[42] A Bologna, il direttore Fulvio Cantoni riferiva che il museo aveva acquisito «una nuova sorgente di prezioso materiale costituita dalla *Raccolta dei cimeli della guerra libica*».[43] Donato da Antonio Modoni, presidente del Comitato regionale della Croce Rossa, il fondo libico avrebbe dovuto trovare la sua definitiva collocazione nel (mai realizzato) Museo delle guerre dell'Africa. Sempre grazie alla Croce Rossa, il Museo del Risorgimento di Ferrara registrava l'ingresso di armi, fotografie e cimeli, tra cui «un elmetto appartenente a un bersagliere dell'11°, morto a Sciara Sciat, nel famoso trucidamento arabo del 23 ottobre 1911».[44] Anche il Museo di Modena fu dotato di una sezione incentrata sui documenti e i «trofei» (armi, divise, fotografie e oggetti dei modenesi caduti e dei luoghi dei combattimenti) della «guerra italo-turca».[45]

Il colonialismo italiano e l'espansione in Africa erano annodati al Risorgimento e alla sua eredità sull'onda di un'interpretazione che a cavallo del secolo aveva avuto in Alfredo Oriani un cantore dapprima negletto, poi riscoperto da uno schieramento politico e culturale eterogeneo.[46] Oriani era morto in solitudine il 18 ottobre 1909, pochi mesi dopo la pubblicazione di un elogiativo saggio di Benedetto Croce. Da allora, e ben oltre le intenzioni crociane, egli cominciò a essere riconosciuto come il campione dell'interpretazione revisionista del Risorgimento. Gaetano Salvemini avrebbe giu-

41. Cfr. Massimo Zaccaria, *L'Eritrea in mostra. Ferdinando Martini e le esposizioni coloniali 1903-1906*, in «Africa», 4 (2002), pp. 512-545; Stefano Cavazza, *Piccole patrie. Feste popolari tra regione e nazione durante il fascismo*, Bologna, il Mulino, 1997, cap. I; Tomasella, *Esporre l'Italia coloniale*.

42. Cfr. Giuseppe Ricuperati, *L'insegnamento della storia dal 1876 ad oggi*, in «Società e storia», 6 (1979), p. 776.

43. *Il Museo Civico del Risorgimento dal 1904 a tutto il 1914. Relazione del direttore Fulvio Cantoni*, p. 12.

44. MRF, *Memoriale 1903-1912. Doni ed entrate*, maggio 1912.

45. Cfr. Relazione Jacoli, s.d. (ma dicembre 1917), MRMO, *Carteggio, Corrispondenza 1901-1932*.

46. Cfr. Vincenzo Pesante, *Il problema Oriani. Il pensiero storico-politico. Le interpretazioni storiografiche*, Milano, FrancoAngeli, 1996.

dicato severamente questa ammirazione per il «grand'uomo del villaggio», vedendovi la conferma «del pacchianesimo e del provincialismo prevalente» nella cultura italiana.[47] Di fatto, il concetto orianesco della «conquista regia» e di un processo rimasto incompiuto a causa dei troppi compromessi e delle fragilità del cammino unitario trovò un clima più ricettivo. Del tormentato scrittore romagnolo ora si apprezzava la caparbietà con cui la sconfitta di Dogali nel 1887 era stata considerata «la prima conseguenza di Solferino», perché aveva dimostrato quanto la nazione sentisse «la necessità di uscire di se stessa per affermarsi politicamente nell'opera internazionale delle maggiori potenze».[48]

Alcune precisazioni sono peraltro d'obbligo, quando si voglia applicare tale revisionismo al discorso museale. L'innesto del colonialismo nel solco del retaggio risorgimentale non significava avallare letture anticonformiste della storia recente. Il motto reso celebre nel 1910 da Amendola – «L'Italia come oggi è non ci piace» – poteva penetrare a stento nella narrazione museale del Risorgimento. In questo campo, l'impianto patriottico dominante sbarrava la strada all'ingresso di visioni eterodosse, né incoraggiava un approfondimento critico dei nodi irrisolti della storia postunitaria. Un conto era invocare l'affinamento metodologico e il superamento dei paradigmi oleografici nella preparazione degli allestimenti museali, un altro promuovere letture spregiudicate che rischiavano di incrinare il racconto su cui ancora si imperniavano la legittimazione e l'immagine dello Stato liberale. Parlando al Senato il 4 giugno 1912, Giolitti stesso – un uomo tra i meno inclini alle pose retoriche e al richiamo ai fasti del passato, anche in questo senso quasi agli antipodi di Crispi – invitava a usare «molta prudenza nell'aprire gli archivi del nostro Risorgimento». Senza esplicitare «tutte le ragioni che consigliano di usare qualche riguardo nel permettere lo studio di questi documenti», Giolitti rimarcava in modo lapidario il dato essenziale: «Non è bene sfatare delle leggende che sono belle».[49]

47. Lettera a Piero Gobetti, 23 maggio 1923, in Piero Gobetti, *Carteggio 1923*, a cura di Ersilia Alessandrone Perona, Torino, Einaudi, 2017, p. 174.

48. Alfredo Oriani, *La lotta politica in Italia. Origini della lotta attuale (476-1887)* (1892), vol. 3, Bologna, Cappelli, 1929, pp. 408, 429. Cfr. Massimo Baioni, *Alfredo Oriani. Alle origini del revisionismo risorgimentale*, in Id., *Le patrie degli italiani. Percorsi nel Novecento*, Pisa, Pacini, 2018, pp. 161-182; Roberto Pertici, *Parabola del "revisionismo risorgimentale"*, in Id., *La cultura storica dell'Italia unita. Saggi e interventi critici*, Roma, Viella, 2018, pp. 165-200.

49. Cit. in Levra, *Fare gli italiani*, p. 272.

3. *1915-18: il passato ritorna*

Il cinquantenario dell'unità e la guerra di Libia portarono alla luce la coesistenza di vecchio e nuovo che si insinuava nello stesso racconto museale del passato, alimentando ibridazioni ideologiche gravide di conseguenze. I valori di libertà e di solidarietà tra i popoli stavano al fianco di altri messaggi attinti alla stessa tradizione del Risorgimento: l'idea di primato, la missione civile, la superiorità e la potenza del genio italiano, di cui il mito della Terza Roma era additato a simbolo e idea forza aggregante.[50] Non fu un effetto transitorio né furono pochi coloro che scivolarono verso gli entusiasmi nazionalisti. La svolta prodotta dalla guerra fu riconosciuta apertamente nel 1912 al congresso di Napoli della Società nazionale per la storia del Risorgimento. Il sindaco e senatore Ferdinando Del Carretto affermò che l'Italia, «sorta a grande nazione e conscia dei suoi destini», aveva assolto «alla grande missione di civiltà alla quale è chiamata dalla sua storia gloriosa, dal suo fulgido passato, dalle sue nobilissime tradizioni».[51] Un anno più tardi, al congresso di Bologna, Pedotti tornò a magnificare un'impresa che si stagliava come «meta suprema dell'italico Risorgimento».[52] Il senatore Dallolio, che abbiamo già incontrato come uomo di punta della classe dirigente liberal-moderata all'epoca dell'inaugurazione del Museo del Risorgimento nel 1893, ribadì che la conoscenza e l'esempio della tradizione erano presupposti necessari alla «perfetta concordia quando siano in gioco l'onore, il diritto, gli interessi della patria».[53]

Ancora una volta, gli accenni al rinnovamento metodologico degli studi risorgimentali tendevano a rientrare sotto la pressione dell'istanza politico-educativa. Sullo sfondo si stagliavano gli interrogativi sul futuro di uno Stato che si preparava a reggere l'irruzione delle masse popolari anche sul terreno della competizione elettorale.[54] Il discorso di Dallolio

50. Tra i classici sul tema, cfr. Chabod, *Storia della politica estera italiana dal 1870 al 1896*, e Piero Treves, *L'idea di Roma e la cultura italiana del secolo XIX*, Milano-Napoli, Ricciardi, 1962. Sul lungo periodo Andrea Giardina, André Vauchez, *Il mito di Roma. Da Carlo Magno a Mussolini*, Roma-Bari, Laterza, 2008.

51. Società nazionale per la storia del Risorgimento Italiano, *Atti del VII Congresso tenutosi in Napoli dal 3 al 5 novembre 1912*, Napoli, Pierro, 1913, p. 7.

52. *VIII Congresso sociale (Bologna, 2-5 ottobre 1913)*, in «BSN», 10 (1913), p. 171.

53. Ivi, pp. 167-168.

54. Tra le opere più recenti, cfr. Marco Pignotti, *La moltitudine apolitica. Culture politiche e voto alle masse in età giolittiana (1904-1913)*, Firenze, Le Monnier, 2017.

dava voce a temi e umori che formavano il campionario del patriottismo liberal-nazionale: l'accento ossessivo sui compiti della pedagogia nazionale, l'ansia di ridestare le componenti ideali della vita, qualificate in termini elitari ed antisocialisti, l'esaltazione di onore, sacrificio e disciplina quali valori per l'affermazione degli interessi dell'Italia e argine contro la disgregazione sociale.

Il punto merita qualche riflessione supplementare. Se si mettono in fila interventi come quelli riportati finora, si sarebbe tentati di accogliere la tesi che postula la sostanziale continuità tra il nazionalismo di epoca risorgimentale e postunitaria e l'aggressivo nazionalismo infine perfezionato dal fascismo.[55] Una simile correlazione, che si basa sul radicamento dei tropi che innervano la morfologia del discorso patriottico (onore, martirio, metafora parentale, ecc.), tradisce non poche forzature: risentendo di una lettura schiacciata sugli esiti del discorso nazionale nel ventennio fascista, perde di vista i significati e le funzioni che quel medesimo discorso ha conosciuto nel corso di un secolo di storia, quando tra nazionalità e nazionalismo le distinzioni non erano un mero travestimento ideologico né rispondevano alle medesime logiche.[56]

Se un patriottismo non meglio specificato schiudeva un terreno d'incontro tra nazionalisti e cultori della tradizione risorgimentale, tale assonanza non azzerava le differenze. Alla vigilia della guerra europea, il tratto dominante dell'ambiente risorgimentalista restava un patriottismo senza aggettivi, nella cui generica identificazione con il sentimento nazionale potevano confluire posizioni culturali eclettiche. La francofilia, l'irredentismo e la componente massonica erano fattori discriminanti rispetto all'associazione nazionalista: la quale non dissimulava l'ammirazione per il mondo germanico, lasciava cadere ogni giustificazione ideale in merito all'irredentismo (con eccezioni quali Sighele, non a caso però uscito dall'Ani) e vedeva nel cattolicesimo un potente fattore di mobilitazione antiliberale.[57] Non andrebbe inoltre trascurato il dato generazionale.

55. È questa la lettura di Alberto Mario Banti in *Sublime madre nostra. La nazione italiana dal Risorgimento al fascismo*, Roma-Bari, Laterza, 2011.

56. Cfr. Maurizio Viroli, *Per amore della patria. Patriottismo e nazionalismo nella storia*, Roma-Bari, Laterza, 1995; Giuseppe Galasso, *L'Italia s'è desta. Tradizione storica e identità nazionale dal Risorgimento alla Repubblica*, Firenze, Le Monnier, 2002.

57. Cfr. Giovanni Sabbatucci, *Il problema dell'irredentismo e le origini del movimento nazionalista in Italia*, in «Storia contemporanea», 3 (1970) pp. 467-502; 1 (1971), pp. 53-106. Francesco Perfetti, *Il movimento nazionalista in Italia (1903-1914)*, Roma, Bonacci, 1984.

La maggioranza di coloro che militavano nelle associazioni e nei musei proveniva da una formazione marcatamente postrisorgimentale: la simpatia per la propaganda nazionalista raramente si spingeva fino alla rottura culturale con il proprio passato né tantomeno agiva da presupposto per mettere in discussione i principi che reggevano le istituzioni liberali scaturite dalle lotte per l'indipendenza.

Benché la Triplice Alleanza lo avesse relegato a fenomeno semiclandestino,[58] l'irredentismo non aveva mancato di fare capolino, specialmente nelle zone di confine in cui la fondazione di un museo storico poteva qualificare un programma culturale e indicare una precisa meta politica. A Udine, per esempio, il progetto del museo aveva assunto sin dalle origini una esplicita valenza geopolitica, come testimonia la presenza nella commissione di una cospicua rappresentanza della democrazia radicale e irredentista, con in testa la società dei veterani e reduci. Inaugurato il 26 luglio 1906, a quarant'anni dall'ingresso della città nel regno d'Italia, il museo friulano era stato eretto a «baluardo d'italianità» a pochi chilometri dal «mal onesto confine che ci divide dai fratelli italiani soggetti all'Austria».[59] Il comitato udinese aveva inteso fare «opera altamente civile e tendente a mantenere vivo il sentimento patriottico specialmente in questo Friuli posto alla estremità del confine politico del Regno».[60] Collocate nel castello veneziano «che per tanti anni servì di Caserma all'Austria», le sale del museo abbondavano di «ricordi della tirannide straniera e dei patimenti subiti da tanti nostri patrioti della Lombardia e del Veneto nel lungo periodo della servitù».[61]

La coesistenza di orientamenti diversi sulla tradizione risorgimentale si manifestò compiutamente negli anni 1915-18. Nel corso della Grande guerra, gli eventi del Risorgimento, le battaglie campali e gli episodi

58. Per un quadro dei problemi legati alla nascita dell'irredentismo e al successivo incontro con il nazionalismo, cfr. Marina Cattaruzza, *L'Italia e il confine orientale 1866-2006*, Bologna, il Mulino, 2007, capp. I e II; Maria Garbari, *La storiografia sull'irredentismo dalla fine della prima guerra mondiale ai giorni nostri*, in «Studi Trentini di Scienze Storiche», LVIII (1979) pp. 149-221.

59. *Nel Museo e per il Museo del Risorgimento*, in «Il Paese», 27 luglio 1907.

60. Lettera della Società friulana Veterani e Reduci dalle Patrie Battaglie di Udine al ministro dell'Istruzione, 22 settembre 1907, MRU, cart. *Museo friulano del Risorgimento nel Castello di Udine*.

61. *Nel Museo e per il Museo del Risorgimento*. Nel 1907 una nuova sala accolse il ricco materiale donato da Gabriele Fantoni; cfr. Ersilio Michel, *Il "Museo Friulano del Risorgimento" e la "Raccolta Fantoni" in Udine*, s.d.

di eroismo furono evocati come lo scenario naturale entro il quale si inseriva lo sforzo militare dell'Italia per completare il processo di unificazione.[62] Tra i nazionalisti, che pure furono capaci di «porre una seria ipoteca su *tutte* le visioni e le giustificazioni della guerra»,[63] il raccordo naturale con le premesse ottocentesche non fu invece accolto con adesione unanime. Le voci dei vari Corradini, Federzoni, Rocco, Coppola, con qualche sfumatura interna, restituiscono una esitazione di fondo, talora condita di esplicite riserve. Il tributo scontato al Risorgimento come presupposto della costruzione statale era accompagnato da considerazioni meno indulgenti: tra queste, la volontà di andare oltre il ricordo nostalgico, il rifiuto di arroccarsi sul patriottismo sentimentale, l'accettazione piena della sfida lanciata dalla società di massa e dalla modernizzazione industriale.[64]

Nel breve termine, a dominare linguaggi e azioni di una mobilitazione interventista che vide il convinto sostegno di istituti, associazioni, musei, furono comunque il sentimento irredentista e le suggestioni di tono risorgimentale: «se si spiegherà nuovamente la bandiera del Risorgimento – scriveva il giovane Adolfo Omodeo – ci sarò anch'io: costi che costi».[65] Tra i giovani borghesi educati ai valori dell'orgoglio e dell'onore nazionale nel milieu famigliare e scolastico, il martirologio ottocentesco e il retaggio dei morti giocavano un ruolo cruciale. Le scritture autobiografiche dei giovani ufficiali di complemento, come ha notato Elena Papadia, attestano «in

62. Cfr. Giovanni Sabbatucci, *La grande guerra e i miti del Risorgimento*, in «Il Risorgimento», 1-2 (1995), pp. 215-226; Mario Isnenghi, *Il mito della Grande guerra* (1970), Bologna, il Mulino, 1989

63. Silvio Lanaro, *1910-1920. La guerra multanime dei nazionalisti*, in «Meridiana», 6 (1989), p. 149. Inoltre Adriano Roccucci, *Mito della guerra e strategie politiche. La propaganda dei nazionalisti italiani durante la Grande Guerra*, in *La propaganda nella Grande Guerra tra nazionalismi e internazionalismi*, a cura di Daniela Rossini, Milano, Unicopli, 2007, pp. 115-137.

64. Cfr. Enrico Corradini, *Stato liberale e Stato nazionale*, in Id., *Il nazionalismo italiano*, Milano, Treves, 1914; Alfredo Rocco, *Scritti e discorsi politici*, vol. 1, Milano, Giuffré, 1938, pp. 67-89; Francesco Coppola, *Per la democrazia o per l'Italia?*, in «L'Idea nazionale», 3 ottobre 1914, cit. in *La stampa nazionalista*, a cura di Franco Gaeta, Bologna, Cappelli, 1965, p. 63. Cfr. inoltre *Nazione e anti-nazione. 2. Il movimento nazionalista dalla guerra di Libia al fascismo (1911-1923)*, a cura di Paola S. Salvatori, Roma, Viella, 2016.

65. Lettera a Eugenio Donadoni, 22 dicembre 1914, in Adolfo Omodeo, *Lettere 1910-1946*, Torino, Einaudi, 1963, p. 94. Sui mesi della neutralità, cfr. Brunello Vigezzi, *L'Italia di fronte alla prima guerra mondiale. L'Italia neutrale* (1966), Milano, Bruno Mondadori, 2017.

modo inequivocabile la forza trascinante di un pugno di libri, di alcune sequenze di versi tramandate di generazione in generazione».[66] Il fascino della letteratura nazional-patriottica trasuda nelle citazioni dei vari Giuseppe Bandi, Luigi Mercantini, Giuseppe Cesare Abba, la triade dominante Alfieri-Foscolo-Carducci, e poi De Amicis, Salgari, il «Giornalino della Domenica» di Vamba.

La tematica irredentista si innestava in un quadro teorico e politico più ampio, che usciva dagli stretti confini degli interessi italiani. Il senso della continuità con lo spirito del Risorgimento consisteva nell'additare la disintegrazione dell'impero austro-ungarico quale condizione della completa affermazione dei diritti di nazionalità affermatisi in Europa nel corso dell'Ottocento. L'Austria tornava a vestire i panni del nemico secolare, soffocatore delle libertà nazionali e assetato di ulteriori espansioni territoriali. Gli strumenti della comunicazione di massa, dal cinema al teatro, dalla scuola ai giornalini per l'infanzia non tardarono a sfruttare ampiamente il richiamo seducente dell'eroismo e del martirio per incanalare il sentimento popolare lungo le strategie di demonizzazione del nemico.[67]

Diritto dei popoli, lotta all'autoritarismo degli imperi centrali, concordia nazionale e "moralità" del ruolo italiano in guerra: questi i principi ispiratori che trovarono in Gaetano Salvemini, Leonida Bissolati, Cesare Battisti alcuni degli interpreti più appassionati. Quando si trattava di rievocare la tradizione risorgimentale, anche un uomo come Battisti, solitamente asciutto e pragmatico nella difesa delle ragioni dell'intervento, si faceva avvolgere dal timbro sentimentale. Il culto garibaldino, rilanciato dal cordoglio per la morte di Bruno e Costante Garibaldi nelle Argonne,[68]

66. Elena Papadia, *Di padre in figlio. La generazione del 1915*, Bologna, il Mulino, 2013, p. 138.

67. Cfr. Andrea Fava, *Mobilitazione patriottica, assistenza all'infanzia, educazione nazionale nella scuola elementare dell'Italia in guerra (1915-1918)*, in *Un paese in guerra: la mobilitazione civile in Italia, 1914-1918*, a cura di Daniele Menozzi, Giovanna Procacci, Simonetta Soldani, Milano, Unicopli, 2010, pp. 147-182; Teresa Bertilotti, *Ad altezza d'occhio: dispositivi visuali e sguardi sul nemico*, in *Fratelli al massacro. Linguaggi e narrazioni della Prima guerra mondiale*, a cura di Tullia Catalan, Roma, Viella, 2015, pp. 131-149; Angelo Ventrone, *La seduzione totalitaria. Guerra, modernità, violenza politica (1914-1918)*, Roma, Donzelli, 2003.

68. Cfr. Hubert Heyriès, *Les Garibaldiens de 14: splendeur et misères des Chemises rouges en France de la Grande Guerre à la Seconde Guerre mondiale*, Nice, Serre éd., 2005; Marco Cuzzi, *Sui campi di Borgogna. I volontari garibaldini nelle Argonne, 1914-1915*, Milano, Biblion, 2015.

gli forniva il pretesto di una forte partecipazione emotiva.[69] I simboli della memoria storica dovevano richiamare gli italiani ai dettami della mazziniana religione della patria: il testamento di Garibaldi e Mazzini era stato rilanciato da uomini quali Carducci, Pascoli, Bovio, Cavallotti, Imbriani, le «vere firme del popolo d'Italia», che imponevano l'irredentismo come proseguimento delle migliori tradizioni nazionali.[70] Dopo aver visitato i musei del Risorgimento di Milano e di altre città lombarde, Battisti aveva pubblicato nel 1903 alcuni articoli in «Vita Trentina» e «Tridentum» con cui perorava la fondazione di un museo trentino del XIX secolo, una formula anodina che serviva ad aggirare il divieto delle autorità verso ogni iniziativa che rinviasse a rivendicazioni di natura irredentista.[71]

La varietà di posizioni che connota l'interventismo italiano verso il Risorgimento si ritrova anche nelle associazioni più impegnate a promuovere gli studi e a coordinare le tante iniziative celebrative. In vista della mobilitazione e subito dopo l'intervento, la Società nazionale per la storia del Risorgimento – eretta in ente morale con regio decreto del 21 maggio 1914 – programmò il sostegno a una guerra in cui la nazione rinnovava «sui campi di battaglia le tradizioni di fede e di sacrifici che rifulsero nei tempi più gloriosi della nostra redenzione politica».[72] Una serie di conferenze fu pensata allo scopo di rafforzare il sentimento morale dei soldati in partenza per il fronte e delle loro famiglie.[73] Il Consiglio centrale aderì inoltre al Comitato per la vigilanza contro lo spionaggio e la diffusione di

69. Cfr. Cesare Battisti, *L'italianità del Trentino e l'irredentismo italiano*, conferenza di Milano, 13 gennaio 1915, in Id., *Scritti politici*, Firenze, Le Monnier, 1923, p. 220. Cfr. Stefano Biguzzi, *Cesare Battisti*, Torino, Utet, 2008.

70. *Trento, Trieste e il dovere d'Italia*, conferenza di Bologna, 13 ottobre 1914, in Battisti, *Scritti politici*, p. 213. Sui discorsi di Battisti nelle città italiane, che non furono immuni da qualche scivolamento sul tema dello scontro di civiltà, si veda (oltre a Ernesta Bittanti Battisti, *Con Cesare Battisti attraverso l'Italia: agosto 1914-maggio 1915*, Milano, Treves, 1938) Fabrizio Rasera, *Battisti oratore dell'intervento*, in *In trincea. Gli scrittori alla Grande guerra*, a cura di Simone Magherini, Firenze, Società Editrice Fiorentina, 2017, pp. 97-114.

71. Cfr. *La Società del Museo trentino del Risorgimento e della lotta per la libertà. Nel cinquantenario della sua fondazione 1923-1973*, a cura di Bice Rizzi, Calliano (Trento), Vallagarina - Arti grafiche R. Manfrini, s.d. [1973]. Sul museo civico esistente a Trento Giuseppe Olmi, *Uno "strano bazar" di memorie patrie. Il Museo civico di Trento dalla fondazione alla prima guerra mondiale*, Trento, Museo storico, 2002.

72. *Ai soci*, in «BSN», 5 (1915), p. 1.

73. Adunanza del Comitato regionale romano, 9 maggio 1915, in «BSN», 5 (1915), p. 1.

false notizie, destinò piccoli finanziamenti alla Croce Rossa italiana e ad altre istituzioni patriottiche, invitò i comitati regionali a formare piccole biblioteche a beneficio dei soldati infermi e convalescenti.[74] Le cronache del «Bollettino», nato nel 1912 come foglio di informazione della vita associativa, si popolarono di citazioni di intonazione antiaustriaca, estrapolate dai discorsi e dagli scritti degli uomini del Risorgimento.[75]

Grande risalto fu dato alla manifestazione organizzata a Milano nel dicembre 1915 per commemorare il 33° anniversario dell'impiccagione di Oberdan, cui aderirono numerose associazioni interventiste. Il nome di Oberdan e la data del 20 dicembre erano stati a fine secolo bandiere della polemica repubblicana anti-triplicista, le icone di un Risorgimento "altro" e di opposizione a quello ufficiale e monarchico.[76] Nel 1915, anno in cui uscì anche il film *Guglielmo Oberdan, il martire di Trieste*, opera del regista e attore Emilio Ghione, quegli antichi slanci si vestivano di una carica più aggressiva, che coincideva con la mutazione del linguaggio e dell'azione politica in tempo di guerra. Nella sua orazione, Ercole Rivalta affermò che la guerra presente riparava un debito storico e imponeva il paradigma della collaborazione sociale: a Oberdan, concluse Rivalta, «vissuto nella torbida età dei partiti sterili, facciamo noi italiani l'offerta di tutte le nostre vanità, di tutte le nostre ambizioni di persone, di partiti, di classi: sia nel suo nome intera la battaglia nostra oltre le vecchie frontiere, fino alla conquista dell'eterna frontiera di nostra gente gloriosa, sia nel suo nome intera la fraternità degli Italiani in queste ore luminose e terribili».[77]

Nell'azione di propaganda, la Società trovava punti di raccordo con le unioni degli insegnanti, i conferenzieri di guerra, gli enti di assistenza civile.[78] In prima fila si dispose il comitato lombardo, anche in virtù del ruolo

74. Cfr. lettera ai comitati regionali, 26 maggio 1915, ivi, p. 14. In pochi mesi furono raccolti oltre cinquemila volumi, in «BSN», 6 (1915), p. 15. Nei primi due anni di guerra, la lettura fu per i soldati una delle pochissime distrazioni autorizzate: Piero Melograni, *Storia politica della grande guerra 1915-1918* (1969), Roma-Bari, Laterza, 1977, pp. 245-248.

75. «BSN», 1 (1916), pp. 21-22; 1916, 2 (1916), p. 11.

76. Cfr. Luca G. Manenti, *Massoneria e irredentismo. Geografia dell'associazionismo patriottico in Italia tra Otto e Novecento*, Trieste, Irsml FVG, 2015.

77. *Commemorazione di Oberdan*, in «BSN», 1 (1916), p. 19; cfr. Roberto Pignataro, *«Il primo volontario»: il mito di Guglielmo Oberdan e la Grande guerra*, in «Qualestoria», 1-2 (2014), pp. 112-130.

78. Andrea Fava, *Assistenza e propaganda nel regime di guerra (1915-1918)*, in *Operai e contadini nella Grande guerra*, a cura di Mario Isnenghi, Bologna, Cappelli, 1982, pp. 174-212.

riconosciuto di Milano come capitale del fronte interno.[79] Una particolare attenzione fu rivolta alle masse rurali: poiché il conflitto stava portando in luce il divario tra le motivazioni ideali della guerra, i sacrifici richiesti e il sentimento popolare, la presenza nelle campagne andava alimentata con la prospettiva del riscatto sociale e della promozione dei diritti, oltre che come barriera all'ideologia sovversiva e «disfattista» diffusa nei ceti urbani e operai.[80] Il compito era improbo, scontrandosi con ostacoli di varia natura, gli stessi che si ritrovano nelle note osservazioni di padre Agostino Gemelli in merito all'estraneità dei soldati ai motivi ideali e patriottici della guerra.[81]

La scarsa conoscenza della storia del Risorgimento in seno all'esercito, denunciata già ai tempi del congresso di Milano del 1906, era la spia di un'incertezza più generale. Non stupisce che a cozzare contro un muro di sordità fossero anche le conferenze, che pure fino a Caporetto risultarono tra le poche forme di recupero morale dei soldati autorizzate dai comandi militari, sempre inflessibili (fino all'inizio del 1918) nel rifiutare l'idea che le ore dei soldati potessero essere impiegate diversamente dall'addestramento bellico.[82] Gli ufficiali e gli studiosi incaricati di svolgerle si soffermavano sugli aspetti ideali della guerra, rievocavano le tappe della storia del Risorgimento, illustravano ai soldati la continuità di obiettivi e di slancio patriottico che univa i loro sforzi a quelli degli avi. Ma l'ignoranza non poteva essere colmata con surrogati di educazione nazionale, tanto più che la retorica debordante e la difficoltà di assimilare pochi e chiari concetti generavano più spesso nella truppa sentimenti di fastidio e indifferenza. L'immersione nella realtà della trincea accentuava il distacco dalla visione ufficiale del conflitto: a contatto diretto con il nemico e con la morte, il contrasto tra due modi di immaginare, pensare, vivere l'evento bellico approdava al punto di massima tensione.[83]

79. Cfr. *Milano in guerra 1914-1918. Opinione pubblica e immagini delle nazioni nel primo conflitto mondiale*, a cura di Alceo Riosa, Milano, Unicopli, 1997; *Combattere a Milano 1915-1918. Il corpo e la guerra nella capitale del fronte interno*, a cura di Barbara Bracco, Milano, Editoriale Il Ponte, 2005.

80. *Per la propaganda patriottica*, in «BSN», 6 (1917), pp. 1-2. Seduta straordinaria del Consiglio centrale della Società, 22 giugno 1917, in «BSN», 4 (1917), p. 4.

81. Agostino Gemelli, *Il nostro soldato. Saggi di psicologia militare*, Milano, Treves, 1917.

82. Cfr. Melograni, *Storia politica della grande guerra*, pp. 245, 313-314.

83. Cfr. Giovanna Procacci, *Dalla rassegnazione alla rivolta. Mentalità e comportamenti popolari nella Grande Guerra*, Roma, Bulzoni, 1999.

4. *Mettere in scena l'«ultima guerra dell'indipendenza»*

La Grande Guerra fu una sorta di imponente "mito in diretta". La legittimazione dell'intervento e, con il passare degli anni, la necessità di dare un senso ai sacrifici immani furono all'origine di numerose manifestazioni celebrative. In molte città europee furono allestite esposizioni belliche: vi erano collocati cimeli, fotografie di soldati, oggetti recuperati dai campi di battaglia, mentre gli aspetti più truci e violenti del conflitto erano accuratamente evitati o sottoposti a un rigoroso filtro preventivo. Lo scopo era quello di rafforzare il "patto nazionale" tra combattenti e civili, insistendo sulle ragioni morali della guerra e sulla demonizzazione del nemico esterno e interno. Armi, bandiere, trofei sottratti avrebbe dovuto suggerire il messaggio che la vittoria, nonostante i numerosi lutti, non sarebbe mancata.

L'attenzione fu prontamente indirizzata anche sul versante della raccolta documentaria e della sistemazione storiografica.[84] Archivi e biblioteche specializzati furono istituiti in Germania:[85] in Francia, la Bibliothèque et Musée de la Guerre, fondata nel 1914 su iniziativa privata degli industriali Leblanc, diventò nel 1917 un ente statale;[86] in Gran Bretagna l'idea di costituire un grande museo nazionale portò alla formazione dell'Imperial War Museum,[87] destinato a conoscere una grande fortuna per la ricchezza delle sue collezioni e per l'enorme risposta di pubblico negli anni a venire.[88]

In Italia tale lavoro fu assolto prevalentemente dai musei del Risorgimento, la cui esistenza funse da freno alla diffusione di istituzioni dedicate

84. Cfr. Gaynor Kavanagh, *Museums and the First World War. A Social History*, London, Leicester Press, 1994; Jay Winter, *Il lutto e la memoria. La Grande guerra nella storia culturale europea* (1995), tr. it. Bologna, il Mulino, 1998, pp. 120-122.

85. Cfr. Suzanne Brandt, *Exposer la Grande Guerre. La première guerre mondiale dans les expositions en Allemagne de 1914 à nos jours*, in *Histoire culturelle de la Grande Guerre*, a cura di Jean-Jacques Becker, Paris, Armand Colin, 2005, pp. 139-155.

86. Cfr. Patrizia Dogliani, *Musei e monumenti della Grande guerra*, in Ead., *Tra guerre e pace. Memorie e rappresentazioni dei conflitti e dell'Olocausto nell'Occidente contemporaneo*, Milano, Unicopli, 2001, pp. 19-58.

87. Cfr. Gaynor Kavanagh, *Museum as memorial: The Origins of the Imperial War Museum*, in «Journal of Contemporary History», 23 (1988), pp. 77-97; Sue Malvern, *War, Memory and Museums: Art and Artefact in the Imperial War Museum*, in «History Workshop Journal», 1 (2000), pp. 177-203.

88. Cfr. *La Grande guerra in vetrina. Musei e mostre in Europa negli anni Venti e Trenta*, a cura di Massimo Baioni e Claudio Fogu, in «Memoria e Ricerca», 7 (2001).

specificamente alla guerra. Essi furono così i principali terminali dell'azione dei due enti maggiori, la Società nazionale per la storia del Risorgimento e il Comitato omonimo, che sintonizzarono la loro azione sulla difesa dell'intervento italiano quale «corollario storico della guerra per la nostra indipendenza ed unità politica».[89] Il Comitato, in particolare, fu promotore di una iniziativa la cui importanza è stata più volte richiamata in sede storiografica. La circolare del 1° agosto 1915, firmata da Paolo Boselli, subentrato a Gaspare Finali alla presidenza, definiva i criteri per la «raccolta di testimonianze e di documenti riflettenti l'attuale impresa italiana per la compiuta liberazione d'Italia».[90] Il Comitato si apriva alla collaborazione di enti pubblici e privati, studiosi, corrispondenti, stampa quotidiana, cittadini, al fine di realizzare un'opera destinata a diventare «sacro patrimonio storico». L'intenzione scientifica si rivestiva più che mai di contenuto politico e la storia assumeva il ruolo ancillare che le spettava nel contesto dell'educazione nazionale. Le testimonianze del conflitto avrebbero dovuto dare conto della «tenace unità di propositi che collega gli albori del nostro risorgimento alla piena consapevolezza dell'odierna impresa redentrice», che apriva «una nuova pagina delle fortune della Patria».[91]

Da molti anni Boselli si distingueva per un'assidua rievocazione del Risorgimento in chiave di educazione patriottica, anche grazie ai molti incarichi di prestigio ricoperti in seno a istituzioni culturali e società storiche: su tutte la "Dante Alighieri", di cui fu presidente dal 1907 al 1932.[92] Nel giugno 1916 la sua nomina a presidente del Consiglio, carica che ricoprì fino a Caporetto, diede ulteriore visibilità alla circolare del 1915, che si presentava come una «tempestiva proposta di catalogare gli eventi in corso secondo categorie che precostituivano una *memoria ufficiale*».[93] Le fonti cui ci si rivolgeva erano molteplici: opere e attività di enti e scrittori

89. Boselli 1916, p. 71; cfr. Romano Ugolini, *«Ed ora all'opera». Società e Comitato nazionale per la storia del Risorgimento nella Grande guerra*, in «RSR», 2013, numero speciale per il centenario, pp. 59-94.

90. Cfr. Ministero dell'Istruzione - Comitato nazionale per la storia del Risorgimento, *Raccolta di testimonianze e di documenti sulla guerra italo-austriaca*, Roma, Tipografia della Camera dei deputati, 1915; inoltre Boselli 1916.

91. Ivi, p. 73.

92. Sulla Dante Alighieri e la sua attività di promozione patriottica negli anni della presidenza Boselli cfr. Pisa, *Nazione e politica nella Società "Dante Alighieri"*. Su Boselli la voce di Raffaele Romanelli in DBI, 13 (1971), on line.

93. Andrea Fava, *La guerra a scuola: propaganda, memoria, rito (1915-1940)*, in «Materiali di lavoro», 3-4 (1986), p. 124.

che si erano guadagnati la qualifica di "precursori" del diritto italiano sulle terre irredente, attività diplomatica dei governi, materiale pubblicato in forma ufficiale o spontanea. La sezione più originale era in effetti quella in cui si faceva riferimento a «tutte le pubblicazioni effimere», ai diari e alle corrispondenze dei militari. Data la natura sensibile della documentazione, il Comitato assicurava il massimo riserbo, «conforme alle norme che sono adottate per il materiale storico conservato negli Archivi e nelle Biblioteche del Regno». Non meno rilevante era la raccolta dei dati sulle ripercussioni della guerra nel tessuto economico del paese: circolari apposite furono inviate alle amministrazioni comunali, alle associazioni operaie e padronali, alle Camere del lavoro, agli istituti di credito e di risparmio, alle Camere di commercio e alle associazioni industriali e commerciali.[94] Su questo piano, che intrecciava la raccolta delle testimonianze e la gestione della memoria bellica, si sarebbe presto registrata una rivalità, neppure troppo velata, con l'Ufficio Storiografico della mobilitazione fondato nel 1916 da Giovanni Borelli.[95]

Il lavoro fu talora recepito con un «certo senso di indolente trascuranza»[96] e le associazioni civili e di propaganda non risposero sempre in modo sollecito. L'accesso alle lettere dei soldati si scontrava con il riserbo geloso delle famiglie, per le quali il contatto con quei documenti era un canale prezioso di consolazione o di straziante elaborazione del lutto. Nel complesso però i risultati furono positivi. L'archivio della guerra giunse a incorporare migliaia di documenti.[97] Boselli attribuì il successo ai «rigorosi criteri organici» della raccolta e alla disciplina di tanti collaboratori, impegnati sotto la «vigile diligenza» del Comitato.[98]

I musei del Risorgimento non lesinarono il loro contributo all'operazione. Accantonato ogni residuo condizionamento della vecchia alleanza, l'esposizione di cimeli e documenti si rivelò complementare all'obiettivo di richiamare i cittadini al ricordo delle lotte per l'indipendenza, ricompat-

94. Cfr. Boselli 1916, pp. 74, 82-83.

95. Cfr. Barbara Bracco, *Memoria e identità dell'Italia della Grande guerra. L'Ufficio Storiografico della mobilitazione (1916-1926)*, Milano, Unicopli, 2002.

96. Così scriveva il corrispondente da Modena Giovanni Canevazzi, in «Gazzetta dell'Emilia», 4-5 luglio 1916.

97. 13.000 fascicoli completi di caduti e 12.000 in formazione, 2.200 fascicoli di decorati al valore e altrettanti in corso; 12.000 fotografie di caduti e decorati, cfr. Boselli 1918, p. 34.

98. Ivi, p. 6.

tando le energie morali e politiche della nazione di fronte a un evento che non ammetteva divisioni interne. Se il nemico secolare austriaco ostacolava l'emancipazione italiana, per affrontarlo, unitamente alle armi, occorreva rafforzare la fiducia in un corpo di valori capace di saldare le nuove generazioni in un abbraccio ideale con quelle passate.

In molti casi, i musei si attivarono in anticipo rispetto alla stessa circolare Boselli. Nella Milano della giunta socialista di Emilio Caldara, le collezioni belliche furono concepite come momento qualificante della vita del museo, introducendo quel rapporto privilegiato con le più vaste implicazioni generate dalla guerra che nel corso nel ventennio fascista avrebbe trovato un acceso sostenitore nel nuovo direttore Antonio Monti.[99] La vicenda di alcuni musei in tempo di guerra ben sintetizza l'incontro tra dinamiche nazionali e specificità delle situazioni locali. Torino richiama il senso della continuità con la fase avviata sin dai tempi dell'Esposizione del 1884: i musei di Genova e Bergamo, inaugurati nel 1915 e 1917, esemplificano la portata dirompente dei mutamenti che investirono la memoria e la rappresentazione del Risorgimento. Palermo funge da anello di congiunzione con il dopoguerra, chiudendo oltretutto la lunga latitanza del Meridione.

5. *Il Museo nazionale di Torino e la guerra*

Nel luglio 1915 moriva Tommaso Villa. Sin dalle origini, come si è visto, era stato l'artefice e il nume tutelare del museo, al quale aveva impresso quella connotazione nazionale sgradita agli esaltatori della piccola patria subalpina: aveva poi continuato a seguirne le sorti con un'attenzione puntigliosa, fino a rivendicarne orgogliosamente la paternità.[100] La scomparsa di Villa giungeva poche settimane dopo l'ingresso dell'Italia nella guerra europea. Lo scenario che si apriva non avrebbe tardato a mostrare i suoi effetti anche sulla vita dell'istituzione torinese. Nell'estate dell'anno precedente, la neutralità era stata accolta a Torino con sostanziale favore, anche per effetto del peso del Partito socialista e del liberalismo giolittiano,

99. Cfr. il bel lavoro di Gregorio Taccola, *Raccogliere, ordinare ed esporre nei musei storici. Le fonti sulla Grande guerra nel Museo del Risorgimento di Milano tra storia culturale e "Archival Turn" (1915-1943)*, tesi di dottorato di ricerca in Storia, cultura e teorie della società e delle istituzioni, Università degli Studi di Milano, a.a. 2016-2017.

100. Così Villa in una lettera al sindaco di Torino nel 1913; cfr. Levra, *Fare gli italiani*, pp. 145-146; Montaldo, *Patria e affari*.

quest'ultimo amplificato dalle posizioni della «Stampa» di Frassati e del sindaco Teofilo Rossi.[101] L'immagine della città neutralista e pacifista ha finito per «cancellare la mobilitazione sia pubblica sia privata di assistenza civile e propaganda patriottica dispiegata negli anni del conflitto».[102] L'impegno di molteplici associazioni trovò una cassa di risonanza non trascurabile, in grado di estendere l'area delle simpatie per la scelta interventista, sia nella «Gazzetta del Popolo» di Delfino Orsi sia nell'agguerrito gruppo nazionalista. Quest'ultimo, benché numericamente modesto, riuscì a stringere legami con i circoli di corte, gli ambienti militari e alcuni settori della grande industria.[103]

Sulla medesima linea interventista, seppure filtrata da un linguaggio meno aggressivo, finirono per dislocarsi anche il Museo del Risorgimento e il Comitato piemontese della Società nazionale per la storia del Risorgimento, presieduto dal marchese Cesare Ferrero di Cambiano. Entrambi annoveravano nelle loro file esponenti del milieu nobiliare e militare e della cultura filologico-erudita, che aveva in Torino uno dei principali laboratori scientifici.[104] Osservando la storia personale di questi uomini – un nome fra tutti, Francesco Ruffini –, sarebbe improprio riconoscervi i tratti del nazionalismo aggressivo che da alcuni anni aveva fatto la sua comparsa anche come movimento politico organizzato. Il neutralismo ad oltranza finiva tuttavia per apparire loro un orizzonte troppo limitato: le pulsioni irredentiste che la guerra contro l'Austria stava riaccendendo esercitavano un richiamo cui era difficile resistere. La parabola ideologica di un personaggio come Tommaso Villa, che fece in tempo a salutare l'intervento in guerra da sponde salandrine, è rivelatrice sia degli approdi politici di buona parte del notabilato liberale del secondo Ottocento sia delle trasformazioni

101. Cfr. Silvia Cavicchioli, *La Presidenza del Museo Nazionale del Risorgimento Italiano*, in *Teofilo Rossi. Il sindaco di Torino della grande esposizione*, a cura di Tomaso Ricardi di Netro, Torino, Centro studi piemontesi – Ca dè studi piemontèis, 2016, pp. 129-143. Per il quadro nazionale, cfr. Fulvio Cammarano, *Abbasso la guerra! Neutralisti in piazza alla vigilia della Prima guerra mondiale*, Firenze, Le Monnier, 2015.

102. Paride Rugafiori, *Nella Grande guerra*, in *Storia di Torino*, VIII. *Dalla Grande guerra alla Liberazione (1915-1945)*, a cura di Nicola Tranfaglia, Torino, Einaudi, 1998, p. 50.

103. Valerio Castronovo, *Torino*, Roma-Bari 1987, Laterza, p. 220.

104. Negli anni di guerra il Consiglio direttivo del Museo, presieduto dal sindaco, fu composto da Secondo Frola, Mario Mori Ubaldini Degli Alberti, Francesco Ruffini, Adolfo Colombo, Ferdinando Gabotto, Angelo Pesenti; MRT, verbali, 20 giugno 1916 e 19 luglio 1917.

radicali che investirono il linguaggio e i contenuti del patriottismo nel corso dell'età giolittiana.

Il museo torinese fu coinvolto nel vasto programma di raccolta originato dalla circolare Boselli. L'impegno contribuì a rimuovere le diffidenze che fino a quel momento avevano impedito la sinergia d'azione con il Comitato piemontese della Società nazionale.[105] Il lavoro di coordinamento fu svolto dai corrispondenti locali del Comitato, che per la provincia di Torino erano Costanzo Rinaudo, Giovanni Sforza, Emilio Pinchia, Adolfo Colombo. Un'attenzione particolare era rivolta alle famiglie dei soldati caduti, affinché concedessero in dono o in deposito documenti e cimeli dei propri cari: cartoline, lettere, diari, oggetti personali e quant'altro potesse illustrare l'esperienza quotidiana della vita di trincea. Grazie alla documentazione proveniente dal fronte, il museo curò mostre artistiche a scopi benefici e prestò alcune opere per la realizzazione di una mostra retrospettiva di guerra per l'Esposizione d'arte degli alleati, allestita a Milano a beneficio della Croce Rossa e delle opere di assistenza civile.[106] Con l'obiettivo di sfatare l'immagine di città tiepida di fronte alla mobilitazione patriottica, l'amministrazione comunale avviò l'iter per una raccolta di «fotografie dei valorosi piemontesi morti nella guerra attuale», con l'obiettivo di perpetuarne la memoria.[107] Nel maggio 1918 la commissione mista nominata allo scopo di coordinare la raccolta di materiali e documenti relativi alla partecipazione di Torino al conflitto[108] presentò alcune proposte per affrontare l'aspetto più urgente del progetto:

> 1 – Raccolta, per mezzo di doni e acquisti, dei principali periodici di tutte le Città Piemontesi, di qualsiasi colore o tendenza, pubblicati durante la neutralità e durante la guerra, e dei principali giornali italiani contenenti articoli di corrispondenza da Torino e dal Piemonte;
> 2 – Raccolta di manifesti patriottici, militari e civili, circolari, ordini del giorno, voti, atti, verbali, relazioni di enti e comitati, pastorali, stampe popolari, cartoline, caricature, ecc.;
> 3 – Raccolta di pubblicazioni d'occasione sorte per la guerra, e cioè commemorazioni di caduti, rievocazioni storiche, conferenze, opuscoli di propaganda, poesie e canti, numeri unici, ecc.;
> 4 – Raccolta di fotografie dei caduti e di luoghi di combattimento, di diarii, memorie, lettere di combattenti;

105. Montaldo, *Celebrare il Risorgimento*, p. 121.
106. 17 novembre 1916, MRT, *verbali*.
107. 18 dicembre 1915, MRT, *verbali*. Inoltre «BSN», 6 (1915), pp. 23-24.
108. Cfr. «BSN», 4 (1916); 20 giugno 1916 e 19 luglio 1917; MRT, *verbali*.

> 5 – Raccolta di materiale documentario pubblico e privato intorno ai provvedimenti per la mobilitazione industriale, per il reclutamento, per il vettovagliamento e per tutto quanto riguarda il movimento economico e sociale;
> 6 – Formazione di uno schedario di tutte le pubblicazioni di guerra edite in Piemonte, o relative al Piemonte, e anche possibilmente di tutta Italia.[109]

L'impegno non difettava di ambizione. Oltre alla predilezione per l'accumulo e la sistemazione ragionata del materiale documentario, non meno sentita era la consapevolezza che la raccolta avrebbe dovuto trovare una sede in grado di valorizzarne i contenuti e i significati educativi. Subito dopo la conclusione delle ostilità, cominciarono ad affluire cimeli e documenti destinati a incrementare la nuova sezione del museo. I Comandi della III Armata e dell'Armata del Grappa inviarono collezioni di giornali come «La Tradotta» e «La Trincea», fotografie di ufficiali e di soldati, pubblicazioni straniere sulla guerra: Armando Diaz donò molti opuscoli, relazioni e documenti e 200 fotografie.[110] Il Municipio destinò al museo due cannoni donati dal II Corpo d'Armata, con i relativi affusti «strappati ai tedeschi dai valorosi soldati di quell'Esercito nella controffensiva dell'Ardre, in Francia»[111] e donati per iniziativa del generale Alberico Albricci. L'antica e consolidata logica dell'*opima spolia* fu rilanciata dal conflitto in tutte le sue implicazioni simboliche, come dimostrano i tanti monumenti ai caduti edificati con il materiale bellico strappato al nemico.

6. *Mazzini in trincea. Genova e Bergamo*

A Genova l'inaugurazione del Museo del Risorgimento avvenne con notevole ritardo rispetto alle altre città del nord. Le circostanze dell'inaugurazione furono tuttavia tali da lasciare una traccia profonda. Il museo nasceva infatti con un esplicito significato "interventista" e antiaustriaco, che fu formalizzato attraverso una duplice operazione simbolica. Da un lato, la cerimonia si tenne nel pomeriggio del 5 maggio 1915 a Palazzo Bianco: in mattinata Gabriele D'Annunzio, intervenendo all'inaugurazione del monumento ai Mille allo scoglio di Quarto, lanciò il "maggio radioso"

109. 24 maggio 1918, MRT, *verbali*.
110. 16 gennaio 1919 e 26 gennaio 1920, MRT, *verbali*.
111. 12 giugno 1919, in MRT, *verbali*.

e la campagna attiva nelle piazze a favore dell'intervento, annettendo la tradizione garibaldina alle scelte del presente. Dall'altro lato, nello specifico dell'allestimento museale, gli ordinatori adottarono una sequenza cronologica che collegava in uno sviluppo coerente l'indomita passione antiaustriaca della città.[112]

Il percorso museale partiva infatti dal 1746, l'anno della «gloriosa cacciata»[113] degli austriaci dalla città. Si soffermava su Balilla, il «ragazzo delle Sante Sassate», il cui gesto aveva dato il via alla serie di eroismi popolari che il museo privilegiava come filo conduttore della storia patriottica cittadina. I ricordi delle giornate del 1746 e l'esposizione di armi e bandiere miravano a documentare in perfetta sintonia con il presente «la prima lezione che le soldatesche austriache ebbero dal popolo italiano»; a contatto con queste «sante reliquie», ogni visitatore avrebbe compreso immediatamente «perché gli italiani si sentano davvero, come canta il poeta, "dei Balilla tremendi nepoti"». Proseguendo nell'itinerario, la sala dedicata a Mazzini si presentava come una sublimazione dell'eroismo cittadino. La gloria genovese per antonomasia del patriottismo nazionale era finalmente liberata dalle cautele che nei primi decenni dopo l'unità ne avevano decretato la marginalità nello spazio pubblico. Nella sala del Balilla e del 1746 tutto rinviava alla spontaneità ingenua della volontà: qui documenti e cimeli esaltavano la singolarità e la profondità intellettuale di «uno dei più grandi pensatori del secolo scorso». Ogni reperto esprimeva «il più nobile sentimento d'italianità: l'inno più bello alla libertà, alla giustizia, alla fratellanza dei popoli oppressi: ovunque si dimostra la necessità di infrangere le catene, di schiacciare i tiranni». Mazzini costituiva il punto di snodo cruciale per integrare gli albori settecenteschi con le rinnovate idealità del presente. Un anno dopo l'inaugurazione, la sezione contemporanea era pronta per accogliere le «nuove e fulgide testimonianze dell'insuperabile eroismo italico», epilogo di una lotta ultrasecolare: saldando passato e presente, la raccolta puntava a esercitare una «benefica influenza» sullo spirito delle generazioni future, «nelle grandi ore storiche in cui si decidono i destini dei popoli».[114]

112. Cfr. *Museo del Risorgimento. Catalogo compilato da Achille Neri*, 2 voll., Roma-Milano, Alfieri e Lacroix, 1915-1925; Raffaella Ponte, Carlo Stiaccini, *La guerra esposta. Il primo conflitto mondiale nelle raccolte del Museo delle Guerre d'Italia*, Genova, Stefano Termanini Editore, 2017.

113. B. Maineri, *Il Museo del Risorgimento di Genova*, in «RSR», 3 (1919), p. 523.

114. Ivi, pp. 525-529; Museo del Risorgimento, *Catalogo*, a cura di Leo Morabito, Genova, Comune, 1987.

Era trascorso un decennio dal congresso milanese del 1906 e dai primi concreti interventi per dare uno sviluppo razionale alla museologia storica. Le ipoteche ideologiche imposte dalla guerra segnavano una brusca frenata, contribuendo ad accantonare l'adozione di principi ordinativi più attenti alle regole dell'ordinamento scientifico. La longevità di una concezione museale concentrata sull'educazione nazionale e popolare non era d'altronde una prerogativa italiana. Riferendosi all'Imperial War Museum, Pierre Renouvin – lo studioso francese che dal 1920 fu l'animatore del Museo della guerra di Parigi – coglieva i principi che avevano ispirato i curatori del museo britannico, trovandovi analogie con il Musée de l'Armée della capitale francese:

> dans l'esprit des organisateurs, l'institution doit, en effet, se donner pour but le culte du *souvenir*; c'est un *Memorial* de la guerre qu'il s'agit de réaliser, une oeuvre d'éducation populaire, un monument à la gloire de l'Empire. Ce n'est donc pas l'esprit critique qui inspirera l'ensemble du travail; ce ne sont pas les préoccupations – ou les prétentions – impartiales de l'histoire: il faut que chacun puisse retrouver, de la façon la plus vivante, toutes les formes d'activité caractéristiques de l'état de guerre... Le Musée est constitué surtout par des collections d'armement et de matériel de guerre; il ressemble donc par là à notre Musée du l'Armée, aux Invalides.[115]

Un altro addetto ai lavori aveva affermato nel 1915 che in tempo di guerra i musei dovevano diventare «un centro di forza energetica»; dunque non «un mero tempio di bellezza o un deposito di materiali per la scienza accademica, ma un arsenale di ordigni bellici e di armi, un tesoro di conoscenza vitale, che risponde alla domanda pressante che viene dal nostro paese in pericolo».[116]

Il profilo militante del museo, in senso interventista, mazziniano e austrofobo si ritrova anche a Bergamo. Se quello di Genova era stato inaugurato nell'immediata vigilia dell'entrata in guerra dell'Italia, il museo bergamasco vedeva la luce due anni dopo, quando tante illusioni erano sta-

115. Pierre Renouvin, *La documentation de guerre à l'étranger*, in «Revue de Synthèse Historique», 2 (1922), t. VII, cit. in Patrizia Dogliani, *La memoria della Grande Guerra in Francia nel primo e secondo dopoguerra*, in *La Grande Guerra. Esperienza, memoria, immagini*, a cura di Diego Leoni e Camillo Zadra, Bologna, il Mulino, 1986, p. 551.

116. Francis Arthur Bather, *Museums and the War*, in «The Museum Journal», 1 (1915), cit. in Suzanne Brandt, *The Memory Makers: Museums and Exhibitions of the First World War*, in «History and Memory», 1 (1994), p. 98.

te spezzate dalla realtà brutale della trincea. Aperto simbolicamente il 20 settembre 1917, il museo illustrava le «fiere e vittoriose vicende, traverso le quali il calpestato diritto italiano venne creando a se stesso quella forza magnanima onde oggi armata rompe l'orgoglioso furore austriaco».[117] Ritratti, bandiere, elmi, sciarpe, coccarde, armi attestavano «lo stato di servizio patriottico» della città e della provincia da cui, come è noto, era venuto il maggior numero di volontari garibaldini all'epoca della spedizione dei Mille. Tra gli oggetti, la sciabola con fodero e lama decorata di smalti appartenuta all'arciduca Sigismondo Ranieri, figlio del viceré del Lombardo-Veneto e comandante del presidio di Bergamo; palle di cannone e di mitraglia austriache, schegge di bombe, inclusa quella che era stata fatale al sacerdote Paolo Magnati (nipote di Lorenzo Mascheroni). Il carattere reliquiario ancora in auge era testimoniato dalla custodia in osso e oro contenente i capelli e un pezzetto di tela di lino intrisa del sangue di Luciano Manara, tre pezzi del filo elettrico utilizzato per fare saltare il forte di Malakoff a Sebastopoli nel 1855, uno sperone di cosacco e alcune palle di fucile russo raccolti sul campo della battaglia di Crimea, una maschera in bronzo di Cavour, la custodia con i capelli di Torquato Canetta, fino alla macabra esposizione del teschio di una ragazza uccisa durante le Cinque giornate di Milano. Il museo, altare sacro «alla Religione inviolabile della Patria», si faceva strumento di patriottismo, simbolo della compattezza nazionale nel solco della tradizione delle lotte per l'indipendenza.

Per tenere fede alla fama di «città dei Mille», uno spazio preponderante fu assegnato a Garibaldi e ai ricordi di garibaldini locali come Vittore Tasca, Daniele Piccinini, Francesco Cucchi. Su tutti, Francesco Nullo, raffigurato come il Garibaldi bergamasco, «il prode difensore di Roma nel 1849, l'intrepido combattente di S. Fermo e Rezzate, l'eroe delle barricate di Palermo», rimasto ucciso nel 1863 nel tentativo generoso di aiutare gli insorti polacchi. Di Nullo il museo esibiva tutte le «dolorose testimonianze di un martirio»: cimeli e documenti autografi, un busto in marmo dello scultore Barzaghi, una manciata di terra del suolo polacco che richiamava la circostanza della morte.[118]

117. Manifesto della Commissione ordinatrice, pubblicato il 1° luglio 1916, in ASBG, cart. 249, cat. IV, classe 27, fasc. 1, *Museo e Archivio del Risorgimento*. Inoltre *Il Museo del Risorgimento di Bergamo*, in «Il Popolo», 20 ottobre 1917.

118. Cfr. Giuliano Donati-Petténi, *Il Museo Civico del Risorgimento nazionale in Bergamo*, in «Rivista di Bergamo», 4 (1929), p. 174.

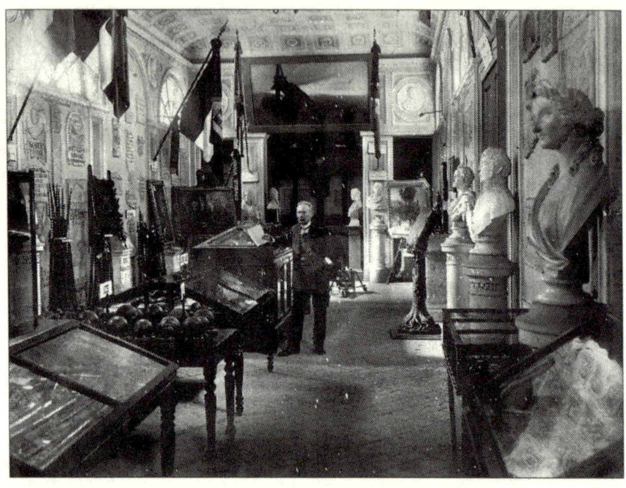

Fig. 7. Allestimento del Museo del Risorgimento di Bergamo nella sede dell'Ateneo (1917-1933). Bergamo, Museo delle storie di Bergamo, Archivio fotografico Sestini.

Funzione, ordinamento e contenuto del museo di Bergamo furono illustrati da Gaetano Mantovani, in una conferenza tenuta il 19 aprile 1918. Il discorso fa emergere le priorità dettate dalla guerra e gli esiti cui poteva approdare la rilettura della storia, inclusa la rivendicazione dell'eredità democratica e garibaldina. Mantovani magnificò in primo luogo la superiorità del genio, della civiltà e della potenza di Roma, filo sotterraneo che univa le glorie antiche al presente, grazie alla mediazione delle grandi figure della letteratura, Dante, Petrarca, Boccaccio. Nel mezzo, il «caos medioevale» partorito dalle invasioni barbariche, i cui effetti nefasti avevano reso solo «disordinatamente ardimentoso» il periodo dei Comuni, delle repubbliche marinare e della civiltà rinascimentale. Alla luce di tale prospettiva romanocentrica, la lettura del Risorgimento ruotava intorno a Mazzini, il cui pensiero diventava chiave esplicativa delle ragioni del conflitto. Mantovani dosava attentamente gli elogi e le benemerenze dei vari protagonisti: ma le sue simpatie andavano alla «profonda sagacia e chiaroveggenza dell'immortale suscitatore della *Giovine Italia*», alla cui modernità del pensiero politico guardavano ora anche le democrazie alleate.[119]

119. Gaetano Mantovani, *Il nuovo Museo bergamasco del Risorgimento nazionale nei suoi rapporti colla storia d'Italia*, in «Atti dell'Ateneo di scienze, lettere ed arti in Bergamo», vol. 25 (1918-1920), pp. 5-40.

Sotto il profilo dei contenuti e dei codici di rappresentazione, Mantovani non usciva dai binari della campagna di demonizzazione del nemico, che dipingeva l'esercito austriaco come un'orda barbarica assetata di sangue, seminatrice di terrore e di morte, impermeabile a qualsiasi legge morale. Nella propaganda di guerra, il «topos orrorifico»[120] e quello speculare della «crociata»[121] si rivelarono le corde più sfruttate per scuotere l'opinione pubblica, proprio come avveniva con i soldati al fronte. La dichiarazione di guerra alla Germania completò la costruzione dell'immagine del nemico modellata sulla coppia oppositiva barbarie-civiltà:[122] la violazione della neutralità del Belgio fu additata a esempio ammonitore del destino riservato all'Italia, qualora la nazione non avesse conservato intatte concordia e saldezza morale. In un opuscolo distribuito dal Comitato lombardo dell'Unione generale degli insegnanti, la cruda descrizione delle devastazioni tedesche in Belgio aveva lo scopo di suscitare una vasta eco di indignazione e di reazione emotiva: «I tedeschi, oltre a conquistarlo e tenerlo schiavo, hanno fucilato preti, massacrato vecchi e bambini, fatto violenza alle donne, distrutto le più belle antichità e le cose più preziose, rubato milioni e milioni, e ridotto il paese [...] ad uno stato di miseria e di desolazione».[123] Non esisteva alternativa a una guerra che doveva essere condotta fino all'esito vittorioso, perché era «nell'animo di ognuno chiara la nozione e l'intuito che ricorre oggi per l'Italia uno di quei momenti storici in cui la guerra è fatale, è ineluttabile, è feconda».[124] Su tale falsariga, Mantovani bollava la Germania come «genio del Male»: essa aveva «premeditata e preparata la guerra in quarantacinque anni di assidui studi, esperimenti e cure, assistiti da una cultura scientifica e bellica superiore». L'Italia era pertanto entrata in guerra per frenare la «sconfinata megalomania pangermanista» e tutelare il diritto di raggiungere i propri confini natu-

120. Mario Isnenghi, *Giornali di trincea 1915-1918*, Torino, Einaudi, 1977, p. 150.

121. Cfr. Stéphane Audoin-Rouzeau, Annette Becker, *La violenza, la crociata, il lutto. La Grande Guerra e la storia del Novecento* (2000), tr. it. Torino, Einaudi, 2002.

122. La contrapposizione di «umanesimo garibaldino» e «automa teutonico» sarebbe riemersa con frequenza nella propaganda antifascista degli anni 1943-45; cfr. Claudio Pavone, *Una guerra civile. Saggio storico sulla moralità nella Resistenza*, Torino, Bollati Boringhieri, 1991, p. 208.

123. Unione generale degli Insegnanti per la guerra nazionale, *Al popolo d'Italia le donne italiane*, s.d., p. 3.

124. Così Vittorio Ferrari, già segretario della Società nazionale per la storia del Risorgimento, *Dopo un anno di guerra. 24 maggio 1915 - 24 maggio 1916*, Milano, 1916, p. 7.

rali, impegnandosi per tre anni «con armi non macchiate né da menzogne né da barbarie inaudite».[125]

Accanto ai nemici esterni, il "nemico interno". Anche su questo versante, il discorso di Mantovani era la cartina di tornasole della radicalizzazione che investiva la stessa eredità mazziniana, irrigidita nell'intransigenza contro ogni esitazione e cautela di fronte alla guerra. L'artefice del museo di Bergamo attaccava la «losca e parricida genìa dei così detti *disfattisti*», nel cui seno vedeva annidata la causa principale della recente sconfitta di Caporetto. Giolittiani, socialisti, cattolici e quanti non erano usciti dalla mentalità neutralista erano condannati senza appello come «zavorra» del paese. La miglior garanzia di successo stava nella creazione di un rapporto solidale tra società militare e società civile, al fine di evitare che i cedimenti di quest'ultima influissero negativamente sul morale dell'esercito:

> bisogna che siano bandite tutte le preoccupazioni pavide di quelli in buona fede, e che siano combattute con ogni mezzo quelle maligne e tendenziose dei disfattisti d'ogni colore, a convertire i quali occorrono ben altri mezzi, e servono certo assai poco le tante nostre conferenze ed i nostri discorsi: bisogna che si osservi da tutti noi la disciplina dell'ora decisiva che attraversiamo, e che si pensi alla grandezza e giustizia dei fini per cui la Nazione combatte e soffre.

Solo rifiutando ogni cedimento alla propaganda «di ideologie politiche nuove e di dubbia consistenza» e facendo tesoro «dei ricordi del *leninismo* pazzo e parricida di Russia», l'Italia si sarebbe presentata all'appuntamento del dopoguerra come l'«antica madre di civiltà»: e avrebbe potuto rivendicare non altro primato «se non quello d'un sentimento – in noi tradizionale e profondo – quello santo della umana fraternità».[126]

7. *Il Meridione, finalmente*

L'evoluzione delle mitologie patriottiche nel corso della guerra è ben documentata nell'ultimo caso richiamato in questo capitolo. Il Museo del

125. Mantovani, *Il nuovo Museo bergamasco del Risorgimento nazionale*, pp. 34-35.

126. Cfr. ivi. Per considerazioni sul tema cfr. Mario Isnenghi, *Lo straniero interno di massa nella Grande guerra*, in *Lo straniero interno*, a cura di Enrico Pozzi, Firenze, Ponte alle Grazie, 1993, pp. 145-157; *Il nemico interno. Immagini, parole e simboli della lotta politica nell'Italia del Novecento*, a cura di Angelo Ventrone, Roma, Donzelli, 2005.

Risorgimento di Palermo fu inaugurato il 31 dicembre 1918, a chiusura emblematica dell'"anno della vittoria". La sua realizzazione rompeva la lunga latitanza delle città meridionali, che fino a quel momento non erano state capaci di tradurre in istituzioni permanenti le pur importanti mostre organizzate in singole circostanze commemorative: l'Esposizione siciliana del 1892, la mostra allestita a Palermo nel 1910 per il cinquantenario della spedizione dei Mille, la mostra di ricordi storici del Risorgimento nel Mezzogiorno d'Italia, aperta tra maggio e novembre 1911 nelle sale municipali della Galleria Principe di Napoli, con un curatissimo catalogo compilato da Salvatore Di Giacomo.[127]

Artefice del museo palermitano fu Alfonso Sansone, figura di rilievo nel panorama della cultura regionale e presidente della Società siciliana di storia patria.[128] Il museo era presentato classicamente come un «santuario del patriottismo», poiché riportava alla luce «un'epopea di alta bellezza ideale, un contenuto di alto valore politico, tutta una storia dolorosa, intrisa di sangue, cosparsa di triboli, ricca di martirii; una fortuna che nasce, cresce e trionfa per virtù mirabili di sacrifici, il pensiero divinatore dei nostri sommi, le audacie dei nostri padri». Esso voleva essere un omaggio a tutte le figure, «alte e umili», che avevano contribuito all'unità e alla grandezza della nazione, fino al coronamento sancito dalla guerra: il «Re liberatore, simbolo del valore e della fede», l'esercito e i suoi comandanti, gli uomini politici, con in testa il siciliano Vittorio Emanuele Orlando, il paese intero «che tetragono alle mene parricide interne ed alla infernale corruzione esterna, mantenne sempre saldo il cuore, viva la speranza, costante la fede».[129]

Il museo palermitano fu intitolato a Vittorio Emanuele III, simbolo della vittoria in guerra e ultimo rappresentante di quella dinastia per la

127. Cfr. *Mostra di ricordi storici del Risorgimento nel Mezzogiorno d'Italia. Catalogo*, a cura del Comitato della mostra, Napoli, Tipografia Melfi e Joele, 1911. Cfr. Brevetti, *La patria esposta*, pp. 67-75.

128. Cfr. Alfonso Sansone, *Mezzo secolo di vita intellettuale della Società Siciliana per la Storia Patria (1877-1923)*, Palermo, 1923. Salvatore Leone, *Per una storia delle strutture culturali: le Società di storia patria*, in *Storia d'Italia. Le regioni dall'Unità a oggi. La Sicilia*, a cura di Maurice Aymard e Giuseppe Giarrizzo, Torino, Einaudi, 1987, pp. 861-879.

129. Cit. in Francesco Brancato, *Il Museo del Risorgimento*, Palermo, Società siciliana di storia patria, 1975, p. 30; Id., *Caratteri distintivi del Museo del Risorgimento di Palermo*, in *Museo e società*, Palermo, 1980, pp. 151-156.

quale Sansone non nascose mai la propria ammirazione. Eppure è significativo che nel 1917, al momento del suo insediamento alla presidenza della Società di storia patria, Sansone avesse pensato a Crispi come all'uomo meritevole più di ogni altro della intitolazione. Egli era stato «un grande, morto povero, [...] uno dei più assidui preparatori dell'unità della patria [...]; un carattere, un temperamento, un uomo che, quando molti vacillarono o disertarono, serbò sempre alta la fede nella causa nazionale».[130] Una intera sala del museo fu perciò destinata a Crispi, la cui celebrazione in Sicilia non aveva dovuto attendere la rivalutazione degli anni della guerra di Libia.[131] Secondo Sansone, che era fautore di un nazionalismo capace di mediare l'apporto delle diverse culture e tradizioni regionali,[132] Crispi restava il grande nume tutelare della nazione. Le sue parole slittavano verso campi semantici che avrebbero poi improntato tanta parte della tematica fascista dei precursori: fare di Crispi il caposaldo del museo significava rispondere alle «calunnie» e «viltà della politica», che per lunghi anni avevano confinato nell'oblio «questo cuore di Titano che aveva dell'Aiace e del Capaneo».[133]

Il «ritorno a Crispi» non era dunque soltanto il tributo di venerazione a un grande siciliano. L'operazione si inquadrava in un contesto che vedeva Sansone attentissimo alla prescrizione dei «doveri» del dopoguerra: raggiunta l'unità politica, l'unità morale del paese doveva ora essere radicata in una verità nazionale superiore ai preconcetti partitici e alle «stolte vanterie regionali». Occorreva impedire

> che un manipolo di irriducibili, il quale non voleva la guerra e gridava pace per iniziare la lotta di classe, cioè la lotta civile, la più infame delle lotte, speculi sul sangue versato dai nostri figli; bisogna che nessun partito, nessuna fazione, nessun uomo osi sostituirsi ai poteri costituiti frutto di cimenti secolari; bisogna sollevarsi al di sopra delle miserie personali per innalzarci all'altezza degli ideali, e che tutti gli uomini di sincera fede e di retta volontà contribuiscano al benessere ed alla grandezza della patria, che sono benessere e grandezza di tutti.

130. Brancato, *Il Museo del Risorgimento*, p. 41.

131. Cfr. ad esempio la commemorazione al Senato, nell'ottobre 1901, di Emanuele Paternò di Sessa, *Commemorazione di Francesco Crispi letta il XXI ottobre MCMI*, Roma, Forzani e C., 1901.

132. Francesco Renda, *Storia della Sicilia dal 1860 al 1970*, vol. 2, *Dalla caduta della Destra al fascismo*, Palermo, Sellerio, 1985, p. 362.

133. Cit. in Brancato, *Il Museo del Risorgimento*, p. 32.

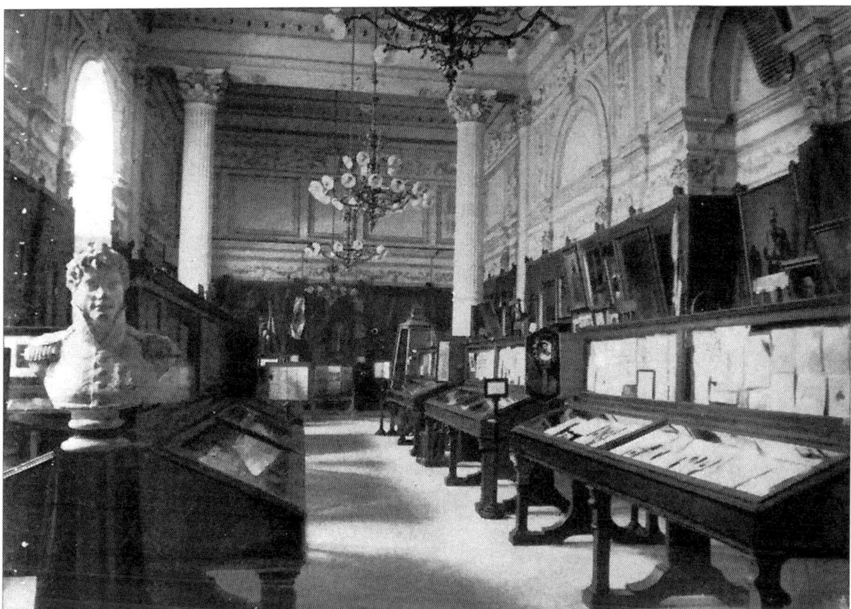

Fig. 8. Cfr. *Mostra di ricordi storici del Risorgimento nel Mezzogiorno d'Italia* (Napoli 1911), foto tratta dal Catalogo, a cura del Comitato della mostra, Napoli, Tipografia Melfi e Joele, 1911.

Analogamente a quanto si è visto a proposito del museo di Bergamo, anche Sansone concludeva il suo discorso con un'invocazione al «vaticinio dell'immortale» Mazzini, il quale «vagheggiava tra i dolori dell'esilio un'Italia destinata da Dio alla grande missione di dare unità morale all'Europa, e per mezzo dell'Europa al mondo».[134] Richiami simili al messaggio mazziniano, alternati com'erano all'ostilità verso i mutamenti che salivano dal corpo sociale, lasciavano ampi margini per evoluzioni politiche che ingabbiavano le premesse di partenza in un rigido conservatorismo. Nel 1921, in occasione del ventesimo anniversario della morte, Sansone avrebbe fatto un panegirico della mano forte con cui Crispi aveva affrontato i moti sociali dei primi anni Novanta. L'allusione alle tensioni politiche e sociali del biennio rosso non avrebbe potuto essere più evidente. La modernità dell'autoritarismo crispino si precisava «come soluzione al proble-

134. Ivi, p. 34.

ma dell'instabilità costituzionale e della violenza politica»[135] che minava al cuore la compattezza della nazione:

> Se fosse vivo [...] si leverebbe disdegnoso contro i parricidi che osassero menomarla, dividerla, distruggerla; metterebbe un argine alla scossa autorità del Governo, alla baldanza impunita di talune organizzazioni, arbitre dei servizii; non permetterebbe assolutamente sugli edifici pubblici né bandiera bianca, né bandiera nera, né bandiera rossa, segni di classe; ma la bandiera nazionale, vessillo di tutti i ceti, di tutte le opinioni, simbolo di redenzione e dell'unità d'Italia.[136]

Con l'assimilazione del patrimonio risorgimentale alle necessità ideologiche del fascismo, il museo di Palermo, unitamente alla Società di storia patria, sarebbe confluito nel nuovo contesto senza traumi particolari, tanto era stata incisiva la mediazione nazionalista di Sansone.[137]

8. *Dentro e fuori: echi e ricezione*

Sotto le molteplici pressioni della guerra, i musei del Risorgimento erano giunti a uno snodo decisivo della loro storia. In nome dei principi di ottocentesca memoria, essi erano stati chiamati a codificare l'immagine del conflitto come momento risolutore di un percorso che avrebbe dovuto condurre alla piena affermazione degli stati nazionali e, nel caso dell'Italia, al completamento dell'unità territoriale con Trento e Trieste. L'urto della guerra aveva trasfigurato il significato dei miti di partenza. Anche chi aveva accettato di combattere per una guerra "giusta", finalizzata ad affermare una nuova epoca di democrazia, imperniata su libere nazionalità in liberi stati, rimaneva ora smarrito di fronte alla portata enorme dei cambiamenti. La guerra si era rivelata ben diversa dalle antiche campagne del Risorgimento e dalla loro rappresentazione letteraria.

135. Francesco Bonini, *Il mito di Crispi nella propaganda fascista*, in «Rivista di storia contemporanea», 4 (1981), p. 549; sul contesto del dopoguerra, oltre al classico di Roberto Vivarelli (*Storia delle origini del fascismo. L'Italia dalla grande guerra alla marcia su Roma*, 3 voll., Bologna, il Mulino, 2012), cfr. almeno Fabio Fabbri, *Le origini della guerra civile. L'Italia dalla guerra al fascismo (1918-1921)*, Torino, Utet, 2008.

136. Cit. in Brancato, *Il Museo del Risorgimento*, p. 38.

137. Il battesimo ufficiale del museo avvenne il 22 giugno 1926; cfr. *Il battesimo del Museo del Risorgimento*, in «Archivio storico siciliano», n.s. (1927), pp. 370-374.

Le capacità del singolo avevano ceduto il posto al potere dei grandi organismi – «produzione, stato della tecnica, chimica, organizzazione scolastica, rete ferroviaria» –, le «forze invisibili» che Ernst Jünger avrebbe individuato a monte della «coercizione che sottometteva la vita dell'individuo a una volontà irresistibile».[138] Lungi dal risultare l'esito di un atto eroico individuale, la morte stessa era diventata anonima, seriale, di massa, tutt'altro che memorabile.

Lo scarto si insinuava nelle posizioni di tanti volontari, tra cui non pochi giovani repubblicani, educati al culto mazziniano della patria e sostenitori di un irredentismo carico delle antiche suggestioni democratiche. Nelle loro lettere, il senso del dovere, una certa dose di orgoglio nazionale, il desiderio di liberare i «fratelli» italiani, la lotta «per la libertà e la giustizia della patria nostra» sono messi a dura prova. Con il passare del tempo, il confronto con i risvolti indicibili del conflitto insinua dubbi, tormenti, sofferenze che lacerano le coscienze e frantumano il repertorio patriottico, spostando l'orizzonte di attesa dei soldati sulla linea della pura sopravvivenza e di una cupa rassegnazione.[139]

Il divario risulta ulteriormente aggravato nel caso delle scritture popolari, la cui esplosione fu la conseguenza dei traumi provocati nei soldati da un conflitto che si mostrava con il volto spietato della modernità. Cartoline, lettere, diari, mentre offrono informazioni preziose per esplorare l'universo intimo di quegli uomini, restituiscono l'impatto con una realtà brutale che sconvolge le coordinate elementari dell'esistenza. I riferimenti patriottici non sono completamente assenti, specialmente nella prima fase del conflitto. Non è raro imbattersi nella compresenza contrastante tra la sensazione intima di disagio e la penetrazione di alcuni stereotipi sul «nemico barbaro» e sulla liberazione delle terre irredente: è la dimostrazione che nell'atto di scrivere, per dare un senso all'esperienza che stanno vivendo, i fanti quasi sempre ricorrono al vocabolario loro offerto dai comandi e dalla propaganda.[140] Con più rapidità rispetto ai volontari, le motivazioni patriottiche della

138. Ernst Jünger, *Il tenente Sturm*, Parma, Guanda, 2000, p. 12.

139. Belle testimonianze sono in *Verificato per censura. Lettere e cartoline di soldati romagnoli nella prima guerra mondiale*, a cura di Giuseppe Bellosi e Marcello Savini, Cesena, Il Ponte Vecchio, 2002.

140. Tra i molti lavori, cfr. Antonio Gibelli, *Da «contadini» a italiani? Grande Guerra e identità nazionale nelle testimonianze dei combattenti*, in «Ricerche storiche», 3 (1997), pp. 617-634; Fabio Caffarena, *Lettere dalla Grande guerra. Scritture del quotidiano, monumenti della memoria, fonti per la storia. Il caso italiano*, Milano, Unicopli, 2005;

guerra si fanno sempre più lontane o assenti, oscurate dalla prevalenza degli affetti familiari e dall'ansia di ricevere notizie sull'andamento dei lavori agricoli. La patria è ristretta al villaggio e al campanile, mentre la guerra è vissuta alla stregua di un cataclisma naturale, priva di contorni razionali, accettata con un fatalismo dolente, che talora sfuma nella consolazione della preghiera e della fede religiosa. Deposte le speranze e le illusioni, le lettere convergono intorno a un'attesa rassegnata, che in qualche caso arriva a rovesciarsi in denuncia aperta della propaganda interventista e delle atrocità belliche. La stanchezza, lo sconforto, la nostalgia infinita, i saluti indirizzati ai parenti e agli amici danno il tono della tragedia agli attimi che sono vissuti come foschi presagi di commiato dalla vita.

Come suggerisce il confronto con le scritture autobiografiche, la guerra costituisce un osservatorio prezioso anche per tentare un primo bilancio dell'ambiziosa pedagogia patriottica costruita intorno al Risorgimento, di cui i musei erano parte integrante.

A circa trent'anni dalla fondazione delle prime istituzioni, i musei si presentavano all'appuntamento della guerra con luci e ombre. Tra le prime, stava l'insediamento stabile tra i luoghi della memoria patriottica cittadina, certificato dalla «viva simpatia» della cittadinanza[141] e dalla generosità di tanti donatori, che non esitavano a individuarli come destinatari naturali di cimeli e documenti di famiglia. Pur accogliendo con cautela l'enfasi con cui direttori e stampa locale sottolineavano l'affetto popolare verso le collezioni museali, il flusso dei visitatori testimonia una vitalità sociale di tutto rispetto.

A Milano, nel periodo compreso tra l'inaugurazione del 1896 e il novembre 1900, i visitatori al museo furono 108.932.[142] L'affluenza si era ingrossata negli anni seguenti: al congresso del 1906 il direttore Corio sfornava la cifra notevole di 107.500 visitatori annui, ripartiti tra 60.000 ingressi gratuiti, 36.000 a pagamento, 7.000 alunni delle scuole e 3.500 militari.[143] Cifre non eclatanti come quelle milanesi ma comunque rilevanti, se lette in proporzione al numero degli abitanti, erano registrate nei musei delle più piccole città di provincia. Nella prima fase di apertura del museo

Marco Mondini, *La guerra italiana. Partire, raccontare, tornare 1914-1918*, Bologna, il Mulino, 2014.

141. *Il Museo Civico del Risorgimento dal 1904 a tutto il 1914*, p. 6.

142. Cfr. Lettera sulla cronistoria del museo, 12 febbraio 1901, inviata da Corio a Raffaele Belluzzi, in MRBO, cart. 1, 1888-1945, fasc. 3.

143. Congresso 1906, p. 79.

di Udine, tra luglio 1906 e dicembre 1907, le visite furono complessivamente 11.000, «senza contare quei moltissimi che in grandi circostanze lo visitarono, ma non poterono firmare».[144] A Brescia, per gli anni dal 1910 al 1913, le tabelle compilate dal direttore riportano rispettivamente 3.893, 4.199, 7.143, 8.313 presenze. I numeri possono essere verosimilmente arrotondati verso l'alto, se si considera che le statistiche non tenevano conto delle categorie spesso esentate dal biglietto d'ingresso (studenti, insegnanti, soldati accompagnati dagli ufficiali, università popolari), che rappresentavano il bacino d'utenza naturale dell'azione pedagogica del museo.[145] Allungando lo sguardo in avanti, il Museo nazionale di Torino avrebbe contato 12.000 visitatori paganti nel 1920, 16.000 nel 1922, 20.000 nel 1925, diventati nel triennio successivo 33.488, 18.000 e 27.000: a questi vanno aggiunti i circa 50.000 ingressi gratuiti annui.[146]

Certo, da soli i numeri non bastano a suffragare la capacità dell'istituzione museale di trasmettere i propri obiettivi nella platea diversificata dei fruitori e non esauriscono una questione delicata come quella della ricezione: non sono in grado di svelare ciò che i visitatori assimilavano a seguito della visita, non lasciano trapelare se il coinvolgimento emotivo sia stato efficace in termini di adesione al messaggio patriottico e alla particolare visione del Risorgimento proposta attraverso gli allestimenti. La partecipazione, per quanto importante, non equivale all'adesione, né le espressioni di entusiasmo possono essere considerate la traduzione automatica di una forma di militanza interiore, come è stato giustamente notato.[147] Ragioni di elementare cautela metodologica, a fronte di dati frammentari, suggeriscono di non sovrastimare il peso dell'azione dei musei, così come di altri luoghi e strumenti della pedagogia patriottica: per contro, ridimensionarne le finalità ambiziose o ironizzare sull'impianto reliquiario e feticistico de-

144. Relazione della Società friulana dei veterani e reduci dalle patrie battaglie (20 dicembre 1907), p. 16, in MRU, cart. *Museo friulano del Risorgimento nel Castello di Udine*.

145. Relazione del direttore Prospero Rizzini sull'andamento economico e morale del Museo del Risorgimento, ASB, 28 (Comune), Rub. XIV, Serie 6/3a; *Rendiconto morale dell'anno 1911*.

146. Cfr. MRT, verbali 16 luglio 1923, 27 settembre 1927, 6 luglio 1928, 15 gennaio e 4 dicembre 1929.

147. Nicolas Mariot, *Qu'est-ce qu'un «enthousiasme civique»? Sur l'historiographie des fêtes politiques en France après 1789*, in «Annales. Histoire, sciences sociales», 1 (2008), p. 120; Charle, *La dérégulation culturelle*, pp. 345 sgg.

gli allestimenti rischia di condurre a una lettura non meno parziale, se non caricaturale, dell'intera operazione.[148]

Quei dati ci dicono che i musei del Risorgimento erano una realtà cui molte componenti della società cittadina guardavano con attenzione. Riuscendo a stabilire un filo diretto con il tessuto urbano nel quale erano inseriti, essi si innestavano nel fitto reticolo di canali – a partire dalla scuola – lungo i quali scorrevano i «processi di costruzione di quei patrimoni di conoscenze comuni, di quella "opinione media", di quei valori condivisi che costituiscono la base di un moderno Stato nazionale».[149] La notazione è decisiva. L'interscambio che si realizzava tra l'insegnamento della storia nelle aule del regno e la sua trasposizione in racconto tramite oggetti, dipinti, cimeli, documenti moltiplicava l'effetto dell'intento educativo. Puntando a identificare il Risorgimento con il fascino degli eroi, l'epos delle imprese militari e il codice martirologico, i musei si presentavano attrezzati per attirare un pubblico composito.[150] L'ingresso gratuito nei giorni festivi era inoltre un incentivo al coinvolgimento dei ceti popolari, che potevano entrare in sintonia con un linguaggio museale imperniato principalmente sull'impatto visivo e sul tasto sentimentale.[151] L'immagine religiosa del Risorgimento che prendeva forma nell'esposizione puntava a toccare le corde intime di persone per molte delle quali, in assenza di una pratica abituale della lettura, la visita al museo poteva costituire uno dei pochissimi contatti con le pagine della storia patria. Nel fare la cronaca dell'inaugurazione del museo bolognese e del «pellegrinaggio» dei cittadini, «Il Resto del Carlino» sottolineava la capacità del materiale esposto di «ricostituire con commovente esattezza la dolorosa ed eroica storia della rivoluzione italiana». Davanti alle vetrine, «professori e studenti, vecchi patrioti e popolani, signore gentili si fermavano a crocchi [...] leggendo, osservando e ammirando».[152]

148. Cfr. Alfredo Capone, *Tradizione del Risorgimento e identità nazionale*, in *Cento anni di storiografia sul Risorgimento*, a cura di Ester Capuzzo, Roma, Istituto per la storia del Risorgimento italiano, 2002, pp. 269-270.

149. Simonetta Soldani, *Andar per scuole: archivi da conoscere, archivi da salvare*, in «Passato e presente», 42 (1997), p. 141.

150. Cfr. Maria Grazia Rosada, *Le Università popolari in Italia 1900-1918*, Roma, Editori Riuniti, 1975. Riscontri in tal senso anche a Pavia: *Registro di ingresso del Museo*, ASCP, Archivio Risorgimento, cart. XIV.

151. Lettera del direttore del museo di Brescia Luigi Caldera alla Giunta comunale, 12 maggio 1906, ASB, 28 (Comune), Rub. XIV, Serie 6/2a.

152. *Il Museo del Risorgimento*, in «Il Resto del Carlino», 12 e 13 giugno 1893.

Dolore, cordoglio, nostalgia per i grandi eroi risorgimentali scomparsi: sono i motivi ricorrenti nel discorso dei e sui musei – Isidoro Del Lungo li additò a loro «titolo nobiliare»[153] –, gli stessi che secondo Emilio Gentile disegnano il profilo dei rituali e dei luoghi della memoria in epoca liberale. Quelle cerimonie, improntate alla «mestizia», sarebbero state accompagnate da una «folla d'occasione», lontana dagli slanci vitalistici, dai culti comunitari di rigenerazione e dai «riti di fede nella vita e nel futuro della patria» che si ritrovano negli anni del fascismo.[154] Su questo punto le ricerche più recenti invitano tuttavia a rivedere il deficit di radicamento sociale che avrebbe caratterizzato la prestazione rituale della pedagogia patriottica in epoca prebellica. I limiti di quella operazione sono evidenti, così come non può essere negata la portata periodizzante della guerra e del fascismo nelle nuove declinazioni assunte dai linguaggi e dalle pratiche della nazionalizzazione delle masse. Resta però il fatto che la cifra del rimpianto, della nostalgia e del dolore – parte della ricca letteratura della «morte educante»[155] – non basta in sé a postulare un modesto coinvolgimento emotivo o il restringimento dell'orizzonte del futuro. Gli studi sulla nostalgia, e più in generale le ricerche dedicate alla dimensione emozionale della politica, sono ricchi di spunti per cogliere le implicazioni profonde di un fenomeno che merita di essere attentamente esplorato nelle sue complesse dinamiche,[156] tanto nello spazio pubblico quanto nei circuiti della vita privata.[157]

A fronte di un'immagine pubblica indubbiamente positiva, l'attività di molti musei era peraltro condizionata da una serie di sofferenze destinate

153. Isidoro Del Lungo, *Nella inaugurazione del Museo nazionale del Risorgimento in Santa Maria Novella. XV Giugno MCMIX*, Firenze, Tipografia S. Davite, 1919, p. 6.

154. Emilio Gentile, *Il culto del littorio. La sacralizzazione della politica nell'Italia fascista*, Roma-Bari, Laterza, 1993, pp. 19 sgg.

155. Marino Raicich, *La morte educante: un inedito di Marino Raicich*, a cura di Simonetta Soldani, in «Passato e presente», 50 (2000), pp. 107-135. Sul caso francese di primo Ottocento cfr. Emmanuel Fureix, *La France des larmes. Deuils politiques à l'âge romantique (1814-1840)*, Paris, Champ Vallon, 2009.

156. Tra gli altri, Rolf Petri, *Nostalgia e* Heimat.

157. Spunti vari in Arianna Arisi Rota, *Eroi, martiri, concittadini patrioti: i necrologi come pedagogia del ricordo*, in *Patrioti si diventa*, pp. 143-156; Oliver Janz, *Monumenti di carta. Le pubblicazioni in memoria dei caduti della Prima guerra mondiale*, in *Non omnis moriar. Gli opuscoli di necrologio per i caduti italiani nella Grande guerra. Bibliografia analitica*, a cura di Fabrizio Dolci e Oliver Janz, Roma, Edizioni di Storia e Letteratura, 2003, pp. 11-44.

a diventare croniche. Superata la fase dell'entusiasmo iniziale, la macchina museale finì per assestarsi su una posizione di attesa, talora di stentata sopravvivenza: pesavano le esigue fonti di sostegno economico, gli spazi asfittici, il personale ridotto. In qualche caso, la fragilità organizzativa poteva essere imputata alla sostituzione delle antiche giunte progressiste con nuove amministrazioni moderate, talora clerico-moderate, meno disposte ad assecondare la vena laica e anticlericale che aveva contraddistinto la fase originaria di molti musei e in parte poi rilanciata negli anni delle giunte bloccarde. Nei fatti, a eccezione delle istituzioni più solide e dotate di sedi capienti e prestigiose (il Castello Sforzesco, la Mole Antonelliana), i musei dovevano affidarsi allo zelo e alla passione di chi ne faceva quasi una ragione di vita.

Le relazioni dei direttori sono spesso veri e propri *cahiers de doléances*. Fulvio Cantoni, il successore di Belluzzi alla direzione del museo di Bologna, definiva un «grave sconcio» l'assenza di locali adeguati e la modesta dotazione annua assicurata dal Comune. Tali ristrettezze incidevano negativamente sulla modernizzazione del percorso espositivo, rendendo impossibile dare il giusto rilievo a «ciascuna individualità e ciascun avvenimento, né seguire nella collocazione della suppellettile l'ordine cronologico, che è il più razionale ed in pari tempo il più consentaneo all'indole dell'istituto e quello che più proficuo e pratico riesce all'attento osservatore». In assenza di un intervento correttivo, ammoniva Cantoni, il museo era destinato a mancare alla sua «alta e nobile funzione scientifico-educativa», con il rischio ulteriore di «vedere disseccata l'abbondante vena da cui esso trae da tempo parte del suo alimento: la liberalità della cittadinanza».[158] Nel 1914 anche i repubblicani bolognesi denunciarono la situazione del museo, «che racchiude i cimeli dei più splendidi eroismi dei padri nostri per la Patria e per l'Umanità». La neonata giunta socialista presieduta dal sindaco Francesco Zanardi era invitata a tutelare la tradizione patriottica come un dovere di ordine morale e politico: «se era logico che i moderati mancipi dei preti volessero quasi clandestine certe documentazioni palpitanti delle tirannidi passate, ciò non può né deve essere voluto da quanti vogliono educare i giovani al culto del passato per le rivendicazioni dell'avvenire».[159]

158. *Relazione del Direttore del Museo del Risorgimento all'ufficio di P.I. per l'anno 1910*, in «L'Archiginnasio», 4-5 (1911), pp. 214-215.

159. *Bologna. I primi atti della nuova Amministrazione*, in «L'Emilia Nuova», 26 luglio 1914.

L'impossibilità di ottenere spazi adeguati fu riconosciuta a Pavia come impedimento primario alla realizzazione di un museo degno della città. La confluenza nella più antica fondazione d'arte Malaspina, quasi «in qualità di incongrua appendice» e in uno stato di «forzosa convivenza», vanificò lo sviluppo autonomo del museo risorgimentale, relegandolo a una condizione di «disagio estremo».[160] Doni quali il gruppo scultoreo *Giovanni ed Enrico Cairoli* di Ercole Rosa o i bozzetti premiati al concorso per il monumento alla famiglia Cairoli non potevano essere smistati ad altri enti. Un risentito Urbano Pavesi, additando l'esempio di Milano, stigmatizzava «l'imperdonabile dimenticanza» dell'amministrazione comunale nei confronti del «patrimonio patriottico attestante l'attività dei nostri padri» e della sua valorizzazione per «incitare i presenti e i futuri all'emulazione produttrice di grandi cose».[161]

Nella cornice di queste difficoltà, i dati sulle visite fanno risaltare per contrasto la tenuta sociale dei musei, la loro capacità di conservare una non trascurabile forza di attrazione presso vari settori del corpo cittadino. Durante la guerra 1915-18, la visita al museo fu ulteriormente incoraggiata attraverso il richiamo/ricatto affettivo ai sacrifici del presente. Le testimonianze del conflitto, che dovevano sublimare la continuità con gli eroismi del passato, erano considerate essenziali per rilanciare la vitalità dei musei storici nella vita della nazione.

Alla fine del 1917, il direttore del museo di Modena Emilio Jacoli inviava all'amministrazione municipale una relazione sull'attività svolta in dodici anni di servizio. Il documento contiene una serie di informazioni preziose sul rapporto che i musei intrattenevano con la società locale, specialmente dove Jacoli si sofferma sulla tipologia e le reazioni dei visitatori. La passione militante è il filo conduttore del ragionamento del direttore, il cui obiettivo primario era quello di ribadire le implicazioni della messa in scena della storia patria nella fase della mobilitazione nazionale in guerra. Jacoli definiva «veramente splendida per varietà e rarità di reliquie» la collezione di documenti bellici, incrementata a seguito della circolare Boselli. I corrispondenti modenesi del Comitato nazionale per la storia del Risor-

160. Per le citazioni Vicini, *Il Museo pavese del Risorgimento*, p. 10. Inoltre cfr. verbali delle riunioni della commissione del museo 20 novembre 1904, 29 ottobre 1905, e *Rendiconto attività svolta nel 1912*: ASCP, "Archivio Risorgimento", cart. XIV, fasc. 8.

161. Urbano Pavesi, *Museo pavese del Risorgimento italiano. Doni pervenuti al Museo nell'anno 1903*, in «Bollettino della Società Pavese di Storia Patria», 1904, p. 117; *Il Museo del Risorgimento di Pavia*, a cura di Gigliola De Martini, Milano, Skira, 2007.

gimento erano lo stesso Jacoli e Giovanni Canevazzi. Quest'ultimo, insegnante al Ginnasio Liceo Muratori, poi direttore dal 1925 al 1932, svolse un intenso lavoro di collegamento con le famiglie dei soldati, provvedendo a radunare nel museo la documentazione raccolta e a rendere pubblica tale attività attraverso una rubrica fissa nella «Gazzetta dell'Emilia».

Jacoli ricordava l'ammirazione con cui i visitatori sostavano davanti alle vetrine, i molti elogi ricevuti, tra cui quelli dei rappresentanti della stampa di Parigi, cui Jacoli attribuiva l'improbabile dichiarazione secondo cui il museo modenese era «migliore persino di quello di Milano». Modesta nei giorni feriali, l'affluenza si faceva «considerevole» nelle date festive, incoraggiata dall'ingresso gratuito. In occasione di alcune solennità patriottiche, quali la festa dello Statuto e il 20 settembre, la sala del museo si ritrovava stipata di una folla «enorme».[162] Il 3 giugno 1917 la festa nazionale fu celebrata al museo con l'inaugurazione dei busti di Cesare Battisti e Nazario Sauro, realizzati dallo scultore Gibellini. Il 26 agosto Jacoli espose in sala *L'Italia nella guerra mondiale*, un album che conteneva i ritratti dei caduti e feriti nel conflitto.[163] Militari e studenti costituivano l'asse portante dell'azione del museo, il quale conservava intatta la sua funzione di «scuola educativa e di fratellanza, di abnegazione, di carattere, di sacrificio, di amore patrio». Secondo Jacoli, il contatto diretto con le testimonianze dei martiri delle guerre dell'indipendenza suscitava una grande commozione tra i visitatori, offrendo ai più giovani alti esempi di emulazione.

L'adesione al dettato patriottico era accentuata dalle circostanze dell'ora. Nel momento in cui Jacoli scriveva (dicembre 1917), l'Italia era alle prese con i postumi ancora vicini e drammatici della rotta di Caporetto, per superare i quali si faceva appello alla mobilitazione compatta della società a difesa della stessa integrità dello stato nazionale:

> Visitano il Museo collegiate e scolaresche accompagnate dai propri insegnanti; alle quali, su richiesta, tengo conferenze su ricordi ivi conservati, o personaggi o fatto singolare della Sto. del Risorg. Lo visitano anche Reggimenti interi con a capo i loro ufficiali. Sarebbe desiderabile che nei regolamenti scolastici si facesse obbligo alle classi d'ogni grado di visitare il Museo, al-

162. Relazione Jacoli, s.d. (dicembre 1917), MRMO, *Carteggio, Corrispondenza 1901-1932*.

163. Cfr. fasc. *Annuari*, MRMO, *Carteggio, Corrispondenza 1901-1932*. Nel 1919 fu aggiunto il busto di Guglielmo Oberdan, autore il «giovanetto Massimo Bottazzi» (ivi, 20 settembre).

meno una volta all'anno per ciascuna. Di molto prevalente è il numero dei militari. [...] Considerano armi, uniformi, medaglie, ritratti; ma si fermano di preferenza davanti alle figure di valorosi gregari e capitani che combatterono le prime battaglie di nostra indipendenza; le fissano, e pare che dall'anima commossa esca il motto incitatore: prodimus ab alto sanguine: un proposito, una promessa. Tale fatto non lascia passare inavvertita l'influenza efficiente che gl'incliti esempi esercitano sullo spirito della gioventù se chiamata alla prova suprema, decisiva. E così i musei del Risorgimento, importanti sempre, appaiono oggi importantissimi: scuola educativa e di fratellanza, di abnegazione, di carattere, di sacrificio, di amore patrio. L'ala del tempo che traveste ogni vestigia, nessuna azione deleteria avrà su questi templi finché sia sacra la Patria e il sangue per essa versato.

Difficile sottrarsi alla sensazione che Jacoli finisse per proiettare sul pubblico la passione civile e patriottica con cui seguiva le vicende della nazione in armi. Mentre descriveva la commozione di tanti visitatori in sosta davanti ai cimeli più intimi dei soldati, doveva riconoscere che più ancora della fede patriottica e dello spirito di sacrificio erano il richiamo degli affetti familiari e la nostalgia di casa a toccare le corde dei sentimenti dei soldati e dei loro parenti: «In altra bacheca sono esposti amuleti, medagliette, voti, rosari ed altri simboli di fede e di speranza del combattente che nelle brevi soste della trincea raccoglie su di essi lo spirito, e prega, e ascolta le voci confortatrici de' suoi; e sente più acute le ansie nostalgiche del luogo nativo e della casa paterna». Di fronte a questi piccoli oggetti la reazione di tanti visitatori era intrisa «di commozione e di lagrime». Lo stato di mobilitazione bellica caricava di significati ancora più intensi e militanti la concezione del museo:

> Avrei potuto prendere posto in qualcuno dei tanti benemeriti comitati di difesa civile. Non volli distrarmi, e sembrò a me, fatto imbelle dagli anni, non minore benemerenza l'aver cura e invigilare sui gloriosi ricordi di chi combatte per la redenzione completa d'Italia. Sono così 14 anni che attendo ad opera lenta, ininterrotta, oscura, nella quale ho messo devozione piena, col solo allettamento che viene dalla certezza di fare bene a cosa che si ama e di pubblica utilità e decoro. [...] Questo è il tempio di cui sono stato modesto e zelante custode. Ben lieto d'avere, per quanto potei, contribuito a far tesoro di memorie che mi ricordano condottieri e compagni d'armi; tempio che raccoglie preziose reliquie le quali fan fede dei martirii e degli eroismi.[164]

164. Relazione Jacoli.

Il percorso di ricerca che si apre, come si vede, è ricco e denso di sfumature. Nel caso dei miti e delle memorie del Risorgimento si conferma l'estrema difficoltà di approdare a una lettura univoca. Nelle loro varie declinazioni – sabauda, garibaldina, mazziniana, conciliatorista –, quei miti furono uno strumento necessario per legittimare la guerra e per inscriverla in un percorso storico capace di darle un senso e una nobilitazione. Più complicato è stabilire quanto quegli stessi miti siano stati capaci di rafforzare le basi di consenso dello Stato e di costruire le premesse di una rinnovata coscienza nazionale, che il fascismo avrebbe poi inserito in un progetto ben più radicale di rigenerazione totalitaria.[165]

165. Cfr. Sabbatucci, *La grande guerra e i miti del Risorgimento*.

4. All'ombra del littorio. Itinerari museali nell'Italia fascista

> La severità degli studi ha tutto da guadagnare dall'esame della storia fatta con l'occhio del tempo che viviamo, con lo spirito di una rivoluzione fondata sopra una base guerriera qual è quella di Vittorio Veneto, guidata da un uomo quale è Mussolini.
>
> Cesare Maria De Vecchi di Val Cismon, 1933

1. *Rappresentazioni della storia ai confini della patria*

L'Italia che usciva dal conflitto era un paese profondamente diverso da quello che vi era entrato nel maggio 1915. Il carattere nuovo e traumatico della guerra e la morte di massa imponevano un confronto immediato con la memoria di un evento che milioni di persone, militari e civili, già vivevano come una rottura esistenziale.

Come gestire tale ricordo, nel contesto della smobilitazione e del ritorno alla normalità?[1] E quali strategie adottare nella commemorazione e nella "messa in scena" di una guerra che aveva alimentato i nazionalismi più sfrenati? L'invenzione del milite ignoto, il cui significato fu replicato nel territorio con migliaia di monumenti ai caduti, fu ovunque in Europa la principale risposta delle istituzioni alle gigantesche implicazioni connesse alla elaborazione del lutto di massa.[2] Il fenomeno non impedì peraltro che

1. Marco Mondini, Guri Schwarz, *Dalla guerra alla pace. Retoriche e pratiche della smobilitazione nell'Italia del Novecento*, Sommacampagna (VR), Cierre, 2007; Andrea Baravelli, *La vittoria smarrita. Legittimità e rappresentazioni della Grande Guerra nella crisi del sistema liberale (1919-1924)*, Roma, Carocci, 2006.

2. Mi limito qui a rinviare alla sezione sulla memoria inclusa in *La prima guerra mondiale*, a cura di Stéphane Audoin-Rouzeau e Jean-Jacques Becker (2004), ed. it. a cura di Antonio Gibelli, Torino, Einaudi, 2008.

le società fossero attraversate da intensi conflitti di memorie, come testimonia la coesistenza di monumenti "eroici" e altri improntati alla denuncia degli orrori delle trincee e delle responsabilità delle classi dirigenti.[3] In Italia, ogni visione antagonistica fu bloccata all'indomani dell'instaurazione della dittatura fascista, che pose una ipoteca sull'immaginario bellico destinata a lasciare tracce profonde. Similmente ad altri luoghi di memoria e strumenti di educazione patriottica che entravano nel discorso pubblico e nel circuito dell'organizzazione del "consenso", i musei furono inglobati nella fascistizzazione della storia. Il processo non fu immediato né ebbe caratteristiche uniformi: esso risultò sempre connesso alle evoluzioni interne del regime e, nel caso del Risorgimento e della Grande guerra, portò in superficie le posizioni delle varie anime della cultura fascista verso i due miti di fondazione dell'Italia moderna.[4]

Nonostante la cesura bellica, la costituzione di musei appositamente dedicati al «mito dell'esperienza della guerra»[5] non sembrò la preoccupazione principale, neppure tra gli addetti ai lavori. Il Museo storico italiano della guerra, inaugurato a Rovereto nel 1921 su iniziativa di singoli cittadini, e quello istituito nel 1924 a Gorizia – come "Museo della Redenzione" – furono le sole rilevanti eccezioni, cui si possono aggiungere gli archivi e musei delle guerre d'Italia realizzati in città come Milano e Genova. Di fatto, l'investimento sulla memoria bellica finì per essere convogliato principalmente sui tantissimi monumenti ai caduti, cimiteri, ossari e sui non meno importanti parchi e viali della rimembranza: questi ultimi, istituiti nel 1923 su proposta di Dario Lupi, sottosegretario al ministero della Pubblica istruzione guidato da Giovanni Gentile nel primo governo Mussolini,[6] funsero da cinghia di collegamento cruciale con il mondo della scuola, la cui quotidianità fu scandita durante il Ventennio dallo strettissimo rapporto con il conflitto.[7]

3. Cfr., tra gli altri, *Pietre di guerra. Ricerche su monumenti e lapidi in memoria del primo conflitto mondiale*, a cura di Nicola Labanca, Milano, Unicopli, 2010. Per un confronto tra due grandi capitali, cfr. Élise Julien, *Paris, Berlin. La mémoire de la guerre 1914-1935*, Rennes, Presses universitaires de Rennes, 2009.

4. Cfr. Pier Giorgio Zunino, *L'ideologia del fascismo. Miti, credenze, valori nella stabilizzazione del regime*, Bologna, il Mulino, 1985.

5. George L. Mosse, *Le guerre mondiali. Dalla tragedia al mito dei caduti*, tr. it. Roma-Bari, Laterza, 1990, p. 7.

6. Dario Lupi, *Parchi e viali della rimembranza*, Firenze, Bemporad, 1923.

7. Fava, *La guerra a scuola*; Antonio Gibelli, *Il popolo bambino. Infanzia e nazione dalla Grande guerra a Salò*, Torino, Einaudi, 2005; Quinto Antonelli, *Cento anni di Grande guerra. Cerimonie, monumenti, memorie e contromemorie*, Roma, Donzelli, 2018, pp.

Gli ostacoli di natura economica non vanno sottovalutati quando si parla di istituzioni culturali che per definizione devono durare nel tempo.[8] La modesta presenza di musei di guerra va tuttavia ricondotta principalmente all'esistenza di strutture ben radicate come quelle intitolate al Risorgimento. Confermando una tendenza già avviata negli anni bellici, documenti e oggetti furono prontamente accolti nelle loro sale, con l'evidente obiettivo di ribadire l'interpretazione del conflitto come stazione conclusiva della storia nazionale.[9]

L'inaugurazione dei musei del Risorgimento a Trento e a Trieste mise il sigillo a questa operazione. La particolare situazione dei territori di confine annessi al regno proiettava su tutte le espressioni simboliche della politica significati identitari più forti che altrove, a integrazione del ruolo svolto dalle agenzie educative nei processi di nazionalizzazione e snazionalizzazione delle culture allogene.[10] Le due città, finalmente integrate nella "famiglia" nazionale, dovevano ora dotarsi di luoghi di memoria in cui la "redenzione" del 1918 fosse inscritta nelle leggi della storia. Sebbene decisiva, la guerra andava sciolta in una narrazione di lungo periodo, che la raccordasse ai moti del 1848 e al movimento irredentista. Stretti intorno alle figure già avvolte nel mito di Oberdan e Battisti, che vestivano di carne e sangue il binomio Trieste-Trento, i vari Filzi, Chiesa, Sauro, Slataper, Fauro e tutti coloro che avevano disertato l'esercito asburgico diventavano gli araldi di una fede italiana mai scalfita. Sull'esaltazione di quella passione inesausta i due musei avrebbero costruito i rispettivi percorsi espositivi: in tale cornice, le migliaia di trentini e giuliani che avevano combattuto nelle file austriache sul fronte orientale costituivano una pagina imbarazzante, entrando in un cono d'ombra destinato a durare ben oltre il ventennio fascista. Diventavano «fratelli disgraziati» cui al massimo potevano essere riservati «compianto e commiserazione».[11] «Sarebbe pretendere troppa obiettività se si volesse che il museo parlasse anche di loro», avrebbe scritto nel 1937 un insegnante di Verona in visita al Museo

171-191; Mariella Colin, *I bambini di Mussolini. Letteratura, libri, letture per l'infanzia sotto il fascismo* (2010), tr. it. Brescia, La Scuola, 2012.

8. Cfr. Kavanagh, *Museums and the First World War*.

9. Per una panoramica cfr. *I musei della Grande guerra dalla Valcamonica al Carso*, in «Annali», Museo Storico Italiano della Guerra, 3 (1994).

10. Sulla scuola cfr. Adriano Andri, Giulio Mellinato, *Scuola e confine. Le istituzioni educative della Venezia Giulia 1915-1945*, Trieste, Quaderni di "Qualestoria", 1994.

11. Così il giornale liberale trentino «La libertà» il 28 ottobre 1922, cit. in Antonelli, *Cento anni di Grande guerra*, p. 93.

trentino del Risorgimento: occorreva invece ricordare «che i Trentini più adatti e più pronti sono fuggiti in tempo per arruolarsi, che i rimasti, anche se donne e vecchi, hanno vissuto da italiani, che i più "pericolosi" sono stati internati, e che tolte tutte queste categorie resta quella dei Trentini arruolati dall'Austria».[12]

In entrambe le città, la sede dei musei fu individuata nei luoghi associati alla "tirannia" austriaca. Il cinquecentesco Castello del Buon Consiglio a Trento, teatro del processo e dell'impiccagione di Battisti e Filzi nel luglio 1916, diventava per contrappasso lo spazio religioso della passione nazionale, un «altare, a cui accorre e accorrerà per secoli la gente italica in pellegrinaggio riconoscente».[13] A Trieste, dopo una prima sistemazione nella villa Basevi, il museo fu traslocato nel 1934 nella centralissima piazza Oberdan, dove un vasto risanamento urbanistico-architettonico portò alla demolizione della ex caserma austriaca in cui il martire era stato impiccato nel 1882 e alla riconsacrazione dei suoi spazi.

L'appropriazione nazionalista della tradizione irredentista fu calibrata nelle zone di confine sul motivo della superiorità della civiltà italiana e sull'ostilità al riconoscimento dei diritti delle popolazioni di lingua e cultura tedesca e soprattutto slava. Il monumento alla vittoria di Bolzano, inaugurato nel 1928, materializzò nella forma più invadente la volontà del fascismo di utilizzare simboli e spazi urbani come strumenti di dominio politico.[14] Sarebbe tuttavia improprio annegare le politiche della memoria e l'attività dei musei in un indistinto e repentino oltranzismo nazionalfascista. Saldate nell'immaginario a formare una granitica endiadi patriottica, Trento e Trieste erano in realtà profondamente diverse per storia, composizione etnica, religiosa e culturale, peso demografico, posizione geopolitica. Queste specificità non furono senza conseguenze anche rispetto ai meccanismi e ai contenuti della narrazione museale. Semplificando, si potrebbe dire che il mito irredentista ebbe una vocazione tendenzialmente "difensiva" a Trento, contro le mire pangermaniste; più sbilanciata in chiave "offensiva" a Trieste, dove l'orizzonte adriatico e balcanico consentiva la saldatura tra i retaggi storici proclamati da D'Annunzio (la venezianità,

12. Lettera di Luigi Brigantini a Bice Rizzi, 21 ottobre 1937, MTN, A.G.9.

13. Circolare del comitato per il museo del giugno 1922, cit. in *La Società del Museo trentino del Risorgimento e della lotta per la libertà*, p. 20.

14. Tra i saggi più recenti, Malcolm Angelucci, Stefano Kerschbamer, *One Monument, One Town, Two Ideologies: The Monument to the Victory of Bolzano-Bozen*, in «Public History Review», 24 (2017), pp. 54-75.

Fiume, Dalmazia), l'evocazione della "minaccia slava" e i corposi interessi economici del «nazionalismo adriatico» già perorato da uomini come Piero Foscari e Giuseppe Volpi.[15]

A Trento un ruolo molto importante fu giocato da due donne. Ernesta Bittanti Battisti fu la custode vigile della memoria del marito,[16] manifestando in vari frangenti un'aperta insofferenza verso le manipolazioni nazionalfasciste.[17] Il 12 luglio 1924, anniversario della morte, Ernesta si recò alla fossa del Castello e coprì con un velo nero il cippo che ricordava l'impiccagione di Cesare. Il gesto avveniva negli stessi giorni in cui alcuni antifascisti, tra cui Gaetano Salvemini e Piero Jahier, non esitavano ad associare la ricorrenza battistiana all'assassinio di Giacomo Matteotti, il cui cadavere non era stato ancora rinvenuto.[18] Alter ego della Bittanti fu Bice Rizzi, una figura chiave nel panorama locale degli studi storici e della organizzazione della memoria. Incarcerata negli anni della guerra, segretaria della Legione trentina, Rizzi si dedicò con passione allo sviluppo del museo, che avrebbe traghettato dopo la seconda guerra mondiale nella nuova cornice dell'Italia repubblicana. Fu una delle poche donne con mansioni direttive in questo campo, accanto a Emilia Morelli, vice-direttrice del Museo centrale del Risorgimento e poi figura di spicco nell'insegnamento universitario e nel campo dell'organizzazione culturale,[19] e a Bianca Montale, protagonista del museo genovese nel secondo dopoguerra. Tenace interprete della visione irredentista della guerra, Rizzi avrebbe guardato con crescente preoccupazione agli effetti prodotti dalle mutate alleanze internazionali nella seconda metà degli anni Trenta. Baricentro delle sue posizioni rimase un forte sentimento nazionale antitedesco, prima nell'ambito dei rapporti con la Germania nazista, poi con riferimento alle rivendicazioni separatiste dei sudtirolesi all'indomani della

15. Cfr. Mario Isnenghi, *Il poeta-vate e la rianimazione dei passati*, in Id., *L'Italia del fascio*, Firenze, Giunti, 1996, pp. 47-61.

16. Sulla quale cfr. *Ernesta Bittanti Battisti a quarant'anni dalla morte*, in «Archivio trentino», 2 (1997).

17. Cfr. Vincenzo Calì, *Battisti simbolo della nazione? Strumentalizzazioni, usi e riusi di un mito*, in Id., *Patrioti senza patria. I democratici trentini fra Otto e Novecento*, Trento, Temi, 2003, pp. 113-141; Massimo Tiezzi, *L'eroe conteso. La costruzione del mito di Cesare Battisti negli anni 1916-1935*, Trento, Fondazione Museo storico trentino, 2007.

18. Vincenzo Calì, *Ernesta Bittanti, Cesare Battisti e Gaetano Salvemini: un sodalizio per il socialismo e per l'Italia*, in Id., *Patrioti senza patria*, p. 87.

19. Su Emila Morelli cfr. il fascicolo a lei dedicato della «Rassegna storica del Risorgimento», 4 (1995).

seconda guerra mondiale.[20] Con queste parole, cariche di pathos religioso, Rizzi descriveva le raccolte del museo nel 1934:

> Chi oggi entra nel Castello del Buon Consiglio, risorto ad antico splendore, sente prima del fascino dell'arte, la religiosa grandezza del sacrificio in esso compiuto e sosta con venerazione nelle celle, nel tribunale di guerra, nella tragica Fossa. Accanto a queste tappe di un glorioso calvario il Museo ha trovato la sua naturale espansione. Centro di esso sono le due sale dedicate ai ricordi dei Martiri. Decorose vetrine accolgono i preziosi cimeli e documenti affidatici soprattutto dalla Vedova di Cesare Battisti e dalle Madri dei due Eroi Filzi e Chiesa. Campeggia nella sala Battisti un dono di S.M. il nostro Re: il trittico suggestivo e pregevole dello scultore Minerbi.
> Cesare Battisti Apostolo – Soldato – Martire. Tre aspetti della vita di Battisti di cui l'occhio attento del visitatore troverà l'illustrazione.[21]

Nella prima fase della sua esistenza, il museo trentino dovette precisare la propria funzione anche in rapporto alla fondazione nel 1921 del Museo della guerra di Rovereto.[22] Il rischio di una rivalità tra le due vicine istituzioni fu subito valutato con particolare attenzione, in un territorio dove l'adesione all'irredentismo doveva essere rappresentata come patrimonio corale della popolazione. Nel 1929 fu infine siglato un documento d'intesa che assegnava al museo roveretano un profilo nazionale, con il compito di documentare il conflitto e «similmente ogni altra guerra nazionale e la nostra azione militare nelle colonie».[23] Il museo di Trento si ritagliava una competenza di respiro regionale: vi sarebbero affluite le testimonianze storiche di un periodo che, partendo dalla fase napoleonica, toccava la partecipazione dei trentini alle guerre del Risorgimento e si soffermava sul «lungo e doloroso periodo dal 1866 al 1918», contrassegnato dalle «lotte per tener desta e pura nel Trentino la fiaccola dell'italianità».[24]

20. Cfr. Paola Antolini, *Vivere la patria. Bice Rizzi (1894-1982)*, Trento, Museo storico trentino, 2006.

21. Bice Rizzi, *Il Museo del Risorgimento di Trento*, in «RSR», 1934, p. 782.

22. Seduta costituiva del comitato, 12 aprile 1921, MTR, Archivio del Museo del Risorgimento, fasc. *verbali*.

23. Seduta 20 maggio 1929, MTR, Archivio del Museo del Risorgimento, fasc. *verbali*.

24. "Relazione sull'attività della Sezione Martiri e Volontari trentini svolta dal dicembre 1921 al dicembre 1922", MTR, Archivio del Museo del Risorgimento (AH), b. 2, fasc. 1; Vittorio Zippel, *Il Museo trentino del Risorgimento nel Castello del Buon Consiglio*, in Società nazionale per la storia del Risorgimento italiano, *Atti dell'XI Congresso tenutosi in Milano il 17-18-19 settembre 1923*, Aquila, Officine grafiche Vecchioni, 1924, pp. 26-37.

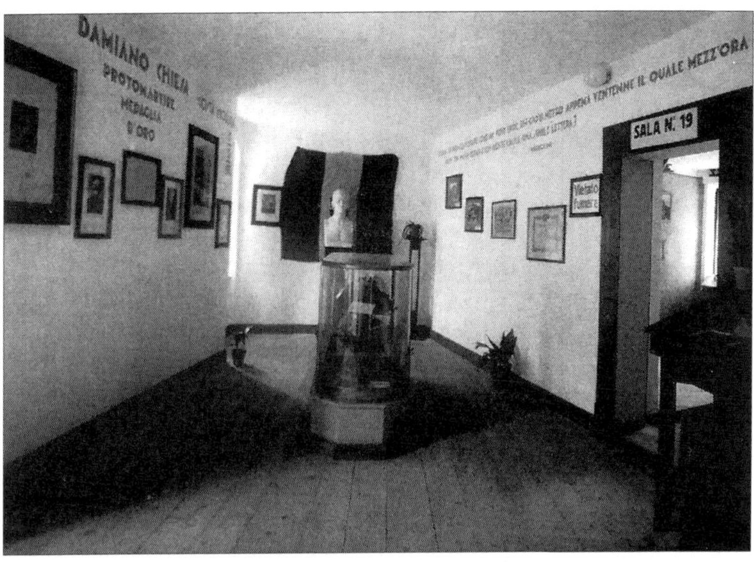

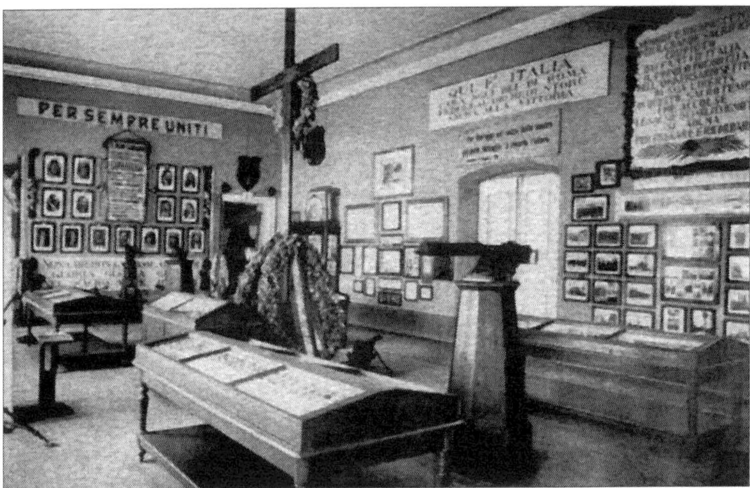

Fig. 9. Museo Storico Italiano della Guerra di Rovereto, Sala Damiano Chiesa.

Fig. 10. Museo della guerra e della redenzione di Gorizia, cartolina.

Nei primi vent'anni di esistenza, il museo roveretano attirò oltre 400.000 visitatori, diventando una sosta obbligata dei pellegrinaggi ai luoghi di guerra composti da militari, scolaresche, organizzazioni del dopolavoro. Dal 1925 il suo ruolo entrò in sinergia con quello della Campana dei caduti, anch'essa collocata nel castello e fusa con il bronzo dei cannoni di tutti gli eserciti. Voluta da don Antonio Rossaro, la campana introduceva elementi e significati nuovi che si riverberavano sullo stesso museo, sebbene l'auspicata riconciliazione tra i paesi coinvolti nel conflitto coesistesse con linguaggi e toni che non mettevano in discussione la celebrazione della vittoria italiana. Nulla di paragonabile, in ogni caso, a quanto era realizzato negli stessi anni a Berlino dall'anarchico Ernst Friedrich. Il suo *Internationales Anti-Kriegs-Museum*, così come varie mostre antimilitariste della sinistra radicale negli anni di Weimar, dissacrava il patriottismo guglielmino, esibendo gli orrori bellici attraverso fotografie choc in cui soldati mutilati e corpi deformati svelavano il vero volto della guerra e gli interessi che l'avevano alimentata. Le provocazioni colpivano al cuore il militarismo prussiano, che aveva la sua roccaforte nel grande museo storico nazionale di Berlino (Zeughaus), dove erano esibiti volutamente i "vuoti" provocati dalla restituzione alla Francia dei trofei bellici del 1870-71 e del 1914-18. Nel 1933, all'indomani dell'avvento al potere di Hitler, i nazisti chiusero immediatamente il museo di Friedrich, che riuscì a sottrarsi all'arresto, riparando all'estero.[25]

2. *Oberdan in camicia nera*

Se la memoria della guerra in ambito trentino confluiva nella triade Battisti, Chiesa, Filzi, a Trieste la figura di Oberdan catalizzò tutte le cerimonie patriottiche. I suoi cimeli, che erano stati conservati a Udine durante «i lunghi anni del servaggio», furono riconsegnati il 20 dicembre 1921, anniversario dell'impiccagione.[26] Nell'aprile 1922 fu presentata una sistemazione provvisoria del Museo del Risorgimento. Una volta completato

25. Cfr. Ernst Friedrich, *Guerra alla guerra. 1914-18: scene di orrore quotidiano*, Milano, Mondadori, 2004; Enzo Collotti, *Una istituzione berlinese degli anni Venti. Lo Internationales Anti-Kriegs-Museum*, in *La Grande guerra. Esperienza, memoria, immagini*, pp. 715-742; Christine Beil, *La memoria mobilitata. Mostre e musei di guerra in Germania da Weimar al nazismo*, in «Memoria e Ricerca», 7 (2001), pp. 71-95.

26. Cfr. discorso di Piero Sticotti all'inaugurazione del museo, 20 dicembre 1925, MTS, Archivio Sticotti, 1/2-23.

l'ordinamento e collocati nelle vetrine i documenti e cimeli «come fanno con gli ex voto i fedeli dopo la grazia» – scriveva Ugo Ojetti –, gli italiani avrebbero dovuto intraprendere un pellegrinaggio fino a Trieste «per tornare ad imparare che cosa siano la speranza, la fede e il patire».[27]

Personaggio chiave dell'operazione fu Piero Sticotti (1870-1953), nel 1919 nominato direttore dei musei civici.[28] Figura versatile di studioso, intellettuale, organizzatore di cultura, il suo impegno pubblico fu votato soprattutto al ricordo di protagonisti, lontani e recenti, dell'irredentismo giuliano, istriano e dalmata. Il quadro cittadino che all'inizio degli anni Venti appariva ancora fluido, non piegato a una lettura monolitica della memoria irredentista, slittò abbastanza rapidamente verso toni e contenuti lontani dalle antiche suggestioni ottocentesche e democratiche, presidiate da isolati testimoni (da Giani Stuparich a Carlo Schiffrer). Incidevano non poco le particolari ricadute che gli eventi nazionali avevano a Trieste, dove il partito fascista godeva di forti consensi e sin dalle origini – con l'incendio dell'Hotel Balkan nel luglio 1920 – aveva costruito intorno al "pericolo slavo" il perno della propria violenta azione politica.[29]

Inaugurato il 20 dicembre 1925, il museo si trovava in prossimità della cattedrale di san Giusto, integrandosi nella «catena» di richiami storici cui la città avrebbe dovuto attingere le conferme di una ininterrotta fisionomia italiana, la stessa che Attilio Tamaro aveva postulato l'anno precedente nella sua *Storia di Trieste*:[30] reperti dell'antichità romana e medievale, ricordi del Risorgimento e della «santa guerra», il parco della rimembranza, poi l'Ara della Terza Armata e il monumento ai caduti, inaugurato nel 1935.[31] I busti di Matteo Renato Imbriani, Antonio Baiamonti, Francesco

27. Ugo Ojetti, *Il Museo del Risorgimento a Trieste*, in Id., *Cose viste*, Milano, Treves, 1927, p. 244.

28. Cfr. Giovanni Brusin, *Piero Sticotti. La sua vita e la sua opera*, in «Archeografo triestino», 2 (1953-1954), pp. 273-285.

29. Cfr. Dario Mattiussi, *Il Partito Nazionale Fascista a Trieste. Uomini e organizzazione del potere 1919-1932*, Trieste, IRSML-FVG, 2002; Anna Maria Vinci, *Sentinelle della patria. Il fascismo al confine orientale*, Roma-Bari, Laterza, 2011.

30. Tamaro redasse la voce *Irredentismo* per l'*Enciclopedia italiana*, dove ne ribadiva la funzione storica di «congiunzione diretta e visibile tra Risorgimento e Fascismo», vol. XIX (1933), pp. 567-569. Cfr. Luciano Monzali, *Tra irredentismo e fascismo. Attilio Tamaro storico e politico*, in «Clio», 4 (1997), pp. 267-301.

31. Comunicazione di Sticotti all'adunanza del Comitato giuliano della Società nazionale per la storia del Risorgimento, 19 dicembre 1929, MTS, Archivio Sticotti, 1/2-37.

Hermet, Giovanni Bruffel, le «eroiche figure dolorose, che sognarono ma non videro Trieste redenta», accoglievano i visitatori nel giardino. Ricordi dei primordi napoleonici, del 1848-49 (campeggiavano le figure di Filippo Zamboni e Giacomo Venezian) e dei volontari triestini e istriani nelle varie campagne risorgimentali uscivano dai cassetti familiari e tornavano alla luce «per il culto pubblico degli eroi». Il «decennio di preparazione» si trasformava a Trieste nei «lunghi decenni» dell'attesa, della speranza e dello sconforto, quando la città giuliana, simbolo della «schiavitù austriaca d'Italia», era stata eletta a «capitale morale di tutta la regione adriatica irredenta». In un crescendo di partecipazione emotiva, il visitatore giungeva alle sale dedicate alla guerra e alla redenzione, ultime stazioni della via crucis patriottica. Il ricordo di Oberdan e dei volontari martiri riassumeva la storia della città e di una regione intera:

> Il terreno era dunque ben preparato per la liberazione. E venne la invocata, la *santa guerra*, la guerra terribile, durante la quale l'Austria prima di morire si accanì più bestialmente che mai contro le nostre terre irreducibili. Ne vediamo alcuni saggi nella penultima sala dove sono messe in mostra tutte le miserie della guerra austriaca: internamenti, perquisizioni, processi, condanne, requisizioni, leve forzose, proclami feroci, surrogati di viveri e di indumenti, centinaia di tessere, di bolli di propaganda, distintivi che grandinarono sopra di noi fino al 30 ottobre del 1918 [...] primo manifesto patriottico, del Fascio Nazionale, chiamante a raccolta i cittadini; garriscono all'aria libera i primi tricolori, si insedia il Comitato di salute pubblica, fino ai giorni del delirio, dell'approdo dell'Audace, dello sbarco dei bersaglieri, dell'arrivo del Re.
> Così, *purificati*, possiamo entrare nell'ultima sala del Museo e inchinarci dinanzi le memorie dei nostri volontari caduti, leggere i loro scritti meravigliosi, baciare le loro immagini, benedire le loro madri, esaltarci alle parole alate di Gabriele D'Annunzio, inorgoglire dei tanti omaggi devoti e affettuosi mandatici da Roma, da Genova, da Siena, da Treviso, da Udine, da tutti i più lontani fratelli nostri... e alzare gli occhi all'effige di Guglielmo Oberdan, il quale sopra tanto dolore e tanta esultanza di morti e di immortalità guarda alto e sereno dall'abside a Lui consacrata in questo tempio degli Eroi, a lui già congiunti nella pace austera del camposanto e che a Lui saranno più idealmente congiunti nel grande monumento che Trieste prepara presso la cella del suo martirio sublime.[32]

32. Il corsivo è mio. Le citazioni sono tratte dal dattiloscritto conservato in MTS, Archivio Sticotti, 1/2-23. Inoltre cfr. Giulio Césari, *Il Museo triestino del Risorgimento*, in «Rivista mensile della Città di Trieste», settembre 1928, pp. 7-10.

Nell'aprile 1934, il trasferimento nel complesso monumentale dedicato a Oberdan integrò il museo nella nuova dislocazione dei riti politici della città. L'associazione Risorgimento-Oberdan-guerra-fascismo poté sprigionare tutte le sue potenzialità metonimiche, laddove Oberdan indicava la parte che rinviava al tutto. L'uno accanto all'altro venivano a trovarsi l'Istituto Oberdan, la cella dell'ex caserma austriaca, il Museo del Risorgimento, la Casa del combattente, sede delle varie associazioni triestine.[33] Centomila persone accorsero alla cerimonia di inaugurazione, che replicava quella altrettanto imponente svoltasi due anni prima per il 50° della morte di Oberdan.[34]

Il confronto tra il caso triestino e quello trentino, oltre la superficie delle intuibili assonanze, fa dunque trasparire alcune differenze non trascurabili. Nel caso del museo trentino, la cultura irredentista riuscì nell'intento di preservare un legame con i valori della tradizione patriottica ottocentesca o quanto meno, come dimostrano le posizioni di Ernesta Bittanti e Bice Rizzi, a garantire un contrappeso alle voci più oltranziste (tra le quali si distinse quella di Ettore Tolomei). Lo si vedrà più avanti con riferimento al mutato quadro politico della fine degli anni Trenta. A Trieste, l'irredentismo fu assorbito nei codici della lettura nazionalfascista del passato e diventò parte integrante dei meccanismi di mobilitazione ideologica e organizzazione del consenso. L'attitudine a considerare l'italianità una conquista da difendere nella pratica quotidiana, a fronte di un accerchiamento slavo percepito come minaccia incombente in seno alla borghesia italiana,[35] trasformò Trieste nel baluardo di una «esasperata e aggressiva politica di difesa nazionale».[36] La realtà di un dinamismo economico ormai tramontato fu compensata da una propaganda che, sostenuta da intellettuali, riviste, istituzioni culturali, rilanciava senza sosta

33. Cfr. Bianca Maria Favetta, *Oberdan*, Trieste, Tipografia-Litografia Moderna, s.d.

34. I discorsi ufficiali del 1932 e 1934 furono di Arturo Marpicati e Carlo Delcroix: *Oberdan*, in «Rivista Mensile della Città di Trieste», dicembre 1932, pp. 380-381; *L'apoteosi di Oberdan*, ivi, aprile 1934, pp. 74-75.

35. Cfr. Anna Millo, *L'elite del potere a Trieste. Una biografia collettiva 1891-1938*, Milano, FrancoAngeli, 1989, p. 140. In generale Elio Apih, *Trieste*, Roma-Bari, Laterza, 1988.

36. Angelo Ara, Claudio Magris, *Trieste. Un'identità di frontiera*, Torino, Einaudi, 1987 (1ª ed. 1982), p. 123; Vinci, *Sentinelle della patria*; Rolf Wörsdörfer, *Il confine orientale. Italia e Jugoslavia dal 1915 al 1955* (2004), tr. it. Bologna, il Mulino, 2009; Marta Verginella, *Il confine degli altri. La questione giuliana e la memoria slovena*, Roma, Donzelli, 2008.

l'immagine di Trieste come ponte strategico verso l'Europa orientale e la penisola balcanica.[37]

3. *Oltre la tradizione, per «le idealità delle nostre attuali passioni»*

Se nelle aree di confine il mutamento del quadro politico fece sentire i suoi effetti in modo più vistoso che altrove,[38] su un piano più generale, e per buona parte degli anni Venti, il fascismo non mostrò l'intenzione di intervenire direttamente nella politica museale. La folta rete delle istituzioni risorgimentali esistenti, unitamente al variegato associazionismo cui erano collegate, non fu sottoposta a controlli particolari né si verificarono epurazioni o sostituzioni di personale dettate da motivi politici. L'assorbimento dei culti nazionali da parte del fascismo fu spesso ragione sufficiente per incoraggiare molti comitati e musei ad allinearsi al nuovo clima politico. I congressi della Società nazionale per la storia del Risorgimento sono eloquenti al proposito, specialmente se li si osserva attraverso il filtro dei discorsi inaugurali. La concezione della Grande guerra come coronamento del processo risorgimentale, nobilitata da intellettuali come Gentile e Volpe, forniva un importante elemento di saldatura, che si apprestava a essere consolidato nelle varie sedi del discorso pubblico sul passato.

Questa interpretazione, a ben vedere, aveva un duplice volto, nelle cui pieghe si incuneavano valutazioni non proprio omogenee. Per quanti restavano attestati su un patriottismo di stampo ottocentesco, la guerra era stata anzitutto la conclusione di un processo di lungo periodo, cui essa riannodava la sua dinamica storica e la sua stessa legittimazione simbolica. Per altri, più orientati a rivestire il discorso patriottico degli impulsi politici del presente, la bilancia pendeva in senso opposto: era la guerra a dare un senso *ex post* al Risorgimento, che continuava a vivere come tradizione soltanto grazie alla mobilitazione di massa e alla coscienza nazionale cementati dall'esperienza bellica. Di fatto, dentro l'apparente univocità della formula di "quarta guerra dell'indipendenza" si annidavano *distinguo* densi di implicazioni.

37. Cfr. in particolare Anna Maria Vinci, *"Geopolitica" e Balcani: l'esperienza di un gruppo di intellettuali in un ateneo di confine*, in «Società e storia», 47 (1990), pp. 87-127.
38. Cfr. anche John Foot, *Fratture d'Italia*, tr. it. Milano, Rizzoli, 2009.

Nel primo caso, è significativo che ancora nel 1929 il Consiglio della Società nazionale per la storia del Risorgimento, mentre autorizzava l'edizione di saggi fino all'armistizio di Villa Giusti, invitasse a interpretare tale estensione con «prudenza» e «obbiettività».[39] Tanti musei, per le ragioni connesse alla loro origine, continuavano a muoversi nel solco tracciato nei decenni precedenti, con i pregi e i difetti di quella stagione. Pur nelle difficoltà in cui si dibattevano, la loro presenza sociale era assicurata dalla costante frequentazione di insegnanti e studenti, militari, semplici cittadini. Nel 1931, riferendosi alla chiusura temporanea del museo di Bologna, Giovanni Maioli, non senza enfasi, utilizzava le parole commosse di un generale dell'esercito per sintetizzare lo «stato d'animo di gran parte della cittadinanza, la quale invoca che le si lascino rivedere, riammirare, le sacre ed eloquentissime memorie di coloro che della vita propria fecero una missione, una offerta incomparabile alla Patria»:

> Resistere a questa specie di ondata plebiscitaria, alle volte mi è riuscito duro, molto più che qualcuno, mentre invocava, aveva le lagrime agli occhi, e dei piccoli per mano, cui si riprometteva di mostrare quel che aveva fatto un patriota, che è gloria e vanto della famiglia, oltre che decoro della città e della Patria.[40]

Famiglia, patria, città: pilastri dell'identità e dell'onore, veicolati mediante la chiave del sentimento e della commozione, sono lemmi che testimoniano la tenuta di un discorso patriottico ancora largamente imbevuto di echi letterari tardo ottocenteschi. Con gli aggiustamenti del caso, tale impianto poteva transitare agevolmente nella cornice politica e ideologica dell'Italia fascista.

D'altra parte, il generico patriottismo di cui si vestivano, talora impregnato ancora di influenze liberali e massoniche, esponeva i musei a malumori, critiche, insofferenze. Se ne facevano interpreti i settori della cultura fascista di sinistra o del mondo giovanile che reclamavano una «storia serena e potente di *pathos* e di idee, che conquide, anima, incanta, esalta, atterrisce», scritta «per noi che viviamo, e non per le mummie egizie dei millenni prima di Cristo».[41] In questa prospettiva i musei assomigliavano a «tombe di

39. Adunanza del Consiglio centrale, 8 maggio 1929, in «RSR», 1929, pp. 528-531; inoltre adunanza del 12 dicembre 1928, in «RSR», 1928, p. 1000.

40. "Relazione sull'andamento del Museo del Risorgimento per l'anno 1931", in MRBO, *Atti d'ufficio 1932*.

41. Bruno Brunello, *Dopo il XVI congresso Nazionale per la storia del Risorgimento italiano*, in «Vita Nova», 12 (1928), p. 1022.

memorie per la loro statica indifferenza di fronte allo svolgersi della vita storica», incapaci di farsi «centri dinamici di irradiazioni» e di rendere la storia un «campo fecondo di discussioni e di vita», di «orientamenti e indicazioni» per giovani e studiosi. Per affermare una lettura meno convenzionale del passato e a costo di destabilizzare i «sacri custodi delle più vicine memorie», occorreva cambiare le scelte espositive, i criteri di raccolta, facendo entrare in quelle istituzioni «le idealità delle nostre attuali passioni»:

> C'è ancora odor di monopolio e di esclusivismo – chiosava la vivace rivista dell'Università fascista di Bologna, diretta da Giuseppe Saitta –, per cui Archivi, Musei, Biblioteche sono soltanto adatti per certi uomini e per certi argomenti, per certe sette e per certe dottrine, non si respira in essi quasi mai l'ànsito e la speranza del popolo, la bellezza fresca e sempre nuova degli ideali, la poesia dei ricordi che vogliono essere sempre presenti e sempre nostri. I nostri non sono più tempi di Musei e di Biblioteche intesi, come fin qui, da alcuni eruditi in colletto e abito nero.[42]

4. *Le grandi mostre del 1932. Un modello per i musei?*

Antonio Monti fu la figura che più di altre si distinse durante il Ventennio per continuità e impegno nel dare risposte alle questioni della museologia storica. Direttore del Museo del Risorgimento di Milano dal 1925 fino alla caduta del fascismo, saggista e pubblicista prolifico, docente incaricato di Storia del Risorgimento all'Università di Milano, Monti fu molto attento a raccordare gli aspetti propriamente tecnici alla particolare funzione politica e sociale dei musei.[43] Già nel 1924, con una relazione al congresso della Società nazionale per la storia del Risorgimento, egli affrontò il nodo delicato degli allestimenti, rilanciando l'opinione di quanti, sin dalla celebre discussione del 1906, avevano invitato a bandire tutti gli oggetti «non atti a suscitare un'emozione nobile nel visitatore». L'utilizzo ancora frequente di «capelli, unghie, pezzuole intrise di sangue, schegge di ossa, mozziconi di sigari» reiterava un taglio feticistico che non era più tollerabile. Il punto era controverso, perché andava direttamente al

42. Ivi, p. 1023.

43. Su Monti (1882-1953) cfr. in particolare Claudio Fogu, *Fare la storia al presente. Il fascismo e la rappresentazione della Grande Guerra*, in «Memoria e Ricerca», 7 (2001), pp. 49-69; Taccola, *Raccogliere, ordinare ed esporre nei musei storici*.

cuore della strategia museale. Che cosa fare, per esempio, del materiale «*non prettamente patriottico*, e precisamente di quello reazionario, e di provenienza nemica, nonché di quello relativo alla vita politica, civile ed economica del paese, ai dibattiti delle idee, alla lotta per il miglioramento umano e sociale (come quella contro la pellagra, la tubercolosi, l'alcoolismo, l'analfabetismo)»? Domande non retoriche, che risentivano dell'influenza storiografica di Alessandro Luzio (evidente nell'attenzione alle fonti del "nemico") e soprattutto del mutamento di prospettiva che la Grande guerra – intesa come «gigantesco fatto psicologico» – aveva prodotto nell'approccio museologico di Monti sin dagli anni infuocati del dopoguerra. Congiure e battaglie restavano il «campo naturale» di una pratica che seguiva «un po' troppo – osservò Giuseppe Gallavresi – le orme del *Musée de l'Armée* in Parigi, dove sovrabbonda la tradizione militare, e non si tien conto di alcun altra cosa».[44]

La proposta di Monti, mentre rompeva con il modello imperniato sulla feticizzazione della memoria risorgimentale, suggeriva altresì di abbandonare una visione schiacciata su battaglie e condottieri: la dimensione militare era integrata in un racconto capace di «aprirsi ai ricordi ed alle documentazioni di tutti i multiformi aspetti e di tutte le diverse tappe della vita politica e sociale della nazione». Il museo «sociale» avrebbe abituato il visitatore comune all'idea che la guerra era un aspetto tra i tanti, «e che la nazione si conquista e si difende anche attraverso altre lotte che non sono meno delle guerre importanti».[45] Sotto la direzione di Monti, l'istituzione milanese inglobò alla fine degli anni Venti il Museo storico degli esuli, voluto da Arcangelo Ghisleri e inaugurato a Como il 20 settembre 1923.[46]

Le aperture di Monti si scontravano con una realtà nella quale molti musei non avevano ancora superato i problemi di elementare sussistenza. Né mancavano coloro che continuavano a evocare il rischio di uno snaturamento del loro impianto originario. Di fatto, in conclusione di dibattito,

44. «RSR», (1924), p. 1055. Sul museo francese cfr. Caroline Barcellini, *La commémoration de la Grande Guerre au Musée de l'Armée (1914-1925)*, in «Guerres mondiales et conflits contemporains», 212 (2003), pp. 3-16.

45. Per le citazioni da Monti cfr. Società nazionale per la storia del Risorgimento italiano, *Atti del XII congresso tenutosi in Torino nei giorni 17-18-19 ottobre 1924*, Casale, Tipografia Cooperativa, 1925, pp. 67-74.

46. Cfr. Arcangelo Ghisleri, *Il museo storico degli esuli italiani*, in «Emporium», 346 (1923), pp. 233-241; Agostino Bistarelli, *Gli esuli del Risorgimento*, Bologna, il Mulino, 2011, pp. 11-12.

Paolo Boselli affermò che era preferibile lasciare la scelta «alla discrezione dei direttori»: era l'ennesima soluzione interlocutoria, che affidava alla promozione di appositi incontri la discussione sulla possibile applicazione dei concetti esposti al congresso.[47]

Fallito o rinviato il progetto di un coordinamento sulle questioni della riorganizzazione tecnica ed espositiva, Monti non desistette e portò avanti il suo proposito in seno al museo milanese. La guerra era vista come un punto di non ritorno anche della narrazione museale, sul piano della ricostruzione storica così come sul versante del rafforzamento del sentimento patriottico degli italiani. Ne derivò un'attenzione sistematica per la raccolta e la catalogazione del materiale bellico, confluita nella costituzione dell'Archivio e poi del Museo di Guerra (1935): nella visione di Monti, essi avrebbero dovuto rappresentare il "monumento" documentario capace di innescare un processo di "attualizzazione" della storia imperniato sull'empatia con l'esperienza bellica dei soldati, restituita in primo luogo dalle lettere e i diari di trincea.[48]

La notorietà di Monti si consolidò nei primi anni Trenta. Nel 1932 curò l'esposizione su Garibaldi, nel cinquantesimo anniversario della morte,[49] e partecipò all'allestimento di alcune sale della Grande guerra per la Mostra della Rivoluzione fascista, nel decennale della marcia su Roma. Le due manifestazioni furono importanti occasioni per rilanciare la discussione interna alla cultura fascista sui tempi e i modi che avrebbero dovuto accelerare la fascistizzazione della società, con particolare riferimento al coinvolgimento degli intellettuali e a un impegno capillare distribuito sui vari versanti dell'azione culturale. Le tante iniziative promosse sin dal 1925 sotto la direzione di Gentile si inserivano ora in un contesto più articolato e complesso, su cui agiva la novità prodotta anche su questo delicato terreno dalla Conciliazione del 1929.[50]

Mettendo in scena il passato e volendo legittimarsi come suprema espressione dell'italianità, il fascismo ambiva al tempo stesso a far ri-

47. Società nazionale per la storia del Risorgimento italiano, *Atti del XII congresso*, pp. 81-82.

48. Cfr. in particolare Fogu, *Fare la storia al presente*; Taccola, *Raccogliere, ordinare ed esporre nei musei storici*.

49. Cfr. *Mostra garibaldina – Palazzo delle esposizioni Roma. Catalogo*, Roma, Grafia, 1932.

50. Cfr. Gabriele Turi, *Lo Stato educatore. Politica e intellettuali nell'Italia fascista*, Roma-Bari, Laterza, 2002; Giovanni Belardelli, *Il ventennio degli intellettuali. Cultura, politica, ideologia nell'Italia fascista*, Roma-Bari, Laterza, 2005.

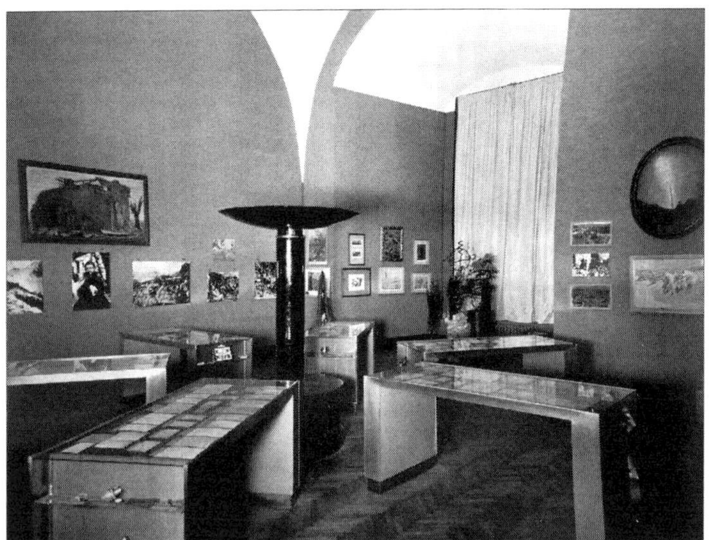

Fig. 11. Sala dello Spirito, Museo di Guerra, Castello Sforzesco, 1935. Milano, Archivio Storico Civico e Biblioteca Trivulziana, Archivio Rivolta, 3/I, fasc. Museo di Guerra.

saltare la propria specificità nel percorso della storia nazionale. Le grandi mostre, cui va aggiunta l'inaugurazione del monumento di Anita al Gianicolo,[51] furono la cartina di tornasole del confronto che esse suggerivano *naturaliter* tra Risorgimento, garibaldinismo, Grande guerra, fascismo. Claudio Fogu ha bene argomentato la duplice natura dello sforzo prodotto in quel tornante decisivo. L'omaggio al garibaldinismo (e al Risorgimento popolare) filtrava attraverso la rivendicata continuità tra camicie rosse e camicie nere, che aveva in Ezio Garibaldi un convinto sostenitore (in contrasto con le posizioni antifasciste dell'altro ramo della famiglia);[52] al tempo stesso, la celebrazione del passato si risolveva nel suo «isolamento», con l'obiettivo di evidenziare anche nella performance rituale l'ormai avvenuto esaurimento del garibaldinismo come fenomeno storico rispetto alla storia «in atto» che il fascismo materializzava nel presente e proiettava nel futuro.[53]

51. Cavicchioli, *Anita*, pp. 203-227.

52. Cfr. Ezio Garibaldi, *Fascismo garibaldino*, Roma, Edizioni di "Camicia Rossa", 1928.

53. Cfr. Claudio Fogu, *The Historic Imaginary. Politics of History in Fascist Italy*, Toronto-Buffalo-London, Toronto University Press, 2003, pp. 75-95.

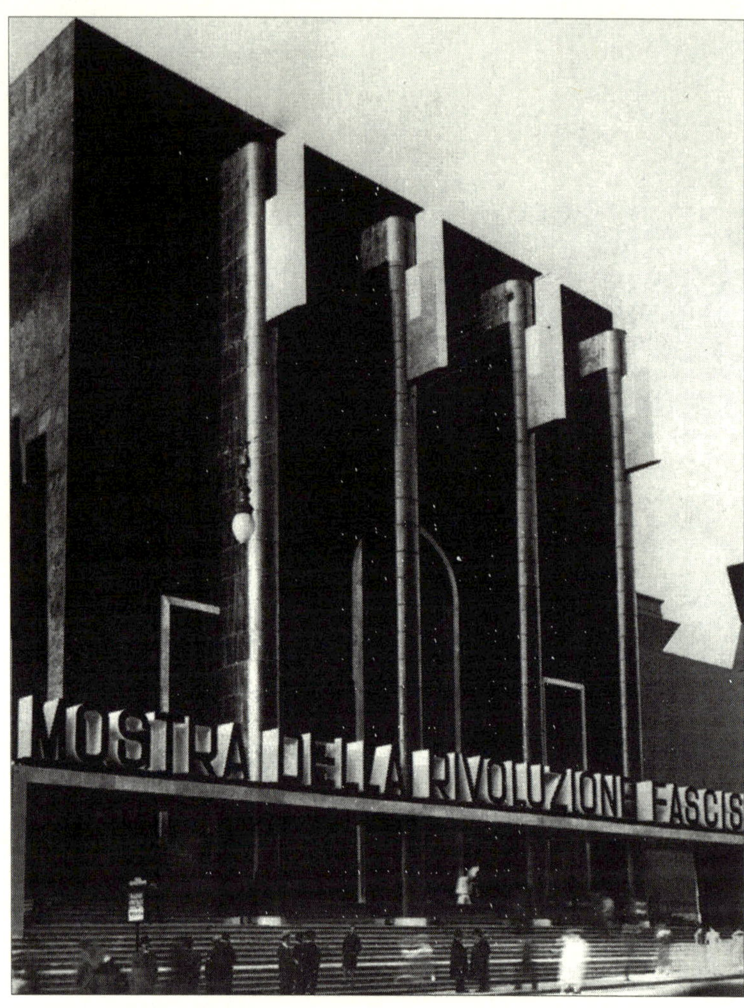

Fig. 12. Mostra della Rivoluzione Fascista, Roma 1932. Facciata (architetti Adalberto Libera e Mario De Renzi).

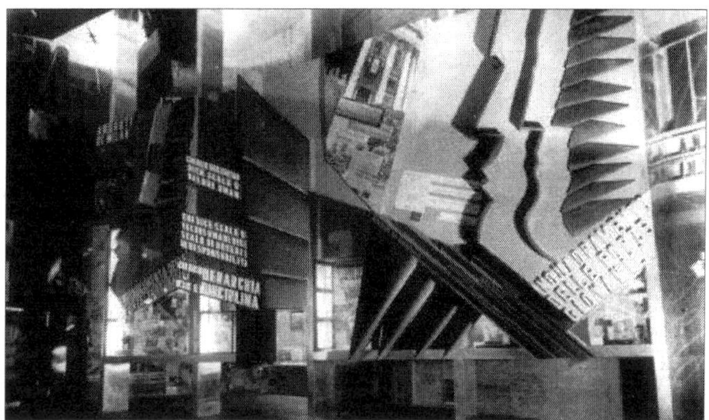

Fig. 13. Mostra della Rivoluzione Fascista, Roma 1932, Sala O (architetto Giuseppe Terragni).

L'unità di luogo rendeva visibile il rapporto tra una storia conclusa e una storia che pretendeva di riaffermare ogni giorno la sua potenza creatrice. Entrambe le mostre, una di seguito all'altra, furono installate al Palazzo delle Esposizioni in via Nazionale. Gli spazi austeri e neoclassici dell'edificio progettato da Pio Piacentini si prestavano ad associare l'evento garibaldino alla sua matrice ottocentesca. Nel caso della Mostra della Rivoluzione, la facciata del palazzo fu invece coperta e rielaborata secondo linee geometriche in cui svettavano quattro grandi fasci littori, simboli politici che rispondevano all'invito di Mussolini a fare opera «modernissima».[54] Grazie alla collaborazione di nomi prestigiosi dell'arte e dell'architettura, l'interno fu a sua volta allestito con criteri all'avanguardia. Il percorso cronologico, circoscritto agli anni 1914-1922, enfatizzava il legame tra l'esperienza corale degli italiani nella Grande guerra e il ruolo di Mussolini e del fascismo: questi ultimi ne uscivano quali interpreti autentici del vissuto bellico, baluardi contro la diffusione dello spirito antinazionale negli anni "torbidi" dell'occupazione delle fabbriche e le derive di tipo bolscevico, che all'interno della mostra prendevano le sembianze animalesche della

54. Sulla MRF, oltre al catalogo curato da Dino Alfieri e Luigi Freddi (*La Mostra della Rivoluzione Fascista*, Roma, PnF, 1922), mi limito a segnalare Gentile, *Il culto del littorio*, pp. 212-235; Marla S. Stone, *The Patron State. Culture & Politics in Fascist Italy*, Princeton, Princeton University Press, 1998, pp. 128-176; Jeffrey T. Schnapp, *Anno X. La Mostra della rivoluzione fascista del 1932*, Pisa-Roma, Istituti editoriali poligrafici internazionali, 2003.

«bestia ritornante». L'uso sapiente degli spazi e la loro combinazione con le scelte artistiche dovevano restituire visivamente il senso degli eventi, accompagnare il visitatore dalla comunione delle trincee alle tensioni del dopoguerra, indurlo a concepire la marcia su Roma «come una *rigenerazione* e come una *rottura*» con l'epoca liberale e «con il caos e la disintegrazione dell'immediato dopoguerra».[55] La sala realizzata da Mario Sironi, con il suo impianto monumentale, traduceva sul piano stilistico l'agognato ritorno all'ordine e all'armonia sociale, che risultava agli occhi tanto più evidente dopo l'esplosione di movimento e di colori con cui Giuseppe Terragni aveva descritto il turbolento 1921 (la celeberrima sala O).

La straordinaria eco mediatica dell'esposizione del decennale, ma per certi versi anche il notevole successo di pubblico di quella garibaldina rinforzavano l'idea che il contenitore "mostra" fosse più congeniale, rispetto alla rigida austerità del museo, a rappresentare la vorticosa e dinamica temperie moderna.[56] In realtà, le sollecitazioni e provocazioni estetiche delle manifestazioni del 1932 non furono senza effetto sui musei storici, anche se i risultati concreti furono nel complesso al di sotto delle aspettative.

Fu l'onnipresente Monti a trarre lo spunto dal clima favorevole per rilanciare la discussione.[57] A distanza di un decennio dalla relazione di Torino, il panorama complessivo non gli sembrava granché mutato. La rivista «Camicia Rossa» salvava le «lodevoli eccezioni» di Milano, Genova e Torino: altrove i musei conducevano «una vita stentata», affidati talvolta «alle cure dei dilettanti o d'incompetenti».[58] Per rovesciare questa situazione, Monti ribadiva la necessità di superare un modello antiquato, an-

55. Maddalena Carli, *"Per volontà del Duce e per opera del Partito". La* Guida storica *della Mostra della rivoluzione fascista*, in *Potere sovrano: simboli, limiti, abusi*, a cura di Stefano Simonetta, Bologna, il Mulino, 2003, p. 94.

56. Cfr. Maddalena Carli, *Il fascismo in cerca della modernità*, in *1914-1945. L'Italia nella guerra europea dei trent'anni*, a cura di Simone Neri Serneri, Roma, Viella, 2016, pp. 315-324; Monica Cioli, *Il fascismo e la 'sua' arte. Dottrina e istituzioni tra futurismo e Novecento*, Firenze, Olschki, 2011. Sui progetti espositivi in previsione dell'E42, con particolare riferimento all'immagine del Rinascimento, cfr. Igor Melani, *Rinascimento in mostra. La civiltà italiana tra storia e ideologia all'Esposizione universale di Roma (E42)*, Roma, Edizioni di Storia e Letteratura, 2019.

57. Cfr. Antonio Monti, *La Mostra della rivoluzione fascista e i Musei storici*, in *III congresso nazionale degli istituti fascisti di cultura* (Milano, 24-25 aprile 1933), Roma, 1933; Id., *Archivi e Musei del Risorgimento*, in «RSR», 1934, pp. 1181-1185. A firma di Monti è la parte sui musei storici nella voce *Museo* dell'Enciclopedia italiana, 1934.

58. Giuseppe Fonterossi, *Dopo il Congresso*, in «Camicia Rossa», 1934, p. 172.

cora imperniato sull'impatto edificante del cimelio "reliquia".[59] Se alcune isutuzioni museali erano approdate a «criteri di retto equilibrio storico ed estetico», un «malinteso senso di indipendenza» guidava le scelte di tanti direttori, con il risultato di procrastinare la «fase pericolosa e non educativa degli altarini personali e della agiografia».[60] In privato, Monti salvava di fatto soltanto il "suo" museo milanese – «è la realtà vera, non è frutto di superbia o di campanilismo» – e collocava gli altri «ancora alla fase della bottega da rigattiere, o giù di lì».[61]

Monti era particolarmente sensibile al tema dell'educazione politica delle masse popolari, che nel museo avrebbero trovato «un libro di facilissima lettura, fondato sull'aureo principio dell'*invisibilia per visibilia*».[62] L'educazione patriottica, che dai ceti urbani della piccola e media borghesia era stata estesa al mondo contadino solo attraverso le forche caudine della Grande guerra, si incanalava ora nella nazionalizzazione delle masse su basi totalitarie. Il contributo che i musei storici potevano dare in questa direzione era avvertito con la medesima urgenza in altri paesi, sia pure nella prospettiva di un'educazione ideologica rovesciata. In Unione sovietica, l'utilizzo di fotografie e fotomontaggi era stato sperimentato con successo nei padiglioni realizzati per le esposizioni di Colonia e Dresda e nel Museo della Rivoluzione a Mosca.[63] Il museo non aveva il compito di rivolgersi ai gusti estetici degli intellettuali: doveva viceversa tradursi in una «*dimostrazione del processo storico attraverso i mezzi accettabili delle grandi masse*».[64]

Dimostrare: era lo stesso verbo utilizzato da Giuseppe Bottai, quando indicava la capacità «naturale» del fascismo di farsi «vedere», di edificare qualcosa «che si dimostra, come un'architettura, in tutti i suoi elementi

59. Monti, *A proposito di "Mostre" e di "Musei del Risorgimento"*, in «RSR», 1934, p. 627.

60. Id., *Archivi e Musei del Risorgimento*, p. 1182.

61. Lettera ad Alberto Maria Ghisalberti, 1° gennaio 1934, ADEV. Sottolineato nel testo.

62. Monti, *A proposito di Mostre e di Musei del Risorgimento*, p. 628.

63. Sulle modalità commemorative negli anni Venti cfr. Antonella Salomoni, *Unione Sovietica 1927: il decennale della Rivoluzione d'ottobre*, in *Celebrare la nazione*, pp. 146-159.

64. T. Schmit, *I Musei dell'Unione delle Repubbliche Socialiste Sovietiche* (1930), cit. in Lanfranco Binni, Giovanni Pinna, *Museo. Storia e funzioni di una macchina culturale dal Cinquecento a oggi*, Milano, Garzanti, 1980, pp. 212 e 220. Molti spunti in Gian Piero Piretto, *Il radioso avvenire. Mitologie culturali sovietiche*, Torino, Einaudi, 2001.

concreti, bene squadrati».[65] A sua volta, una entusiasta Margherita Sarfatti descriveva la rottura estetica prodotta dalla mostra del decennale, a sostegno della «esposizione-dimostrazione» della rivoluzione fascista. In questa «cattedrale dove le mura parlano», traducendo il senso di una «storia in atto», il visitatore era condotto per mano, quasi catapultato «nel clima ardente delle affermazioni e manifestazioni religiose». La novità emergeva soprattutto nel confronto con l'omologa garibaldina. Era lì mancata, secondo Sarfatti, la capacità di trasformare la «stupenda e rovente materia epica» in strumento di conoscenza palpitante. Al di fuori degli specialisti, il visitatore medio ne ricavava una impressione di «stordimento e di malinconia», con la tentazione di allontanarsi «confuso e stanco da quei chilometri e chilometri di documenti, allineati l'uno vicino all'altro, nella uguale sfilata di caselle, bacheche e pareti, soldatini della cronologia rivestiti di uguale uniforme e in parata».[66]

Le note di Sarfatti erano non poco ingenerose, considerando che la mostra garibaldina, curata proprio da Monti, era stata anch'essa caratterizzata da uno sforzo di ripensamento espositivo: in particolare, la pittura aveva ricevuto un ruolo non più solo accessorio e di commento iconografico al materiale documentario, grazie alla scelta di privilegiare l'artista rispetto al soggetto e al tema.[67] D'altra parte, la comparazione con un evento altamente spettacolare come la Mostra della Rivoluzione faceva sembrare già antiquate le novità introdotte nella rappresentazione dell'epopea garibaldina. Lo stesso Monti, che pure era stato la figura di cerniera tra i due eventi, non poté ignorare l'energia sprigionata dal dispositivo della mostra fascista e le sue ricadute in termini di coinvolgimento emotivo: il progetto di rifondazione dei musei storici avrebbe dovuto ispirarsi in primo luogo ai criteri di ordinamento adottati in quella occasione.

Nei due anni in cui restò aperta al pubblico, visitata da quasi quattro milioni di persone, la mostra si rivelò uno straordinario evento politico e mediatico, premessa della «spettacolare esplosione della cultura espositiva fascista nella seconda metà degli anni Trenta».[68] Numerosi studi

65. Giuseppe Bottai, *Vedere il fascismo*, in «Critica fascista», 1° novembre 1932, pp. 401-402.

66. Margherita Sarfatti, *Architettura, arte e simbolo alla Mostra del Fascismo*, in «Architettura», 1 (1933), pp. 1-17. Citazioni alle pp. 2, 4, 10.

67. Brevetti, *La patria esposta*, p. 100.

68. Fogu, *Fare la storia al presente*, p. 67.

culturali, specie di area anglosassone, hanno accentuato il suo effetto di cesura, insistendo sulle dinamiche *modernist* del fascismo.[69] Se si verifica l'applicazione di quel modello nel circuito più ampio della rappresentazione della storia, e specialmente dentro istituzioni come i musei storici, il quadro si fa meno nitido e suggerisce interpretazioni più caute. Isolare le componenti modernizzanti della cultura fascista significa cogliere solo una parte, per quanto importante, di un universo sfaccettato, dentro il quale agivano molte altre tendenze che andavano in una direzione diversa, se non opposta. Da Strapaese al clerico-fascismo, da chi proveniva dal nazionalismo o dal sindacalismo rivoluzionario fino agli orientamenti delle organizzazioni giovanili, le posizioni sul passato e le sue proiezioni nel presente si intrecciavano e condizionavano a vicenda, formando quel magma sincretico che fu insieme la forza e il limite della cultura fascista.[70]

Nonostante le molte sollecitazioni, furono rari i musei storici che avviarono un riordinamento dei propri percorsi secondo le indicazioni della mostra del decennale. Il Museo della Guerra e della Redenzione di Gorizia cercò di mutuarne la struttura. L'utilizzo di fotografie, fotomontaggi, grafici, pitture preludeva a «un collegamento continuo tra sala e sala in modo che il visitatore sia attratto e nello stesso tempo, con facilità, possa rendersi conto dei sacrifici compiuti, dell'eroismo che animò i nostri combattenti, delle varie fasi della guerra».[71]

Nella stragrande maggioranza dei casi, con buona pace di Monti, lo schema fu lasciato cadere. Lo si vedrà con riferimento al caso di Torino, emblematico da molti punti di vista. Le stesse due successive edizioni della Mostra della Rivoluzione, nel 1937 e 1942, furono caratterizzate dal ridimensionamento dell'impianto estetico originario e da istanze di mu-

69. Cfr. Jeffrey T. Schnapp, *Fascism's Museum in Motion*, in «Journal of Architectural Education», vol. 45, 2 (1992), pp. 87-97.

70. Per un quadro di sintesi cfr. Alessandra Tarquini, *Storia della cultura fascista*, Bologna, il Mulino, 2016. Sulle tendenze *modernist* della cultura fascista, cfr. Sergio Luzzatto, *La cultura politica dell'Italia fascista*, in «Storica», 2 (1998), pp. 57-80.

71. Promemoria inviato al gabinetto del ministero dell'Interno e da questi trasmesso alla presidenza del Consiglio dei ministri, 25 novembre 1937 (ACS, PCM, 1937-39, fasc. 5/2/3454). Sul museo cfr. Maria Masau Dan, *Il Museo della Guerra di Gorizia: prospettive e problemi*, in «Qualestoria», aprile 1986, pp. 166-175; Antonio Sema, *Il Museo della Guerra 1915-18 di Gorizia*, in «Annali», Museo Storico Italiano della Guerra, 3 (1994), pp. 55-65.

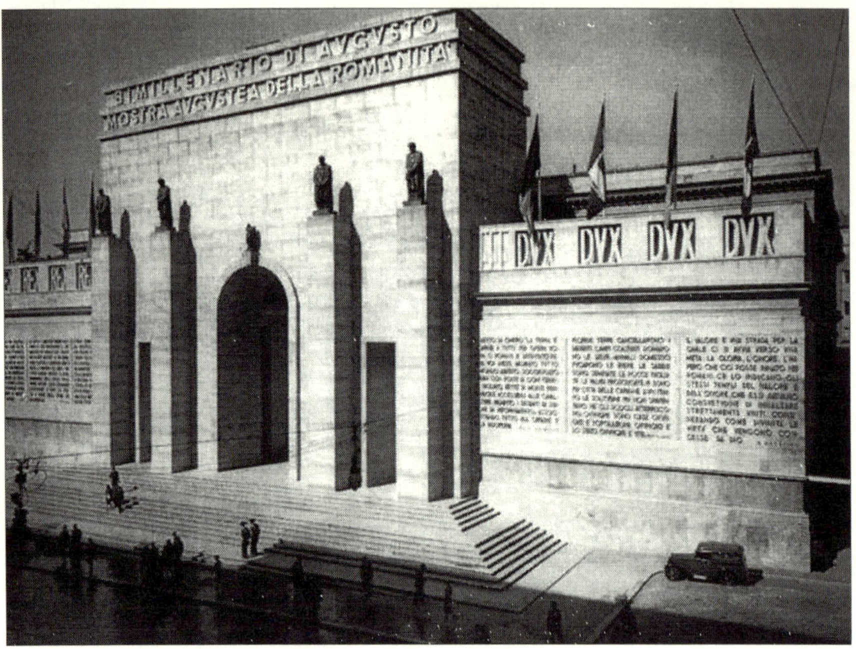

Fig. 14. Mostra augustea della Romanità, Roma 1937. Facciata.

seificazione. Puntando a rivendicare la linearità della lezione didascalica a scapito dello sperimentalismo formale, i nuovi allestimenti sancirono di fatto l'accantonamento della filosofia espositiva esaltata in occasione del decennale, enfatizzando i tratti rassicuranti di una millenaria e ininterrotta «italianità».[72] L'autorappresentazione fascista scivolava verso modelli improntati al monumentalismo classico e alla rivisitazione moderna del mito di Roma. La riapertura nel 1937, non a caso, fu abbinata all'inaugurazione della grande Mostra Augustea della Romanità, realizzata nel bimillenario della nascita dell'imperatore, nell'atmosfera di euforia imperiale seguita alla conquista dell'Etiopia.[73]

72. Cfr. Roberta Suzzi Valli, *Riti del Ventennale*, in «Storia contemporanea», 6 (1993), pp. 1019-1055.

73. Cfr. Paola S. Salvatori, *La seconda Mostra della Rivoluzione Fascista*, in «Clio», 3 (2003), pp. 439-459.

Il fenomeno va dunque collocato nel più ampio contesto di riformulazione del rapporto con il passato che accompagnò le priorità della politica estera fascista. La propaganda e le iniziative volte a militarizzare la società imponevano l'utilizzo attualizzante di tutti gli *exempla* disseminati nella storia millenaria della penisola. Ne usciva ridimensionata l'idea di isolare l'originalità novecentesca del fascismo, di chiudere i conti con la fase che aveva preceduto l'intervento nella Grande guerra, che lo stesso Mussolini aveva additato a più riprese come l'inizio della «vera storia d'Italia».[74] Nel campo del racconto museale del passato si ripiegò su un registro didascalico diretto, immediato, meno allusivo e simbolico. L'esempio era appunto quello della Mostra della Romanità, come suggeriva un frequentatore di mostre e musei: «molte didascalie; una specie di cronistoria dei periodi illustrati dai cimeli. Il grande vantaggio di questo modo di esporre è quello di far sapere a chi non sa e di non disturbare chi sa».[75]

5. *«Un costume di lavoro nell'ordine, nella disciplina, nella gerarchia»*

Le manifestazioni del decennale, rilanciando la discussione sulla collocazione del fascismo nella storia italiana, coincisero con una fase di svolta della politica culturale del regime. La presenza più incisiva dello Stato riguardò anche l'organizzazione della ricerca storica, cui era collegato lo stesso dispositivo museale. Sono noti i provvedimenti legislativi con i quali, tra il 1933 e il 1935, il regime attuò un vasto riordinamento delle istituzioni storiche, che teneva insieme obiettivi di controllo ed esigenze di modernizzazione dei luoghi della ricerca.[76] Alla conclusione dell'operazione, che ebbe il suo punto cardine nel regio decreto 20 luglio 1934 n. 1226, l'assetto risultava così definito: il Regio Istituto per la storia

74. Discorso del 3 novembre 1932 ad Ancona, *Al popolo di Ancona*, in *Opera Omnia di Benito Mussolini*, a cura di Edoardo e Duilio Susmel, vol. XXV, Firenze, La Fenice, 1958, pp. 157-158.

75. Lettera di Luigi Brigantini a Bice Rizzi, 21 ottobre 1937, MTR, A.G.9, l.

76. I documenti sono riportati in Romano Ugolini, *L'organizzazione degli studi storici*, in *Cento anni di storiografia sul Risorgimento*, pp. 83-176. Sulla discussione avviata negli anni Ottanta del secolo scorso, cfr. almeno i saggi di Armando Saitta e Renzo De Felice in *Federico Chabod e la "nuova storiografia" dal primo al secondo dopoguerra 1919-1950*, a cura di Brunello Vigezzi, Milano, Jaca Book, 1984.

antica,[77] il Regio Istituto storico italiano per il medio evo (che sostituiva l'Istituto storico italiano fondato nel 1883),[78] il Regio Istituto storico per l'età moderna e contemporanea (al posto del disciolto Comitato nazionale per la storia del Risorgimento), il Regio Istituto per la storia del Risorgimento (creato nel giugno 1935 come nuova denominazione della Società nazionale per la storia del Risorgimento). All'Istituto per la storia medievale e a quello per la storia moderna e contemporanea facevano capo rispettivamente la Scuola nazionale di studi medievali (nuova denominazione della Scuola storica nazionale istituita nel 1923) e la Scuola di storia moderna e contemporanea (diretta da Volpe e attiva dal 1926 presso il Comitato nazionale per la storia del Risorgimento).[79] Al vertice dei quattro istituti nazionali furono posti Pietro De Francisci, Pietro Fedele, Francesco Ercole e Cesare Maria De Vecchi di Val Cismon.[80] Quest'ultimo fu nominato presidente anche della neonata Giunta centrale per gli studi storici, cui spettava il coordinamento di tutti gli istituti e le attività collegate, incluse le società e deputazioni di storia patria.[81]

L'ascesa di De Vecchi alla guida della Società (poi Istituto) per la storia del Risorgimento non tardò a riversare i suoi effetti anche nella politica museale. Un più deciso intervento regolatore dall'alto avrebbe corretto il profilo di molti musei per farne uno strumento pienamente integrato nella revisione fascista della storia italiana. Non essendo tuttavia la cultura fascista riducibile a un blocco monolitico, il rapporto con il passato finiva per rispecchiare le varie anime confluite nel contenitore sincretico del regime. Le divergenze erano ben presenti tra gli stessi protagonisti del riassetto legislativo: ma è significativo che il riordinamento statale fosse da tutti appoggiato senza riserve, proprio per la miscela di centralizzazione e di mo-

77. Cfr. Leandro Polverini, *La riorganizzazione fascista degli studi storici e l'Istituto italiano per la storia antica*, in «Studi storici», 1 (2016), pp. 9-26.

78. Cfr. Marino Zabbia, *La svolta degli anni Trenta*, in *La Scuola storica nazionale e la medievistica. Momenti e figure del Novecento*, a cura di Isa Lori Sanfilippo, Massimo Miglio, Roma, Istituto Storico Italiano per il Medio Evo, 2015, pp. 37-56; Gian Maria Varanini, *L'Istituto storico italiano tra Ottocento e Novecento. Cronache 1885-1913*, in *La storia della storia patria*, pp. 59-102.

79. Cfr. i regi decreti legge 25 febbraio 1935, n. 107, 20 giugno 1935, n. 1068.

80. Sui personaggi si rinvia alle rispettive voci incluse nel *Dizionario Biografico degli italiani*, *ad nomen*.

81. Vari spunti in Margherita Angelini, *Fare storia. Culture e pratiche della ricerca in Italia da Gioacchino Volpe a Federico Chabod*, Roma, Carocci, 2012; Varanini, *Le reti delle storie patrie*.

dernizzazione che conteneva. Se si sottovalutano i solidi punti d'incontro tra le voci del nazionalismo storiografico di quegli anni, si rischia di equivocare sul significato complessivo dell'intervento del regime nel settore degli studi e istituti storici: tra questi punti, come è stato opportunamente ricordato, stavano «la critica del costituzionalismo liberale e la ricerca di un nuovo modello di stato che lo superasse, una visione agonistica della politica internazionale, una concezione nazionalistico-imperialistica del ruolo dell'Italia nel mondo, la fiducia nel Duce come figura d'eccezione».[82]

È dentro questo contesto che vanno situate le lotte intestine, anche aspre, che ebbero per oggetto la gestione delle istituzioni culturali. In particolare, De Vecchi dovette fronteggiare le ambizioni di Gentile e Volpe, che miravano a estendere il loro controllo anche al settore risorgimentale. La competizione interna si inscriveva sullo sfondo della scansione culturale inaugurata dai patti lateranensi, a partire dalla quale l'egemonia gentiliana si trovò incalzata dalla massiccia offensiva cattolica.[83] Il fascista-monarchico-cattolico De Vecchi, le cui relazioni con Gentile si fecero più tese negli anni della presenza del quadrumviro alla Minerva,[84] dava garanzie di una revisione della storiografia risorgimentale più in sintonia con il nuovo clima concordatario. In quella fase, nonostante la scarsa simpatia per il personaggio, Mussolini preferì usare De Vecchi come contraltare di Gentile: ciò era d'altronde in linea con l'atteggiamento ondivago del duce nei confronti della tradizione del Risorgimento, da cui finiva per pescare le figure e i momenti che riteneva di volta in volta più in sintonia con le esigenze del presente.[85]

Dopo aver risolto in veste di commissario straordinario la crisi interna alla Società nazionale per la storia del Risorgimento, presieduta dal maresciallo Gaetano Giardino, De Vecchi riuscì in breve tempo a mettere in moto una trasformazione in senso accentratore che andava ben oltre l'intenzione

82. Roberto Pertici, *Volpe, Chabod e altri storici: una drammatica transizione*, in Id., *La cultura storica dell'Italia unita*, p. 208.

83. Cfr. Gabriele Turi, *Il mecenate, il filosofo e il gesuita. L'«Enciclopedia italiana», specchio della nazione*, Bologna, il Mulino, 2002; Guido Verucci, *Idealisti all'indice. Croce, Gentile e la condanna del Sant'Uffizio*, Roma-Bari, Laterza, 2006; Alessandra Tarquini, *Il Gentile dei fascisti. Gentiliani e antigentiliani nel regime fascista*, Bologna, il Mulino, 2009.

84. Cfr. Paolo Simoncelli, *Cantimori, Gentile e la Normale di Pisa. Profili e documenti*, Milano, FrancoAngeli, 1995.

85. Sulle origini del rapporto di Mussolini con il passato cfr. Paola S. Salvatori, *Mussolini e la storia. Dal socialismo al fascismo (1900-1922)*, Roma, Viella, 2016. Richiami anche in Antonino De Francesco, *Mito e storiografia della "Grande rivoluzione". La Rivoluzione francese nella cultura politica italiana del '900*, Napoli, Guida, 2006, pp. 171-286.

di mediare tra le parti. L'articolo 1 dello statuto assegnava ora alla Società «il fine di promuovere la conoscenza della Storia del Risorgimento come creazione dell'unità Italiana e come presupposto della Rivoluzione Fascista». Altri articoli esplicitavano la sottrazione di poteri alla periferia, avocando al centro la nomina dei presidenti dei comitati locali e la facoltà di autorizzare le pubblicazioni promosse dai comitati medesimi.[86] Nel 1935 la Società fu trasformata in Istituto. Non era un semplice atto formale, chiosava De Vecchi a scanso di equivoci. Il mutamento era di sostanza: «La nostra istituzione chiude un periodo che talvolta ebbe pure luci di singolare nobiltà prima del suo estremo decadimento ed entra invece a bandiere spiegate a far parte degli organismi culturali più significativi dello Stato fascista».[87]

Da quel momento, l'obiettivo di De Vecchi fu quello di trasferire in tutti i campi dell'organizzazione, dagli studi ai musei, la lettura sabaudo-fascista del Risorgimento.[88] Mentre condivideva con Gentile e Volpe l'opposizione alle tesi "miracolistiche" di un fascismo sorto per partenogenesi, se ne distaccava per l'ostinata rivendicazione delle origini autoctone e piemontesi del Risorgimento. Il processo che aveva condotto all'indipendenza e all'unità veniva completamente reciso dai legami con la Rivoluzione francese e con il contesto europeo, a vantaggio del protagonismo assoluto della monarchia sabauda. La battaglia di Torino (1706), rilanciata nella letteratura patriottica dal sacrificio di Pietro Micca, era assunta a prodromo di una precoce vocazione della dinastia al conseguimento dell'unità nazionale e alla assunzione dello Stato come motore unico della storia.[89]

6. *Un tempio sabaudofascista. Dal 1706 all'impero*

A differenza degli altri grandi istituti nazionali, che erano essenzialmente centri di ricerca dotati di proprie scuole di formazione di giovani studiosi, l'Istituto per la storia del Risorgimento si distingueva per un profilo ibrido,

86. Su tutti questi aspetti rinvio al mio *Risorgimento in camicia nera*.

87. Cesare Maria De Vecchi di Val Cismon, *Il Risorgimento per il primato e l'impero*, in Id., *Bonifica fascista della cultura*, Verona, Mondadori, 1937, p. 101.

88. Cfr. Mario Isnenghi, *Per la storia delle istituzioni culturali fasciste*, in Id., *Intellettuali militanti e intellettuali funzionari. Appunti sulla cultura fascista*, Torino, Einaudi, 1979, pp. 35-36.

89. Cesare Maria De Vecchi di Val Cismon, *Indirizzo, origini e sviluppi del Risorgimento*, in Id., *Bonifica fascista della cultura*, p. 89.

che lo portava a muoversi simultaneamente su più versanti. Alla fine degli anni Trenta, sostenuto anche dall'attivismo del segretario generale Alberto Maria Ghisalberti – allievo di Michele Rosi e tra i vincitori nel 1936 del primo concorso a cattedra di Storia del Risorgimento bandito da una facoltà di Lettere e filosofia –,[90] l'Istituto contava 71 comitati provinciali e oltre 7.000 soci. L'impegno scientifico si sviluppava attraverso i congressi, il rafforzamento della «Rassegna storica del Risorgimento», la pubblicazione di fonti e documenti. Un fitto rapporto era intessuto con il territorio, tramite i contatti con la scuola, la promozione di eventi celebrativi, conferenze, concorsi, pubblicazioni popolari. La *mise en scène* museale era parte integrante della declinazione pubblica dell'Istituto: soprattutto in provincia intendeva porre rimedio al «troppo disordine periferico» e imporre «un costume di lavoro nell'ordine, nella disciplina, nella gerarchia».[91] I comitati locali e i musei ricevettero pressioni per rivisitare la storia del Risorgimento «"con l'occhio del tempo" e cioè in funzione della Rivoluzione fascista».[92] Furono soppresse le riviste locali, che fino a quel momento avevano tenuto in vita una sorta di regionalismo storiografico; posti alla presidenza dei comitati persone di fiducia, epurati uomini che avevano mostrato, come affermava De Vecchi riferendosi ai fratelli Spadoni del comitato marchigiano, un «atteggiamento ribellistico e massonico».[93] L'operazione, come vedremo, non fu agevole e incontrò difficoltà, esitazioni, resistenze.

A fronte dei ritardi che bloccavano la preparazione del Museo centrale del Risorgimento nei locali del Vittoriano, lo sforzo principale fu dirottato sull'altra istituzione che stava a cuore a De Vecchi: il Museo nazionale del Risorgimento di Torino, trasferito nel 1938 nelle prestigiose aule di Palazzo Carignano e nodo strategico della visione complessiva del quadrumviro, che per ragioni biografiche e politiche guardava alla situazione torinese

90. Cfr. Giuseppe Talamo, *Alberto Maria Ghisalberti*, in «Rassegna storica del Risorgimento», 2000, pp. 5-20; Alberto Maria Ghisalberti, *Maestri e compagni di strada*, Città di Castello, Tiferno Grafica, 1972, pp. 81-93.

91. Cesare Maria De Vecchi di Val Cismon, *Esame di coscienza*, in Id., *Bonifica fascista della cultura*, p. 106.

92. Id., *Il Risorgimento per il primato e l'impero*, in Id., *Bonifica fascista della cultura*, p. 102.

93. Lettera di De Vecchi a G.B. Miliani, 24 giugno 1933, MMC, sez. 2, fasc. 3. Ghisalberti, scrivendo al segretario di Macerata, avrebbe ribadito il senso della linea De Vecchi: «I tempi in cui la Società per la Storia del Risorgimento era una repubblichetta federale di comitati regionali sono finiti per sempre» (lettera del 4 gennaio 1935, MMC, sez. 2, fasc. 3).

con una sensibilità del tutto particolare.[94] Con Palazzo Reale e Palazzo Madama, l'edificio barocco di Guarino Guarini formava un triangolo di memoria sabauda di grande risonanza simbolica. Lì era nato Vittorio Emanuele II, vi aveva abitato Carlo Alberto, era ospitata l'aula del Parlamento subalpino: il museo sarebbe stato così «la dimostrazione e la esaltazione visiva delle glorie più alte di Torino nel Risorgimento» e nei decenni successivi, fino a legittimare chi, come De Vecchi, aveva svolto un ruolo di primo piano in «epoca squadrista».[95]

La corrispondenza intercorsa tra De Vecchi e Giorgio Bardanzellu[96] è una fonte di straordinario interesse, una preziosissima lente di ingrandimento per seguire dall'interno il dispiegarsi di un allestimento che fu concepito con notevole lucidità nelle sue implicazioni storiografiche e ideologiche.[97] Il lavoro fu gestito in prima persona da Bardanzellu, affiancato dai direttori di turno Adolfo Colombo (poi allontanato a seguito delle leggi razziali) e il giovane Luigi Bulferetti. Per gli aspetti tecnici e artistici si fece ricorso alle competenze di Giovanni Battista Ricci, Augusto Cavallari Murat e Vittorio Viale. Il carteggio testimonia che Bardanzellu fu essenzialmente un appassionato esecutore, pronto ad «assecondare in tutto» le direttive di De Vecchi.[98] Anche dalla lontana Rodi, dove per quattro anni fu governatore delle isole italiane dell'Egeo, egli continuò a seguire le tappe della formazione del museo torinese, così come di ogni altra iniziativa dell'Istituto che presiedeva. Ciascuna sala fu pensata e costruita con scrupolosa attenzione: quadri, cimeli, documenti,

94. A causa dei lavori di consolidamento della Mole antonelliana, nel 1929 il museo era stato trasferito provvisoriamente al Palazzo del Giornale al Valentino.

95. Lettera di De Vecchi al podestà Ugo Sartirana, agosto 1937, ADEV. Sulle origini del fascismo a Torino e sul ruolo di De Vecchi cfr. Emma Mana, *Dalla crisi del dopoguerra alla stabilizzazione del regime*, in *Storia di Torino*, VIII, pp. 109-178.

96. Bardanzellu, presidente del comitato torinese dell'Istituto, nel novembre 1937 era subentrato come commissario straordinario del museo a Giorgio De Vecchi, il figlio del quadrumviro, che aveva ricoperto la carica dall'agosto 1936. Cfr. lettera di Ghisalberti a Bardanzellu, 11 agosto 1936, AISR, Pos. 4, *Musei – Torino*; lettera di De Vecchi al prefetto di Torino Pietro Baratono, 25 novembre 1937, ADEV.

97. Riprendo e sintetizzo qui, con qualche modifica, la ricostruzione fatta nel mio *Risorgimento in camicia nera*, pp. 223-238. Ove non diversamente specificato, tutte le lettere riportate in nota di seguito sono conservate in ADEV. Desidero ricordare con affetto il compianto Paolo De Vecchi di Val Cismon, che mi facilitò con generosità l'accesso all'archivio privato del nonno.

98. Bardanzellu a De Vecchi, 14 febbraio 1938, 30 maggio 1938, 19 marzo 1939.

didascalie furono sottoposti al vaglio del quadrumviro, il quale non mancò di intervenire per modificare alcuni particolari o per calibrare il peso di eventi, personaggi, situazioni.

Il percorso era improntato sin dall'inizio a scelte dense di significati. Nel grande corridoio di ingresso le carte geografiche mostravano gli accrescimenti territoriali di casa Savoia. La genealogia della dinastia, disegnata «in modo chiaro, semplice, comprensibile a tutti», sull'esempio di quella augustea alla Mostra della Romanità, faceva del vestibolo la prefigurazione visiva dell'assetto museale, additando immediatamente i protagonisti della storia. La prima sala, concepita come «sintesi ideale del Museo, dal 1706 all'Impero», fu destinata alla glorificazione di Vittorio Amedeo II e agli eventi della battaglia di Torino. I calchi delle statue del sovrano e del principe Eugenio occupavano la zona centrale; alle pareti furono apposti i ritratti dei generali, le tabelle con dati statistici sulla guarnigione, gli ufficiali e i soldati morti e feriti. E ancora trofei, proclami a stampa di Vittorio Amedeo e la riproduzione di qualche documento significativo.[99]

La battaglia rappresentava il punto focale della sala, in linea con l'ossessiva rivendicazione della primogenitura autoctona e dinastica del Risorgimento. Nella parete principale fu collocata la copia pittorica della famosa opera di Ignace Jacques Parrocel, raffigurante la pianta dell'assedio di Torino. Dopo vari contatti, la scelta per realizzare il dipinto cadde su Luigi Rigorini dell'Accademia Albertina, che suggerì l'applicazione di «un metodo speciale di riporto su tela a mezzo di fotografia».[100] Fu invece scartata la proposta del giovane Giulio Carlo Argan di far eseguire una riproduzione fotografica, con «ingegnoso procedimento di foto-montaggio». Se risolveva il problema dei costi e del tempo, la fotografia appariva a Bardanzellu «una cosa fredda»: eliminando il colore delle uniformi, impediva di valorizzare uno «degli ornamenti più essenziali e più pregiati del museo». La copia pittorica, nell'impossibilità di trattenere l'originale, restava la soluzione privilegiata, la sola in grado di riportare alla luce l'aura insita nella creazione artistica e di far «rivivere in tutta la sua epica eloquenza la grande battaglia che dà inizio al nostro Risorgimento». De Vecchi ribadì il concetto, persuaso che «la buona pittura, anche se minutamente documen-

99. Per le citazioni cfr. Bardanzellu a De Vecchi, 14 febbraio, 11 aprile, 30 luglio 1938.

100. Bardanzellu a De Vecchi, 11 aprile 1938; De Vecchi a Bardanzellu, 11 luglio 1939.

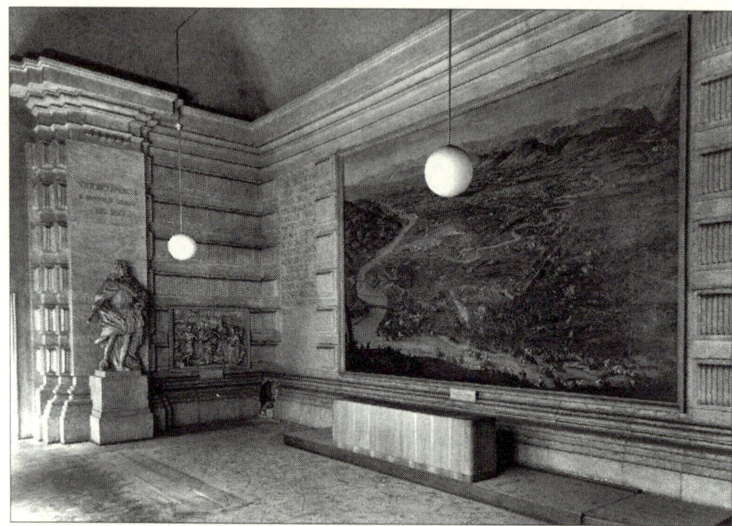

Fig. 15. Museo nazionale del Risorgimento italiano, Torino. Allestimento 1938, *Battaglia di Torino del 1706* (di Ignace Jacques Parrocel, copia di L. e A. Rigorini).

taria come quella di cui si tratta, è sempre arte e parla allo spirito in modo bene diverso dalla fredda fotografia priva di colore e sempre meccanica nei rapporti e nei toni del chiaroscuro».[101]

Era dunque accantonato il modello della Mostra della Rivoluzione fascista, che aveva elevato proprio l'uso della fotografia (e del fotomontaggio o fotomosaico) a elemento portante dell'allestimento e dell'architettura delle sale.[102] La «modernità» del museo torinese, nelle intenzioni di De Vecchi e dei suoi collaboratori, era piuttosto sinonimo di «serietà» e «dignità»: ai «perfezionati procedimenti fotografici» si sarebbe fatto ricorso soltanto per la riproduzione di documenti e autografi.[103]

101. Bardanzellu a De Vecchi, 11 aprile 1938, De Vecchi a Bardanzellu, 16 aprile 1938. Il riferimento va ovviamente a Walter Benjamin, *L'opera d'arte nell'epoca della sua riproducibilità tecnica. Arte e società di massa*, Torino, Einaudi, 1991.

102. Antonella Russo, *Il fascismo in mostra*, Roma, Editori Riuniti, 1999, p. 8. Cfr. anche Paolo Morello, *Fotomontaggio e rappresentazione politica alla Mostra della rivoluzione fascista*, in *Il teatro del potere. Scenari e rappresentazione del potere politico fra Otto e Novecento*, a cura di Sergio Bertelli, Roma, Carocci, 2000, pp. 97-116.

103. De Vecchi a Bardanzellu, 11 luglio 1939; Bardanzellu a De Vecchi, 11 aprile 1938.

Nella saletta attigua alla prima, dedicata al regno di Carlo Emanuele III e alla «figura splendida del Guerriero»,[104] l'illustrazione coglieva la «rinascita economica dello Stato Sabaudo nella prima metà del '700 con particolare riguardo all'ordinamento delle corporazioni, delle arti e della previdenza sociale».[105] Qui, un anno più tardi, nuove scritte a supporto del materiale iconografico avrebbero aggiunto al profilo marziale di Carlo Emanuele III quello del sovrano sollecito nel ristabilire un stretta collaborazione con la Santa Sede, riformatore in campo economico e amministrativo, mecenate e promotore di iniziative nella scienza e nelle arti.[106]

La volontà di sublimare le virtù guerriere del popolo italiano era esplicitata attraverso le scritte incise nel marmo e collocate alle pareti della prima sala. La scelta era caduta su due motti mussoliniani, che si adattavano all'obiettivo di coniugare i fasti imperiali del presente ai primi passi della politica piemontese, di cui alcuni storici postulavano il precoce slancio imperialista e mediterraneo:[107] «Piccolo Piemonte ma eroico ma forte che ha durante i secoli salvate le virtù militari del Popolo Italiano e lo ha preparato al riscatto che culminò nelle giornate trionfali di Vittorio Veneto»; «Il germe del nuovo Impero risale all'anno in cui il piccolo Piemonte osò sfidare il potente impero degli Asburgo». Una terza citazione mussoliniana – «Una Nazione è grande quando traduce in realtà la forza del suo spirito» – avrebbe dovuto trovare posto nel vestibolo, la saletta «drappeggiata con velluto» dove «campeggeranno – sole – le figure di S.M. il Re e del Duce».[108] Scartata da De Vecchi, che forse vi scorse un'intonazione troppo gentiliana, la frase fu sostituita con un altro motto mussoliniano («Fuori dalla storia l'uomo è nulla»), lo stesso che dal 1933 compariva sulla copertina della «Rassegna storica del Risorgimento».[109] I busti di Vittorio Emanuele III e Mussolini (la loro collocazione definitiva era prevista rispettivamente nella sala della Grande guerra e in quella del fascismo) completavano il ruolo strategico della sala d'ingresso: essa evocava immediatamente al visitatore, tramite la diarchia duce – re imperatore, un presente che traeva alimento

104. Bardanzellu a De Vecchi, 30 maggio 1938; Bardanzellu a De Vecchi, 3 luglio 1938.

105. Bardanzellu a De Vecchi, 30 maggio 1938.

106. Bardanzellu a De Vecchi, 23 giugno 1939.

107. Ad esempio Francesco Ercole, *Gli inizi della politica mediterranea dei Savoia*, in «Civiltà fascista», 11-12 (1935).

108. Bardanzellu a De Vecchi, 30 luglio 1938.

109. De Vecchi a Orsi, 31 luglio 1938.

simbolico e legittimazione storica dal collegamento con la tradizione sabauda.[110] L'elenco delle pietre miliari del Risorgimento certificava l'assunto in modo incontrovertibile,[111] visualizzando i progressivi accrescimenti di casa Savoia e dell'Italia, dal trattato di Utrecht alla conquista dell'Etiopia (1713-1870-1918-1936):

1706 - Battaglia di Torino
1713-1720 - Vittorio Amedeo è proclamato re prima di Sicilia e poi di Sardegna
1815 - Genova e la Liguria sono annesse al Piemonte
1848 - Carlo Alberto dichiara guerra all'Austria
1856 - Guerra di Crimea
1861 - Proclamazione del Regno d'Italia
1870 - Roma capitale d'Italia
1885 - Occupazione di Massaua
1911 - Conquista della Libia e delle isole Egee
1918 - Vittorio Veneto
1922 - Marcia su Roma
1936 - Mussolini fonda l'Impero.[112]

Le esclusioni risaltavano almeno quanto le inclusioni. La successione temporale era scandita dall'espansione territoriale della monarchia sabauda e dalle virtù militari dei suoi sovrani, che oscuravano pressoché interamente la tradizione democratica del Risorgimento. Il 1849 e il 1860 non comparivano, neppure in chiave accessoria. Il 1848 era ricordato attraverso il richiamo alla dichiarazione di guerra all'Austria di Carlo Alberto e all'adozione del tricolore. Le direttive di De Vecchi delineavano il nucleo ideologico centrale dell'allestimento. La tradizione guerriera della dinastia, l'eroismo e le virtù militari di principi e popolo,[113] la potenza e l'autorità dello Stato fungevano da anello di congiunzione tra i ricordi della Roma imperiale e lo status imperial-mediterraneo dell'Italia fascista. «*Questa saletta colpirà il visitatore per il suo aspetto guerrie-*

110. Bardanzellu a De Vecchi, 9 agosto 1938.

111. Bardanzellu a De Vecchi, 30 luglio 1938.

112. Orsi a De Vecchi, 28 luglio 1938. De Vecchi approvò le iscrizioni, sostituendo il 1911 con il 1912, anno della effettiva occupazione delle isole dell'Egeo; De Vecchi a Orsi, 31 luglio 1938.

113. Sulla tradizione militare piemontese cfr. Walter Barberis, *Le armi del Principe. La tradizione militare sabauda*, Torino, Einaudi, 1988.

ro»: le parole di Bardanzellu non lasciavano dubbi sulle reazioni che si volevano destare.[114]

La sala napoleonica, da questo punto di vista, ricopriva una funzione di cerniera di grandissima importanza e fu infatti oggetto «di particolare studio».[115] Aggirando il legame con la Rivoluzione, l'enfasi posta sul coraggio e sulle qualità militari dei sovrani sabaudi veniva trasferita su un nuovo soggetto collettivo, «gli italiani» che avevano combattuto a fianco di Bonaparte. Il tricolore, benché adottato sotto la spinta degli eventi rivoluzionari e delle imprese napoleoniche, era riconoscibile come il «segno di una coscienza italica già formata e di cui la contingenza storica porgeva il destro di elevarne nel cielo il simbolo». Il valore guerriero degli italiani era dipinto come una «fiumana di vita», che si prolungava «carica di potenza e di destino, alla Grande guerra, alle battaglie per l'Impero e che ancora continua ove Iddio vuole».[116] Riferendosi alla nascita del tricolore, De Vecchi suggerì inoltre di limitarsi a un accenno introduttivo: l'intento era di riprendere e sviluppare la questione «nella sala di Carlo Alberto che adotta il tricolore fondendolo colla bandiera Sabauda prima della guerra del 1848». La sottrazione simbolica rispondeva a una logica coerente con l'assunto generale: ridimensionando la filiazione originaria dalla fase repubblicana e francese, le risonanze emotive legate al tricolore erano trasferite sulla politica unitaria di casa Savoia.

Per dare una parvenza di investitura corale a questo protagonismo occorreva assegnare all'istituzione monarchica un ruolo *super partes*, presentarne la visione politica come «nazionale» *tout court*, estranea a priori a qualunque interesse particolare. Il periodo dalla Restaurazione al 1848 restituiva il senso concreto di questa operazione. La sala della Restaurazione, oltre all'altorilievo in marmo di Vittorio Emanuele I, ospitava il ritratto di Carlo Felice e una stampa sulla spedizione di Tripoli del 1825. Superata quindi la sala dei cospiratori e dei martiri (1820-1833), occupata tra gli altri dai ricordi di Pellico, Maroncelli, Santarosa, la rivoluzione del 1821, Ciro Menotti, Mazzini – ma significativamente le descrizioni vi indugiano con molta parsimonia –, il visitatore era condotto verso le quattro sale che riassumevano il periodo 1831-1848. In realtà, la scena era dominata da

114. Bardanzellu a De Vecchi, 30 luglio 1938. Il corsivo è mio.

115. Bardanzellu a De Vecchi, 3 luglio 1938.

116. Bardanzellu a De Vecchi, 3 luglio 1938, De Vecchi a Bardanzellu, 6 luglio 1938, Bardanzellu a De Vecchi, 30 luglio 1938.

Carlo Alberto, sovrano «legislatore, riformatore e guerriero», stella polare in grado di conferire linearità di intenti e azione a un periodo altrimenti travagliato e confuso. Il museo intendeva portare alla montante agiografia carloalbertina il sostegno di una rappresentazione che contava sul potere di seduzione di quadri e oggetti, tra cui continuava a campeggiare la camera del re morto esule a Oporto, ricostruita secondo l'arredo originale. Bardanzellu non nascondeva la soddisfazione per la disposizione di queste sale, «la prima più suggestiva e artistica, le altre più ricche di materiale dimostrativo e pur esso suggestivo».[117]

De Vecchi e gli storici di orientamento sabaudofascista seguivano con grande attenzione il dibattito sulla figura ancora controversa di Carlo Alberto, reagendo con aperta insofferenza alle critiche di Adolfo Omodeo, poi sintetizzate nel celebre volume del 1940.[118] Le sale del museo potevano diventare un originale supporto per appoggiare la rivalutazione storiografica e l'immagine politica di Carlo Alberto. De Vecchi controllò puntigliosamente i rimandi testuali e iconografici e redasse di suo pugno la didascalia riferita alla concessione dello Statuto: «Carlo Alberto – *non liberale* – difensore dello Stato autoritario, pensoso delle responsabilità del Capo dello Stato – concede lo Statuto che una minoranza di arditi gli chiede».[119] Si pronunciò poi in senso contrario alla riproduzione del quadro di Abram Costantin, che ritraeva Carlo Alberto al Trocadero nel 1823, quando era intervenuto in Spagna in appoggio alle truppe francesi, incaricate dalle potenze della Santa Alleanza di abbattere il regime costituzionale e di restaurare la monarchia assoluta. Pur dicendosi convinto che Carlo Alberto avesse «fatto molto bene a battersi al Trocadero», De Vecchi preferiva evitare le discussioni sul controverso episodio, cogliendone le implicazioni anche politiche: «Oggi potrebbero ancora credere che approvando l'azione di Carlo Alberto al Trocadero noi ci dimostriamo retrivi invece di provare il nostro fascismo totalitario ed integrale».[120]

117. Bardanzellu a De Vecchi, 30 luglio 1938.

118. Adolfo Omodeo, *La leggenda di Carlo Alberto nella recente storiografia*, Torino, Einaudi, 1940.

119. Fasc. *Studi per le didascalie al Museo del Risorgimento in Torino – a Palazzo Carignano – 1-5 settembre 1938/XVI*, ADEV. Il corsivo è mio.

120. De Vecchi a Bardanzellu, 16 aprile 1938: cfr. Narciso Nada, *Dallo Stato assoluto allo Stato costituzionale. Storia del Regno di Carlo Alberto dal 1831 al 1848*, Torino, Comitato di Torino dell'Istituto per la storia del Risorgimento italiano, 1980.

Gli attestati di simpatia provenienti dai membri della casa regnante dovevano essere accolti come il premio più ambito da De Vecchi e dai suoi collaboratori. Vittorio Emanuele III presenziò all'inaugurazione l'8 settembre 1938, tra «calorose dimostrazioni di popolo»[121], seguito qualche mese dopo dal principe Umberto.[122] All'indomani dell'apertura nella nuova sede, il museo perdeva uno dei suoi principali artefici. Adolfo Colombo era costretto a lasciare la direzione, dopo l'approvazione delle leggi sulla razza, che colpivano anche i soci dell'Istituto per la storia del Risorgimento.[123] La sua attività, prima come membro del consiglio direttivo, poi come direttore, si era snodata ininterrottamente per quasi trent'anni e, per quanto poco appariscente, aveva contribuito in modo notevole all'incremento delle collezioni.[124] La fase che si apriva sarebbe stata anch'essa segnata a fondo, per oltre un ventennio, dalla personalità di un altro autorevole protagonista della storia secolare del museo torinese. Nominato direttore culturale dal 1° marzo 1939, Luigi Bulferetti si sarebbe trovato a gestire la fase delicata della guerra, il trapasso alla democrazia e il riassetto espositivo del museo.

Poiché l'allestimento era stato completato solo per gli anni 1706-1848, l'impegno era ora quello di arrivare al 1918, il *terminus ad quem* del Risorgimento nell'accezione rivendicata dall'Istituto, per poi dilatare la raccolta fino all'attualità (la guerra civile spagnola e il conflitto mondiale).[125] Per quanto riguardava il periodo 1848-1870, superata l'aula del Parlamento, il progetto riprendeva con la sala dedicata all'idea unitaria e ai suoi due «grandi assertori», Mazzini e Gioberti, circondati da sipari iconografici e documentari sulla Giovane Italia, i fratelli Bandiera, la Repubblica romana, Mameli, i processi di Mantova e Carlo Pisacane. Nel caso di Gioberti campeggiava la riproduzione di una frase tratta dal *Rinnovamento*, tesa a ribadire il ruolo della dinastia sabauda: «Il Piemonte ha un solo modo di azione egemonica e di riuscita, cioè quello di bandire l'unità nazionale d'Italia e di spianare la via con le armi al suo stabilimento». Di Mazzini si

121. *Il Re Imperatore inaugura il Congresso Storico e il Museo del Risorgimento*, in «La Gazzetta del Popolo», 9 settembre 1938.

122. Bardanzellu a De Vecchi, 23 giugno 1939.

123. Bardanzellu a De Vecchi, 29 novembre 1938; De Vecchi a Bardanzellu, 6 dicembre 1938.

124. Colombo morì pochi anni dopo, il 7 luglio 1941. Un breve necrologio è in «RSR», 1941, pp. 753-756.

125. Bardanzellu a De Vecchi, 25 novembre 1939.

intendeva illustrare il ruolo di «apostolo, di pensatore, di agitatore e di statista», privilegiandone lo spiritualismo «contro le concezioni materialiste nel campo sociale». De Vecchi aveva già chiarito quale fosse il Mazzini destinato a entrare nella galleria fascista dei padri della patria: la «negazione aprioristica ed ostinata della Monarchia» costituiva la «parte più caduca» del suo pensiero, che ne aveva limitato «l'alta genialità». Mazzini restava nondimeno «anti-liberale e anti-socialista» ed era stato «certamente profetico nell'antivedere la funzione dell'Italia nel mondo quando questa avesse trovato colla sua indipendenza la perfetta unità. Quale poteva essere il cemento della perfetta unità degli Italiani se non lo Stato? "Dio e Popolo". Il "popolo" di Mazzini non è la "plebe", è "lo Stato"».[126]

Con la sala successiva si entrava nel decennio di preparazione. Distribuzione e organizzazione degli spazi erano anche in questo caso piegati agli intenti più generali dell'ordinamento museale. Cavour era ricordato per la sua attività di ministro, giornalista e riformatore: ma la scena tornava a essere presto occupata dalla monarchia e da Vittorio Emanuele II. Ritratti, quadri delle battaglie del 1859 e del 1860, tempere di Carlo Bossoli, proclami e statistiche dei plebisciti, citazioni ad effetto (a partire dal «grido di dolore») magnificavano la saldezza morale del sovrano e il suo ruolo di interprete consapevole dei destini italiani di casa Savoia. Seguiva la sala dell'«epopea garibaldina», dove facevano bella mostra cimeli, ritratti e dipinti (tra cui la *Sentinella* di Girolamo Induno).

L'insieme di queste sale avrebbe restituito, «come fiumana che scorre, lo svolgimento e la maturazione dell'idea unitaria della Patria attraverso il pensiero e le opere dei maggiori suoi artefici».[127] La sala dedicata a Roma era già abbozzata, mentre erano allo studio quelle relative a Umberto I, alle prime guerre d'Africa, agli esordi del regno di Vittorio Emanuele III e alla guerra mondiale. Lo sguardo era allungato fino agli eventi della cronaca, con l'obiettivo di celebrare l'eroismo militare italiano e la «genialità costruttiva della razza nelle opere di pace». Nel 1941 fu chiesta alla presidenza del Consiglio dei ministri l'autorizzazione a ricevere materiale documentario attinente alle guerre coloniali e di Spagna, al conflitto in corso e alle realizzazioni del regime.[128]

126. Cesare Maria De Vecchi di Val Cismon, *Il "senso dello Stato" nel Risorgimento*, in Id., *Bonifica fascista della cultura*, pp. 64-65.

127. Bardanzellu a De Vecchi, 25 novembre 1939.

128. Lettera di Bardanzellu, 20 novembre 1941, ACS, PCM, 1940-43, fasc. 5/2/31882.

Le indicazioni di Bardanzellu e una relazione di Bulferetti sull'attività del comitato torinese nel 1941[129] consentono di immaginare l'aspetto che il museo avrebbe assunto qualora gli esiti catastrofici della guerra e il collasso del regime non avessero interrotto l'allestimento.[130] La narrazione degli ultimi settant'anni della storia nazionale avrebbe tradotto in termini esemplari il concetto della continuità tra Risorgimento dinastico e regime fascista. Ne sarebbero uscite esaltate soprattutto le virtù guerriere degli italiani e la supremazia dello Stato disciplinato e gerarchico, inteso come «l'unica realtà viva, l'unica idea potenza, l'unico motore per un popolo»,[131] anello di congiunzione tra epoche diverse. Lo Stato forgiato nello spirito della Roma imperiale, transitando nel modello intermedio edificato dai sovrani sabaudi all'inizio del XVIII secolo, riviveva in quello del presente, temprato nelle trincee della Grande guerra e rinnovato dallo slancio imperialista del fascismo. «Le grandi sale – scriveva Bardanzellu a De Vecchi quando gli eventi bellici non avevano ancora incrinato le speranze di vittoria – attendono ora di accostare alle glorie antiche quelle nuove, fasciste e imperiali, e largo spazio sarà dovuto alle epiche gesta che si svolgono sul Mediterraneo e in particolar modo su quello orientale che precipuamente Ti riguarda».[132]

7. *Nelle guerre del fascismo, tra allineamenti e resilienze periferiche*

Il *restyling* dell'istituzione torinese ne fa un esempio eclatante della penetrazione fascista nel sistema museale. Si trattava peraltro di un fascismo che, rispecchiando la fede monarchica e cattolica del suo principale artefice e regista, guardava alla tradizione dinastica come al fondamento irrinunciabile di una rinnovata politica di potenza. Un'impronta così marcata, tutta risolta nei "fatti" storici, strideva con letture del Risorgimento in cui si riconoscevano altre componenti della cultura fascista. Certamente essa non corrispondeva alla visione gentiliana, consegnata a libri come *I profeti del Risorgimento*, in cui campeggiava il ruolo di Mazzini quale pre-

129. Relazione manoscritta di Bulferetti s.d., ACTO, *Carteggio del comitato dell'anno 1940-44*.

130. Nell'agosto 1943, i bombardamenti provocarono danni ingenti a Palazzo Carignano e alla Biblioteca Civica.

131. De Vecchi di Val Cismon, *Il "senso dello Stato" nel Risorgimento*, p. 65.

132. Bardanzellu a De Vecchi, 5 settembre 1940.

cursore dello Stato etico,[133] e ben sostenuta dall'Istituto mazziniano di Genova, inaugurato nel 1934 sotto la direzione di Arturo Codignola. Volpe, a sua volta, non rinunciò a manifestare pubblicamente le proprie perplessità ai congressi nazionali dell'Istituto per la storia del Risorgimento, rivendicando il ruolo non meno decisivo che correnti ideali e trasformazioni sociali avevano avuto nello sviluppo del processo unitario. Per non dire delle interpretazioni che circolavano nei gruppi della sinistra fascista, dove la tesi del Risorgimento incompiuto si vestiva di richiami a figure "eretiche" – *in primis* Pisacane – reclutate ad antesignane del corporativismo.[134]

L'adeguamento dei percorsi museali all'interpretazione cara all'Istituto non fu perciò scontata né lineare. Lontano da Roma (e da Torino), il rapporto con il Risorgimento si faceva più vario e dinamico, inserito com'era nella trama di tradizioni municipali plasmate da decenni di erudizione storiografica e di vivaci rituali patriottici. Il protagonismo delle città italiane, specialmente durante le insurrezioni del 1848-49, dava corpo a un'immagine locale delle guerre di indipendenza che lo stesso fascismo provinciale aveva fatto propria, pur con i necessari adattamenti a un impianto nazionalista ben più aggressivo. Stretta nelle rigide maglie del sabaudofascismo, la memoria di quegli eventi sarebbe risultata alterata, con effetti imprevedibili sulla percezione del rapporto tra grande e piccola patria. Il fascismo di provincia doveva semmai scongiurare il rischio che la memoria popolare del 1848-49 entrasse in rotta di collisione con le interpretazioni ufficiali o fosse utilizzata per tenere in vita, in forme più o meno sotterranee, letture modulate sul registro patriottico di marca democratica.

Tornava qui utile, come elemento di mediazione propriamente fascista, un tratto che il museo torinese aveva elevato a filo conduttore dell'esposizione: l'enfasi sulla «continuità del valore guerriero degli italiani», uno dei *topoi* più potenti e ricorrenti nel discorso pubblico degli anni Trenta. L'esigenza di calcare l'accento sulla dimensione militare del patriottismo e sull'anima guerriera degli italiani spingeva ad arruolare nella schiera dei «condottieri», oltre a Garibaldi – *Garibaldi condottiero* era il titolo del principale volume celebrativo del 1932 –,[135] altri protagonisti del Risor-

133. Cfr., tra gli altri, Roberto Pertici, *Il Mazzini di Giovanni Gentile*, in «Giornale critico della filosofia italiana», 1-2 (1999), pp. 117-180.

134. In particolare cfr. Giuseppe Parlato, *La sinistra fascista. Storia di un progetto mancato*, Bologna, il Mulino, 2000, pp. 27-73.

135. *Garibaldi condottiero*, Roma, Stato maggiore dell'esercito, 1932; Luigi Susani, *Giuseppe Garibaldi*, Milano, Oberdan Zucchi, 1938.

gimento repubblicano e democratico, non facilmente addomesticabili (i fratelli Cairoli, Goffredo Mameli, Carlo Cattaneo).[136] La scelta permetteva di canalizzare lungo i rassicuranti binari dell'eroismo nazionale, della lotta contro lo straniero e del martirio sacrificale la memoria di alcuni pilastri del mito del Risorgimento democratico: le Cinque giornate di Milano, la Repubblica romana, le Dieci giornate di Brescia e, in parte, anche la Repubblica di Venezia.[137] Gli ideali di indipendenza e di libertà, le pratiche cospirative erano riconosciuti come ingredienti naturali del tempo in cui era maturato il Risorgimento: ma ogni qual volta era possibile – ad esempio, richiamando l'esperienza del «dittatore» Daniele Manin –,[138] i concetti di autorità, ordine e disciplina erano additati a sole garanzie di sopravvivenza di quella medesima libertà. La resistenza eroica delle città, «l'ardimento di notabili cittadini, di semplici popolani, eroi umili ed oscuri»[139] testimoniavano l'esistenza di una fibra morale che soltanto il fascismo era stato capace di dispiegare in modo autentico e disciplinato.

Ecco allora che il museo di Brescia, riaperto nell'ottobre 1932, rivisitava la «fierezza» del «pugnace popolo» delle Dieci giornate, che non aveva mai rifiutato alla patria gesti «di eroismo, di sacrificio e di sangue».[140] La scelta di far iniziare il percorso con la repubblica di fine Settecento fu condivisa qualche anno dopo dal museo di Bergamo. Scrivendo al presidente del comitato provinciale dell'Istituto, De Vecchi stigmatizzava la decisione di adottare il 1797, lamentando il fatto che non fosse stata accolta «l'interpretazione riguardante la data d'inizio del Risorgimento sostenuta dall'Istituto».[141] Altri musei lasciarono inevase le sollecitazioni provenienti dal centro affinché le origini del Risorgimento fossero anticipate all'inizio del XVIII secolo e ritmate sul protagonismo di casa Savoia. Tali posizioni non vanno caricate di impliciti significati di

136. I nomi compaiono nella «pattuglia dei condottieri» della collana *La Centuria di ferro*, edita da Oberdan Zucchi: cfr. Massimo Baioni, *«Gli italiani sanno morire». Una collana storica per le guerre del fascismo*, in «Contemporanea», 2 (2015), pp. 245-266.

137. Cfr. anche la densa analisi di Maria Pia Casalena, *Eroi in bilico. Il Risorgimento nei dizionari biografici del Novecento*, Roma, Carocci, 2018.

138. Gino Damerini, *Manin*, Milano, Oberdan Zucchi, 1938.

139. Luigi Somazzi, *Le tappe romagnole dell'epica ritirata*, in *Romagna garibaldina. Numero unico nel cinquantenario della morte dell'Eroe*, Ravenna, 1932, p. 25.

140. *Il Museo del Risorgimento si riapre domenica al culto dei bresciani*, in «Il Popolo di Brescia», 22 ottobre 1932.

141. "Relazione sull'attività del comitato di Bergamo per il 1939", 31 gennaio 1940; ADEV, lettera di De Vecchi al conte Ernesto Suardo, 27 febbraio 1940.

contestazione politica: potevano talora nasconderli, ma erano piuttosto la conferma del tenace radicamento di tradizioni municipali e di narrazioni della storia da cui il fascismo locale non poteva prescindere nel tentativo di stabilire una più diffusa presenza nel corpo sociale.

8. *Guerrieri e civilizzatori*

Se il dibattito sulle origini del Risorgimento faceva affiorare differenti interpretazioni e la tenuta di un racconto sedimentatosi nel tessuto territoriale, l'invito a dare visibilità alle tappe più recenti della storia nazionale fu ampiamente accolto, sia pure con qualche eccezione (lo vedremo con riferimento a Trento e Rovereto). I musei respirarono il clima di nazionalismo e di retorica imperiale che, contagiando ampiamente gli studi storici, coinvolse pubblicisti, letterati, scrittori d'occasione, insegnanti. La cronaca politica entrava a vele spiegate nel discorso pubblico sulla storia: tutte le glorie del passato, dai fasti dell'antica Roma al medioevo, dal Risorgimento alla Grande guerra furono richiamate per legittimare lo status di grande potenza dell'Italia fascista.

La partecipazione a questa mobilitazione era la risposta di molti musei alle pressanti richieste di una più dinamica interazione con l'attualità. Si susseguirono così inaugurazioni di sezioni intitolate al fascismo e alle guerre coloniali.[142] Il Museo della guerra di Rovereto aprì sin dal 1929 proprie sale coloniali, anche se in questo caso il ruolo del presidente, il generale Giuseppe Malladra, e le procedure di raccolta e selezione del materiale accentuarono un'immagine del colonialismo italiano legata anzitutto all'esercito e alle forme della sua autorappresentazione.[143]

Nel caso dei musei del Risorgimento, si confermava la tendenza ad allestire «via via rinnovate ultime sale», che li portavano a «svolgere una funzione di supplenza, staccandoli dalla loro destinazione iniziale e ben definita».[144] Ai 5.500 visitatori accorsi nel giorno dell'inaugurazione nella

142. Ad esempio a Faenza e Lugo di Romagna: cfr. «RSR», 1937, p. 1225; 1938, p. 1018; 1939, p. 1151.

143. Cfr. Nicola Labanca, Fabrizio Rasera, Camillo Zadra, *Le sale coloniali del Museo della guerra di Rovereto*, in *L'Africa in vetrina*, pp. 123-142. Nello stesso volume, Antonio Sema, *La componente coloniale nei musei militari*, pp. 161-174. Adolfo Mignemi, *La preda. Musei coloniali e guerra d'Etiopia*, pp. 175-193.

144. Isnenghi, *Le guerre degli italiani*, p. 360.

nuova sede di piazza Oberdan, il museo di Trieste offriva in visione «i documenti del nostro secolare movimento nazionale» e le "dimostrazioni" dell'italianità della regione giulia.[145] Nell'ampio vestibolo, dove intorno al monumento di Oberdan erano incisi il suo testamento e i bollettini della vittoria, gli elenchi dei caduti nella guerra per l'indipendenza e nel conflitto mondiale erano integrati con riferimenti alla «gesta dannunziana» e ai «martiri della rivoluzione fascista», fino all'omaggio reso agli «eroi che si sacrificarono nell'Africa Orientale per la creazione dell'Impero e in Spagna per l'ideale del fascismo».[146]

A Modena, dopo un periodo di difficoltà, il museo fu riaperto nel 1934 con una sala che accoglieva documenti e cimeli dalla fine del '700 al 1882, anno della morte di Garibaldi e dell'impiccagione di Oberdan. Il direttore Alfonso Morselli, «conscio anche dei legami storici che congiungono il nostro Risorgimento alla Rivoluzione fascista»,[147] aveva lavorato molto per dare alle collezioni un aspetto confacente alle esigenze di chiarezza e di linearità cronologica. La vera novità consisteva nella preparazione di una seconda sala, che teneva insieme le imprese coloniali, la Grande guerra, «alcuni ricordi che riguardano il drammatico dopoguerra e l'eroica azione innovatrice delle Camicie Nere», fino alla conquista dell'impero. Con la nuova sistemazione, il museo andava «felicemente incontro non solo a un desiderio di moltissimi cittadini maggiormente attratti verso gli avvenimenti più recenti della storia nazionale, ma anche allo spirito e alle ultime direttive del Regime». Per quanto vincolata dagli spazi e «spoglia di seduzioni artistiche», la struttura espositiva si distingueva per una visione «unitaria» di tutta l'epopea del Risorgimento:[148] i visitatori erano condotti per mano alla «chiara sensazione che dai tempi delle prime lotte per l'indipendenza sino alla conquista dell'Impero non c'è soluzione di continuità nella storia del Risorgimento nazionale».[149]

La stampa locale fu pronta a rilanciare il significato di questa saldatura. Lasciamo la parola al cronista del «Resto del Carlino»:

145. Relazione Sticotti al podestà di Trieste, Allegato B, triennio 1933-1935, MTS, Archivio Sticotti, 1/3-49.

146. Relazione Sticotti del 9 marzo 1939, MTS, Archivio Sticotti, 1/4-61.

147. Lettera al segretario federale Augusto Zoboli, 4 novembre 1934, MRMO, *Carteggio, Corrispondenza 1934-1958*.

148. Lettera di Morselli al podestà, 12 febbraio 1937, MRMO, *Carteggio, Corrispondenza 1934-1958*.

149. Lettera di Morselli al segretario federale, 28 luglio 1937, MRMO, *Carteggio, Corrispondenza 1934-1958*.

> Nella seconda sala le raccolte incominciano dal reparto dedicato ai nostri pionieri d'Africa: Augusto Salimbeni, Vincenzo Ragazzi, Gustavo Chiesi. [...] Seguono ricordi di Dogali, di Makalè e di Adua, quindi, più numerosi ancora, i cimeli della guerra libica, con un pregevole complesso di armi arabe, bandiere e oggetti cari, con ritratti e uniformi di caduti. Notiamo tra questi la medaglia d'oro Rodolfo Boselli, caduto a Derna nel 1912.
> Diverse vetrine e bacheche riguardano la Grande Guerra. Vediamo, oltre le fotografie, le divise militari e le armi, anche rari plastici di zone di guerra, giornali di trincea, cimeli di battaglie aeree, due bandiere nemiche, un drappo di bandiera tricolore che fu sepolto in terra irredenta, da irredentisti, durante la guerra [...]. Ancora una vetrina è dedicata al dopoguerra e alla Rivoluzione Fascista. Qui la passione patriottica dell'incerto 1919 parla al visitatore in un vibrantissimo manifesto degli studenti dalmati, in bollettini e manifesti fiumani di D'Annunzio e nei ritratti dei Legionari modenesi che caddero poi per la Causa fascista. [...]
> Ecco infine la Marcia su Roma, l'inizio dell'Era nuova. Questa è indicata da un documento solo, ma che riteniamo d'eccezione, e cioè dal brevetto rilasciato al garibaldino e fascista Enrico Cattabriga, di Finale Emilia, il quale dopo esser stato, diciassettenne, con le Camicie Rosse di Monterotondo e a Mentana nel 1867, volle riprendere la via di Roma, nel 1922, con le Camicie Nere! Faccia il lettore le riflessioni del caso.[150]

Il richiamo finale alla figura di Cattabriga fungeva da «magnifico anello di congiunzione di due epoche garibaldine»,[151] incarnando la continuità tra camicie rosse e camicie nere che era rivendicata con orgoglio anche dal figlio Vittorio.[152] I doni riferiti alle campagne coloniali sarebbero stati conservati «con ogni cura, come richiede la memoria – oggi più che mai sacra – di tutti coloro che nell'Africa ancora barbara prepararono alla Patria civilizzatrice le vie della vittoria e dell'Impero».[153]

Non era finita qui. Nel 1938, nel pieno della guerra di Spagna, la sezione provinciale di Modena dell'associazione nazionale volontari di guerra propose di aggiungere un altro luogo di culto del volontarismo patriottico

150. *Un secolo di memorie modenesi al Museo del Risorgimento*, in «Il Resto del Carlino», 7 luglio 1937.

151. E.S., *Mattinata domenicale al Tempio del Risorgimento*, in «Gazzetta dell'Emilia», 7 giugno 1938.

152. Lettera di Vittorio Cattabriga a Morselli, 2 luglio 1935; lettera di Morselli a Vittorio Cattabriga, 28 giugno 1935, MRMO, *Carteggio, Corrispondenza 1934-1958*.

153. Lettera a Rosina Vecchiati Fiorini, 20 giugno 1937, MRMO, *Carteggio, Corrispondenza 1934-1958*.

modenese, «una vera ara del sacrificio eroico [...], scuola di consapevole sacrificio e di maschia certezza negli imperiali destini della Patria».[154] La chiave del volontarismo patriottico aboliva le distanze temporali con gli eroi modenesi (Ciro Menotti, Giuseppe Andreoli, Vincenzo Borelli, Nicola Fabrizi), azzerando la differenza sulle motivazioni che lo avevano alimentato dal Risorgimento fino alla Grande guerra.[155] In Spagna, la partecipazione degli italiani e il loro sacrificio erano ora declinati sul tema della «difesa della civiltà cristiana e degli ideali fascisti».[156]

9. *Irredentismi a confronto*

In un contesto segnato dalle urgenze di una ininterrotta propaganda bellica, i musei erano chiamati a sposare una visione più aggressiva del nazionalismo, che andava ben oltre l'immagine di templi del patriottismo ancora debitrice delle suggestioni di foscoliana e carducciana memoria. Con una forte torsione ideologica, al processo di indipendenza era attribuita una natura intrinsecamente espansionistica, certificata dal valore militare degli italiani.[157] Ancora alla fine del 1942, Bottai non esitava a esaltare una linea di pensiero specificamente italiana - «che va dal Machiavelli al Guicciardini, da Vittorino da Feltre al Foscolo, dal Balbo al Tommaseo» - nel riconoscimento della vita militare quale principale ideale della vita educativa. La guerra restava la «prova suprema dell'autenticità morale di un popolo».[158]

Inscritta nella cornice del nuovo ordine mediterraneo,[159] questa narrazione non ebbe il tempo di sedimentarsi, a causa dei rovesci militari che nel volgere di pochi anni portarono al collasso del regime. Ebbe tuttavia una

154. Lettera di Benedetto Berlini a Morselli, 31 maggio 1938; lettera di Morselli a Benedetto Berlini, 12 giugno 1938, MRMO, *Carteggio, Corrispondenza 1934-1958*.

155. Cfr., tra gli altri, Eva Cecchinato, *"Fascismo garibaldino" e garibaldinismo antifascista. La camicia rossa tra le due guerre*, in «Memoria e Ricerca», 32 (2009), pp. 113-136.

156. Lettera di Morselli al podestà, 29 marzo 1939, MRMO, *Carteggio, Corrispondenza 1934-1958*.

157. Un manifesto in tal senso è il libro di Carlo Curcio, *Ideali mediterranei nel Risorgimento*, Roma, Urbinati, 1941.

158. Giuseppe Bottai, *La guerra, scienza morale*, in «Primato», 23 (1° dicembre 1942), p. 426.

159. Cfr. Davide Rodogno, *Il nuovo ordine mediterraneo. Le politiche di occupazione dell'Italia fascista in Europa (1940-1942)*, Torino, Bollati Boringhieri, 2003.

cospicua diffusione iniziale, che si appoggiò ai vari canali della propaganda. Nell'ambito del sistema espositivo, oltre ai musei del Risorgimento e della guerra, un ruolo rilevante fu assegnato ai musei coloniali e alle iniziative variamente collegate all'imperialismo fascista.[160] La Mostra triennale delle terre italiane d'oltremare, inaugurata a Napoli il 9 maggio 1940, nel quarto anniversario della fondazione dell'impero, fu la manifestazione pubblica più ambiziosa.[161] Esposizioni furono pensate anche a supporto dell'irredentismo fascista, che si coagulava intorno alla rivendicazione di Nizza, Corsica, Malta, Tunisi, Gibuti. Una mostra sull'italianità della Corsica si tenne nel novembre 1940 a Venezia, cui si aggiunse qualche mese dopo quella curata da Umberto Biscottini e dedicata all'italianità di Malta. L'obiettivo era quello di attestare, con l'ausilio dell'espressione artistica, la continuità storica di un sentimento nazionale che legava le due isole all'Italia, facendone le appendici naturali di una precoce vocazione mediterranea.[162]

L'allineamento dei musei storici non fu tuttavia privo di smagliature. Si è già detto della sopravvivenza a livello locale di allestimenti preesistenti che, nel caso del Risorgimento, attenuavano le pressioni ideologicamente più invadenti del presente. Con riferimento alla guerra, le posizioni assumevano significati politicamente più sbilanciati a seguito delle vicende di politica estera e dell'alleanza con la Germania di Hitler. Il fenomeno si coglie soprattutto nelle aree di confine, le più sensibili ai contraccolpi innescati dall'asse Roma-Berlino e dal successivo patto d'acciaio. Le scelte del fascismo rischiavano di intaccare l'impalcatura della memoria patriottica che la cultura irredentista aveva costruito tra non poche difficoltà all'indomani del 1918.[163] Segnali premonitori si erano già registrati alla fine degli anni Venti. Il Museo della guerra di Rovereto fu al centro di qualche tensione politico-diplomatica con i paesi usciti sconfitti dal conflitto. In particolare, affiorarono le ricordate contraddizioni inerenti al significato

160. Cfr. *L'Africa in vetrina*. Inoltre Maddalena Carli, *Ri/produrre l'Africa romana. I padiglioni italiani all'*Exposition Coloniale Internationale, *Parigi 1931*, in «Memoria e Ricerca», 17 (2004), pp. 211-232; Valeria Deplano, *L'Africa in casa. Propaganda e cultura coloniale nell'Italia fascista*, Firenze, Le Monnier, 2015.

161. Cfr. Gianni Dore, *Ideologia coloniale e senso comune etnografico nella Mostra delle terre italiane d'Oltremare*, in *L'Africa in vetrina*, pp. 47-65.

162. Cfr. Deborah Paci, *Corsica fatal, Malta baluardo di romanità. L'irredentismo fascista nel mare nostrum (1922-1942)*, Firenze, Le Monnier, 2015, pp. 88-92.

163. Cfr. Barbara Bracco, *Il decennale e il ventennale della Vittoria. Continuità e discontinuità della memoria di guerra nell'era fascista*, in *Celebrare la nazione*, pp. 160-176.

della Campana dei caduti. In varie occasioni, anche attraverso note formali dell'ambasciata, la Germania lamentò la presenza di frasi, oggetti e documenti che suonavano come offesa al popolo tedesco. Nel 1931 il museo ricevette, stavolta da parte austriaca, la richiesta di rimuovere una serie di pezzi, analogamente a quanto era stato fatto nel museo di Amras per non urtare la sensibilità degli italiani. Erano indicati, tra le altre cose, «la prigione con le famigerate mazze ferrate [...], l'aquila bicipite con la testa infranta; la cosiddetta carrozza di Francesco Giuseppe, le cartoline austriache distribuite per sale e in particolare quelle dedicate al vecchio imperatore, i ritratti a olio dei generali austriaci; i quadri con le esecuzioni dei martiri cecoslovacchi; i disegni di Pietro Morando dedicati alla prigionia».[164] La mostra in programma a Trieste sui fatti di Innsbruck del 1904 (teatro di incidenti connessi alla richiesta dell'università italiana nella città giuliana) fu annullata «per disposizioni superiori», probabilmente al fine di non turbare i rapporti con il governo austriaco, come segnalava il segretario del Guf di Trento «con senso di sorpresa e di accorata tristezza».[165]

Nel caso di Rovereto, le pressioni si fecero insistenti e dopo l'Anschluss fu più complicato riuscire a contenerle. Nel marzo 1941 un ufficiale del ministero della Guerra, in visita al museo per una ricognizione, elencò il materiale di cui si chiedeva la rimozione in quanto «non ritenuto consono coll'amicizia italo-tedesca»:

1. Il cosiddetto «Blumentefeul» cioè una scultura in legno ricoperta di chiodi, di un cacciatore imperiale di Val Pusteria nel cortile del Castello in cui ha sede il Museo.
2. Una statua in bronzo nel fossato del Castello, rappresentante la cosiddetta «vergine di Spinges».
3. La fontana di Laurino.
4. Volantini e mezzi di propaganda diretti contro le potenze centrali, esposti nella sala n. 6 del Museo.
5. Quadri di regnanti e di capi militari delle ex potenze centrali nella sala n. 10 del Museo.
6. Gli oggetti raccolti nella sala n. 23 del Museo e dedicati alla esaltazione della ex Cecoslovacchia.[166]

164. Il ministero della Guerra aveva scritto in tal senso a Italo Lunelli, podestà di Rovereto, cfr. Rasera, Zadra, *Memorie in conflitto*, pp. 28-31.

165. Lettera di Nino Menestrina al Museo trentino del Risorgimento, 17 dicembre 1934, MTR, A.G.7.

166. Rasera, Zadra, *Memorie in conflitto*, p. 34.

L'ultima richiesta comportò la chiusura dell'intera sala dedicata alla Cecoslovacchia, dopo la brutale aggressione nazista nella primavera 1939 che aveva cancellato lo Stato dalla carta geopolitica europea. Il museo dava infatti spazio all'azione delle legioni ceche che nella Grande guerra avevano combattuto contro gli imperi centrali, richiamando il clima «di solidarietà tra combattenti volontari delle "nazioni oppresse"».[167] Nel contesto delle relazioni italo-tedesche, diventava inaccettabile per i nuovi alleati lasciare intatto l'«angolo abbrunato» della sala che, ricordando il martirio dei cecoslovacchi impiccati dagli austriaci, riproponeva l'immagine della barbarie teutonica lungamente utilizzata nel corso del conflitto:

> Il barbaro modo delle esecuzioni – si leggeva nella *Guida* del 1938 – appare dalle fotografie, che riproducono gli eroi pendenti dagli alberi dove venivano impiccati a tre, a quattro, come grappoli umani, e dove i miseri resti venivano lasciati finché le carni imputridite cadevano a brandelli, per terrorizzare i rimasti sotto le bandiere d'Asburgo e la popolazione.[168]

L'adeguamento del racconto storico alla nuova declinazione della politica estera filonazista ridestò le pulsioni antigermaniche inscritte nell'esperienza bellica di molti irredentisti. Dopo aver ascoltato la commemorazione di Carlo Delcroix nel ventennale della vittoria, Bice Rizzi, la direttrice del Museo del Risorgimento di Trento, scrisse all'oratore una lettera in cui manifestava una «verità che non poteva essere taciuta»: il dissenso era condiviso da «autentici combattenti» e si fondava su «un senso di dovere verso i Morti e verso la giustizia». Le ragioni della politica e delle «nuove amicizie» non avrebbero dovuto incidere nella valutazione del passato, che non andava «cambiato né svisato». La distinzione di Delcroix tra Stato e popolo germanico sembrava a Rizzi un ambiguo espediente retorico, che stravolgeva il senso degli avvenimenti e la loro interpretazione storica. La sconfitta non aveva investito solo lo Stato germanico, bensì un popolo intero «che ambiva imporre all'Europa la sua dominazione e che dal Belgio alle terre irredente e da queste al Veneto ha palesato istinti e brutalità documentate e non ancora dimenticate».[169]

167. Ivi, p. 22.

168. Mario Ceola, *Guida del Museo storico di Guerra di Rovereto (Trentino)*, Rovereto, Tipografia Mercurio, 1938, p. 88.

169. Lettera del 21 giugno 1938, MTR, A.G.10. La lettera non fu spedita: in calce si legge che il contenuto fu trasmesso all'on. Dalla Bona.

In effetti, Rizzi evitò sempre di esplicitare la filiazione irredentismo-fascismo, che era invece condivisa dagli ambienti trentini del nazionalismo fascista ed esibita con meno remore, come si è visto, dalle istituzioni culturali al confine orientale. La *Guida* del museo, aggiornata da Rizzi e arrivata alla terza edizione alla fine degli anni Trenta, non faceva accenno all'attualità, nonostante il suo autore, il prof. Giuseppe De Manincor, suggerisse di «marciare coi tempi», incitando ad «allestire subito una sala sul Fascismo (Marcia al Brennero) e sulla Guerra in A.O.I. e in Spagna».[170]

Un anno più tardi, quando la guerra europea era già scoppiata, la direttrice manifestò il suo disagio con parole ancora più preoccupate. L'inaugurazione della sala della Vittoria nella Torre d'Augusto del Castello del Buon Consiglio, il 4 novembre 1939, acquisiva un significato speciale. Per la «sua prossimità alla Fossa che dal '48 al 1918 vide il martirio di prodi combattenti per la libertà di Trento», la Torre si presentava «ferma e salda come la fede di chi attese, potente e armoniosa nella sua linea come le latine schiere dei combattenti d'Italia che il 3 novembre 1918, sbaragliando un esercito disceso con orgogliosa sicurezza, vi issavano il tricolore». Tutto continuava a parlare il linguaggio della contrapposizione con il mondo germanico. Sulle vetrine, decorate dal pittore Remo Wolf, comparivano scudi recanti il nome «di luoghi sacri alla memoria di combattenti del fronte alpino: Passo Buole, Pasubio, Adamello, Tonale, Ortigara, Cauriol, sul basamento quelli del Risorgimento: Bezzecca, Ampola, Monte Suello, Condino, Borgo, Primolano, Levico: inizio e conclusione di un settantennio di lotte e di sacrifici che auspicavano il trionfo definitivo del dominio di Roma sulla terra trentina».[171]

L'incompatibilità di opinioni politiche con il presidente Italo Lunelli, «ardentissimo assofilo», spinse Rizzi a rassegnare le dimissioni da segretaria del comitato trentino dell'Istituto per la storia del Risorgimento.[172] Sulla medesima lunghezza d'onda, nel marzo 1940, mentre le armate naziste si accingevano a scatenare l'offensiva in Occidente, si collocavano le valutazioni di Pietro Pedrotti, un altro studioso trentino di fede irredentista. Accennando al «nuovo stringimento di freni a cui deve sottostare il troppo

170. Lettera di Giuseppe De Manincor a Bice Rizzi, 2 maggio 1939, MTR, A.G.11, sottolineature nel testo.

171. Bice Rizzi, *La sala della Vittoria nella Torre d'Augusto del Buon Consiglio di Trento*, in «RSR», 1939, pp. 1497-1498.

172. Lettera di Bice Rizzi a Lunelli, 11 dicembre 1939, MTR, A.G.12. I contrasti con Lunelli furono ricordati da Rizzi nelle lettere a Gaetano De Sanctis del 25 agosto 1945 e a Ghisalberti del 20 settembre 1945, MTR, A.G.14.

paziente popolo italiano», egli commentava con angoscia e con toni premonitori il rischio di una prossima egemonia tedesca sulla penisola: una «enormità» che, se avverata, avrebbe costituito il «rovinoso crollo di tanti ideali».[173] Dati questi precedenti, non sorprende che proprio a Rizzi e Pedrotti, superata la bufera bellica, il commissario straordinario dell'Istituto Gaetano De Sanctis (l'antichista che aveva rifiutato il giuramento imposto nel 1931 ai professori universitari) e il segretario generale Ghisalberti avrebbero affidato la ricostituzione del comitato trentino.

10. *Bilanci*

Il quadro fin qui tratteggiato conferma anche per il ventennio fascista l'esistenza di indirizzi e pratiche che sfuggono a letture lineari. Nonostante le numerose difficoltà in cui si dibattevano, i musei continuavano a essere percepiti da molti cittadini come luoghi di una tradizione patriottica che, per la loro duttilità, ciascuno poteva riempire degli aggettivi preferiti:

> Superfluo ch'io ripeta – si legge in una relazione del 1937 – quanto i bolognesi amano il loro Museo del Risorgimento. Per loro è, davvero, un sacrario. E lo si può vedere tutti i giorni; ma, soprattutto, la domenica, nelle ore di apertura, le sue sale sono letteralmente stipate di una folla di pubblico, desideroso di osservare, forse per la centesima o secentesima volta, gli oggetti vari esposti, e di farli osservare, attentamente, ai figliuoli ed alle figliuole, che le madri e i padri si conducono per mano, od il fratello al fratello, e l'amico ed il compagno all'amico ed al compagno.[174]

I numeri, analogamente a quanto già osservato per la situazione di inizio secolo, restituiscono livelli di presenza elevati. A Torino, l'affluenza raggiunse livelli record nel 1928, nell'ambito dei festeggiamenti del decennale della vittoria nella Grande guerra e del quarto centenario della nascita di Emanuele Filiberto: in quella occasione i visitatori furono ben 212.000, di cui 185.000 con accesso gratuito.[175] Il trasferimento provvisorio del museo al Palazzo del Giornale fece scendere le presenze a 19.000 nel 1931, che poi si assestarono nei tre anni seguenti intorno alle 30.000 annue. A Trento, dove il museo era una tappa obbligata dei pellegrinaggi

173. Lettera di Pedrotti a Bice Rizzi, 2 marzo 1940, MTR, A.G.12.

174. "Relazione intorno all'attività del Museo del Risorgimento durante l'anno 1936 – XIV-XV", MRBO, *Atti d'ufficio 1937*.

175. MRT, verbali 15 gennaio e 4 dicembre 1929.

ai luoghi di guerra promossi da associazioni di combattenti, scolaresche, dopolavoro, le visite annuali si stabilizzarono sulle 40.000, con una punta di 45.000 nel 1935, in coincidenza dell'inaugurazione del monumento nazionale a Cesare Battisti sul Doss Trento. Bice Rizzi ne traeva spunto per sottolineare l'effetto sentimentale prodotto sui visitatori dal contatto con le memorie dei martiri: «ne abbiamo potuto vedere molti uscire da quelle sale con gli occhi arrossati di pianto e ben possiamo affermare che il Museo è una di quelle istituzioni che parla direttamente al cuore a smentita anche di coloro che vorrebbero far apparire simili istituzioni a mero ricettacolo di cose morte o di vecchie cianfrusaglie».[176]

Dati analoghi si trovano nel museo "gemello" di Trieste, che dalle circa 8.300 presenze (paganti) del 1929 passò, nella nuova sede in piazza Oberdan, alle 40.000 nel 1938.[177] Restando in area di confine, il Museo della guerra di Rovereto toccava circa 25.000 visitatori annui,[178] un numero non trascurabile se si considera che nel 1931 il Musée de la Guerre di Parigi ne contava 31.000, saliti tre anni più tardi a 77.000.[179]

Nonostante il contesto totalitario, il racconto museale respirava le oscillazioni e le ambiguità che dipendevano sia dalle molteplici letture del passato interne alla cultura fascista sia dalle dinamiche del rapporto centro-periferia, da cui l'azione dei musei non era separabile. Rivendicazione della continuità con il passato, esigenza di identificare più nettamente il regime con la modernità novecentesca, volontà di integrare temi e linguaggi alle esigenze belliciste e imperialistiche del fascismo, forme di resistenza rispetto a ciò che intaccava memorie e interpretazioni ben ancorate al territorio. Tutto ciò si intrecciava nella vita dei musei storici, la cui azione rifletteva o rilanciava, a seconda delle circostanze, i messaggi provenienti dal circuito comunicativo di cui erano parte integrante: scuola, commemorazioni, rituali – non andrebbe dimenticato – entravano in funzione simultaneamente, dando un respiro circolare all'operazione.

176. Rizzi, *Il Museo del Risorgimento di Trento*, p. 785.

177. Cfr. Comunicazione di Sticotti all'adunanza del Comitato giuliano della Società nazionale per la storia del Risorgimento, 19 dicembre 1929, MTS, Archivio Sticotti, 1/2-37; «RSR», 1939, p. 528.

178. Labanca, Rasera, Zadra, *Le sale coloniali del Museo della Guerra di Rovereto*, p. 125; Rasera, Zadra, *Conflitti di memorie*.

179. Dogliani, *Musei e monumenti della Grande guerra*, p. 21. Fuori scala è l'Imperial War Museum di Londra, che nel 1920-21 registrò due milioni e mezzo di visitatori e dal 1924 al 1934 una media di 250.000 l'anno; Kavanagh, *Museums and the first world war*, p. 149; Brandt, *The Memory Makers: Museums and Exhibitions of the First World War*, p. 112.

I musei storici, e quelli del Risorgimento in particolare che ne costituivano l'ossatura, finivano così per far propria una condizione ambivalente. Nell'arena del discorso pubblico sul passato, dove linguaggi e contenuti transitavano in forme necessariamente semplificate, il regime non poteva ignorare l'efficacia dell'impostazione continuista veicolata dai musei: il legame con il Risorgimento, l'irredentismo, la Grande guerra consentiva di presentare il fascismo come tappa conclusiva della tradizione patriottica, con i vantaggi innegabili che ne derivavano sul terreno dell'educazione dei giovani e poi della propaganda coloniale e bellica. D'altro canto, in veste di depositari della tradizione, i musei costituivano un problema per quanti auspicavano una più netta discontinuità anche in tema di rapporto con il passato. Di fatto, nel 1937 qualcuno faceva osservare che «la presenza spirituale della Rivoluzione fascista» negli allestimenti museali era ancora un dato «non comune».[180] La stessa applicazione del modello della Mostra della Rivoluzione fascista, come si è visto, finì per incagliarsi contro le resistenze inerziali congenite alla istituzione museale. Il concetto di «accademismo imperante» ben si applica alla tipologia dei musei d'arte e meno alla specificità dei musei storici: si può tuttavia convenire sul fatto che anche a questi ultimi, per l'insieme di ragioni sopra elencate, fosse negata quella libertà espressiva che rendeva le esposizioni temporanee un canale più congruente alle istanze di mobilitazione e coinvolgimento popolare perseguite dal fascismo.[181]

La geografia delle istituzioni museali e la longevità di schemi tradizionali sono variabili che vanno considerate con attenzione, al fine di cogliere la dialettica che si determinò tra la profondità dell'intervento ideologico del regime e le risposte non lineare restituite dal territorio. In questo senso, lo studio dei musei non è separabile dagli interrogativi storiografici che riguardano più in generale il nodo del "consenso" e i suoi diversi livelli di penetrazione nella società italiana, come è stato segnalato con particolare riferimento all'attività del Pnf in periferia.[182]

180. Lettera di Alfonso Morselli al segretario federale di Modena, 28 luglio 1937, MRMO, *Carteggio, Corrispondenza 1934-1958*.

181. Cfr. Giovanni Pinna, *I musei nelle dittature: Germania, Italia, Spagna*, in «Nuova museologia», 21 (2009), pp. 2-33, in particolare pp. 18-23.

182. Cfr. Paul Corner, *Italia fascista. Politica e opinione popolare sotto la dittatura*, Roma, Carocci, 2015; *Il fascismo in provincia. Articolazioni e gestione del potere tra centro e periferia*, a cura di Paul Corner e Valeria Galimi, Roma, Viella, 2014. Privilegia invece gli aspetti del consenso Christopher Duggan, *Il popolo del Duce. Storia emotiva dell'Italia fascista*, Roma-Bari, Laterza, 2013.

5. L'Italia repubblicana. Tra continuità e rinnovamento

> Ecco perché possiamo, a un certo momento e in un certo senso, parlare di Risorgimento che continua e di Resistenza tuttora in atto, ecco perché uomini e cose della Resistenza possono e devono trovar luogo nei musei del Risorgimento, in quelli, beninteso, che siano musei vivi, che raccolgano, cioè, ad uso dei vivi, le memorie e le testimonianze di coloro che, morti, sono più vivi dei vivi.
>
> Luigi Bulferetti, 1953

1. *Il "secondo Risorgimento"*

La fine della dittatura e le macerie lasciate dalla guerra mondiale inaugurarono una fase inevitabile di ripensamento anche sul piano del rapporto con il passato e del suo innesto nel presente. Per l'ennesima volta, gli italiani andavano "rifatti", occorreva ricucire il tessuto della solidarietà nazionale, riformulare un sentimento di patria che si inserisse dentro un orizzonte di valori imperniato sulla cittadinanza democratica.[1] L'operazione era decisiva quanto ostica: alle eredità lasciate dalla pervasiva azione del fascismo sul terreno dell'educazione delle masse e delle liturgie pubbliche si sovrapponevano le ripercussioni nel paese degli sviluppi della situazione internazionale.[2] La Resistenza, la guerra civile, il ritorno alla libertà e alla

1. Cfr. *Farsi italiani. La costruzione dell'idea di nazione nell'Italia repubblicana*, a cura di Annalisa Bini, Chiara Daniele, Silvio Pons, Milano, "Annali" della Fondazione G. Feltrinelli, 2009.

2. Cfr. *La grande cesura. La memoria della guerra e della Resistenza nella vita europea del dopoguerra*, a cura di Giovanni Miccoli, Guido Neppi Modona, Paolo Pombeni, Bologna, il Mulino, 2001.

democrazia, la proclamazione della Repubblica, l'inizio della guerra fredda, le conseguenze del trattato di pace: tutto ciò non poteva non incidere anche sulla vita dei musei storici, chiamati a rimodellare la loro presenza nella società sotto la spinta degli eventi appena conclusi e dei nuovi paradigmi che si stavano affermando nel panorama politico nazionale.

La pratica espositiva fu riconosciuta da subito come uno strumento utile ad accompagnare la fuoriuscita dell'Italia dall'associazione con la lunga dittatura fascista. Nei primi mesi successivi alla liberazione, alcune mostre furono prontamente allestite per raccontare le vicende della guerra e promuovere la Resistenza come base fondante la nuova democrazia italiana. Le più rilevanti si tennero a Milano, Torino, Genova, su iniziativa dei comitati di liberazione; alcune ebbero carattere itinerante e furono ospitate in Francia, a Grenoble e Nizza.[3] L'anno dopo, Parigi ospitò una mostra dello stesso tenore, a dimostrazione del ruolo che tali manifestazioni potevano assolvere anche nell'ambito della diplomazia culturale, di fronte alla necessità per l'Italia di correggere un'immagine fortemente compromessa dal ricordo della politica aggressiva del regime fascista.[4]

Documenti, oggetti, fotografie attestavano l'esigenza, sentita soprattutto dalle famiglie e dalle comunità locali,[5] di fissare il ricordo della Resistenza, di esibire una pagina viva e palpitante di storia, legittimando i suoi protagonisti e inserendoli nel romanzo patriottico nazionale. Dalle mostre di epoca fascista era in parte recuperato l'uso innovativo di fotografie e fotomontaggi, mentre il messaggio era ovviamente rovesciato di segno. Si trattava di riportare all'attenzione degli italiani le culture politiche nazionali che durante la dittatura avevano tenuto in vita – per vie clandestine, nell'esilio, con le brigate internazionali nella guerra civile spagnola – la

3. Cfr. *Un'immagine dell'Italia. Resistenza e ricostruzione. Le mostre del dopoguerra in Europa*, a cura di Adolfo Mignemi e Gabriella Solaro, Milano, Skira, 2005.

4. Cfr. Caroline Pane, *Sguardi incrociati sulle mostre dell'immediato dopoguerra in Francia e in Italia: rappresentazioni e poste in gioco delle relazioni internazionali*, in *Luoghi d'Europa. Spazio, genere, memoria*, a cura di Maria Pia Casalena, Bologna, ArchetipoLibri, 2011, pp. 78-91, Ead., *Écrire et représenter la mémoire de l'Antifascisme: l'Exposition de la Résistance italienne (Paris, 1946)*, in *Mémoires du Ventennio. Représentations et enjeux mémoriels du régime fasciste de 1945 à aujourd'hui. Cinéma, Théâtre, Arts plastiques*, a cura di Emilia Héry, Caroline Pane, Claudio Pirisino, Neuville sur Saône, Éditions Chemins de Tr@verse, pp. 63-79.

5. Cfr. Patrizia Dogliani, *Associazionismo resistenziale nel primo decennio della repubblica: politiche ed insediamenti di una memoria*, in «Memoria e Ricerca», 10 (1997), pp. 165-183.

tradizione di libertà e giustizia risalente al lontano filone democratico del Risorgimento; e dimostrare come tali rivoli fossero infine confluiti in forma originale nella partecipazione popolare alla guerra partigiana. I nomi delle vie e delle piazze cittadine furono tra i primi a tradurre visivamente questa prospettiva, che richiedeva l'epurazione simbolica del massiccio intervento fatto anche in questo campo dal regime fascista.[6] Per la concezione che le ispirava, quelle prime mostre sono state indicate come un osservatorio di studio particolarmente interessante, che consente di cogliere «la genesi e gli archetipi della rappresentazione della Resistenza» e insieme le precoci «difficoltà relative al suo radicamento nel patrimonio simbolico della nazione».[7]

In effetti, un dato eclatante che riguarda i musei della Resistenza consiste nella loro assenza a livello statale: un'assenza «del tutto anomala nel quadro europeo», che spinge a osservarne le presenze (peraltro tardive) a livello locale, «dalle caratteristiche assai diverse nel tempo e nello spazio».[8] La conclusione del governo di unità antifascista nel maggio 1947 e le dure contrapposizioni ideologiche della guerra fredda frenarono l'ingresso della Resistenza nel discorso pubblico come deposito di valori condiviso. Veniva meno uno dei requisiti fondamentali insiti in ogni operazione museale investita di sacralità istituzionale. In ambito governativo, la pregiudiziale antifascista lasciò presto il posto a quella anticomunista, mentre le letture del passato recente si disponevano secondo logiche di appartenenza politico-culturali.[9] La frammentazione dell'esperienza bellica e partigiana nella società italiana, la sua difformità in termini di cronologia e geografia accentuarono le difficoltà di insediamento unitario della memoria resistenziale,

6. Cfr. Maurizio Ridolfi, *Il nuovo volto delle città. Storia nazionale e culture politiche nella toponomastica repubblicana*, in Id., *Storia politica dell'Italia repubblicana*, Milano, Bruno Mondadori, 2010, pp. 25-50.

7. Ersilia Alessandrone Perona, *La costruzione dell'immagine pubblica della resistenza: le prime mostre*, in *Un'immagine dell'Italia*, p. 47.

8. Ead., *La Resistenza italiana nei musei*, in «Passato e presente», 45 (1998), p. 135. Della stessa studiosa anche *La Resistenza e i suoi luoghi di memoria*, in *Resistenza e autobiografia della nazione. Uso pubblico, rappresentazione, memoria*, a cura di Aldo Agosti e Chiara Colombini, Torino, Edizioni SEB 27, 2012, pp. 80-102.

9. Nell'ampia bibliografia mi limito a ricordare Filippo Focardi, *La guerra della memoria. La Resistenza nel dibattito politico italiano dal 1945 a oggi*, Roma-Bari, Laterza, 2005; Philip Cooke, *L'eredità della Resistenza. Storia, cultura, politiche dal dopoguerra a oggi* (2011), tr. it. Roma, Viella, 2015.

nonostante l'assunzione del 25 aprile e del 2 giugno a nuove feste civili della nazione.[10]

In questo contesto, il legame con il Risorgimento finì per diventare una scelta pressoché obbligata. La formula del "secondo Risorgimento" era già stata più volte utilizzata dagli ambienti di Giustizia e Libertà[11] e poi in modo più sistematico e corale nel 1943-45 per agganciare la lotta contro tedeschi e fascisti di Salò al ricordo delle guerre contro lo straniero.[12] Negli stessi mesi, l'apparato propagandistico della Rsi non aveva esitato a recuperare figure ed episodi del Risorgimento repubblicano, agitandoli in chiave insieme antimonarchica e antidemocratica, con una netta curvatura eroico-sacrificale.[13]

Sul versante monumentale, ai nomi dei caduti nella Grande guerra furono aggiunti quelli del movimento partigiano (e più in generale dei soldati caduti nel 1940-45), in un patriottico abbraccio cumulativo. Ne erano esclusi i caduti della Rsi, che rinviavano a una memoria separata e a rituali che sarebbero rimasti nel tempo antagonistici a quelli della democrazia repubblicana.[14] Il passato forniva modelli sperimentati di elaborazione del lutto: nell'Italia del centrismo democristiano e dell'alleanza occidentale, la tradizione continuava a essere il serbatoio più rassicurante cui la politica della memoria potesse attingere. Non è casuale che molte epigrafi di quel periodo

10. Cfr. *Le memorie della Repubblica*, a cura di Leonardo Paggi, Firenze, La Nuova Italia, 1999; Ridolfi, *Le feste nazionali*. Per un bilancio, cfr. il recente *Il 25 aprile dopo il 25 aprile. Istituzioni, politica, cultura*, a cura di Paolo Carusi e Marco De Nicolò, Roma, Viella, 2018.

11. Anche in questo caso non senza dure controversie interne, come dimostra la celebre discussione del 1935: cfr. *L'unità d'Italia. Pro e contro il Risorgimento*, a cura di Alberto Castelli, Roma, E/O, 2010; Cesare Panizza, *Antifascismo e Risorgimento. Una discussione all'interno di Giustizia e Libertà*, in «Quaderno di storia contemporanea», 32 (2002), pp. 24-43.

12. Cfr. Pavone, *Una guerra civile*; Francesco Traniello, *Sulla definizione di Resistenza come "secondo Risorgimento"*, in *Le idee costituzionali della Resistenza*, a cura di Claudia Franceschini, Sandro Guerrieri, Giancarlo Monina, Roma, Presidenza del Consiglio dei ministri, Dipartimento per l'informazione e l'editoria, 1997, pp. 17-24.

13. Cfr. Luigi Ganapini, *La repubblica delle camicie nere*, Milano, Garzanti, 1999; Pavone, *Una guerra civile*, pp. 169 sgg.

14. Cfr., tra gli altri, Mario Isnenghi, *La guerra civile nella pubblicistica di destra*, in *Guerra, guerra di liberazione, guerra civile*, a cura di Massimo Legnani e Ferruccio Vendramini, Milano, FrancoAngeli, 1990, pp. 231-244; Francesco Germinario, *L'altra memoria. L'Estrema destra, Salò e la Resistenza*, Torino, Bollati Boringhieri, 1999; Roberto Chiarini, *L'ultimo fascismo. Storia e memoria della Repubblica di Salò*, Venezia, Marsilio, 2009.

insistano sul tema della pietà umana: la declinazione religiosa del ricordo, accomunando tutti nella morte, stemperava le lacerazioni della guerra civile e consentiva di lenire la dimensione conflittuale della memoria, sia pure a costo di depotenziare la vicenda partigiana delle sue più radicali aspettative di discontinuità. Grande risalto ebbe in questo senso il nesso stabilito tra l'Altare della Patria e il nuovo mausoleo-sacrario in ricordo dell'eccidio delle Fosse Ardeatine: la lettura nazional-patriottica del martirio eroico conferiva una indubbia efficacia comunicativa ed emotiva ai rituali dedicati al riassorbimento del lutto.[15]

Ciascun partito poté cavalcare questa risorsa sulla base delle proprie esigenze, come risultò evidente specialmente nel corso dell'accesissima campagna propagandistica per le elezioni del 18 aprile 1948, quando la figura di Garibaldi monopolizzò l'iconografia patriottica. Le culture politiche democristiana e socialcomunista, che storicamente potevano vantare pochi agganci con quella tradizione e che in passato avevano espresso giudizi molto severi, si misurarono intensamente con i miti della patria e della nazione, sia pure dentro le asperità ideologiche della guerra fredda.[16] Sul versante governativo, il richiamo al Risorgimento permetteva alle forze centriste guidate dalla Democrazia cristiana di non abbandonare la Resistenza al monopolio socialcomunista, diluendola nella più rassicurante continuità con il patriottismo ottocentesco. Tra i partiti di sinistra, accusati di subordinazione al modello sovietico, l'adesione al secondo Risorgimento fungeva nell'immediato da scudo difensivo, testimoniando il loro radicamento nazionale.

A ben vedere, la formula del secondo Risorgimento non investiva solo l'immagine della Resistenza, come abitualmente si pensa. I suoi riflessi furono tutt'altro che trascurabili anche sul "primo Risorgimento", in una campata lunga che inglobava la Grande guerra nella canonica accezione

15. Cfr. Guri Schwarz, *Tu mi devi seppellir. Riti funebri e culto nazionale alle origini della Repubblica*, Torino, Utet, 2010; Leonardo Paggi, *Il «popolo dei morti». La repubblica italiana nata dalla guerra (1940-1946)*, Bologna, il Mulino, 2009; Michela Ponzani, *Il mito del secondo Risorgimento nazionale. Retorica e legittimità della Resistenza nel linguaggio politico istituzionale: il caso delle Fosse Ardeatine*, in «Annali della Fondazione Luigi Einaudi», XXXVII (2003), pp. 199-258.

16. Cfr. Gentile, *La Grande Italia*; Giorgio Vecchio, *Tricolore, feste e simboli dello Stato nel primo decennio repubblicano*, in *Gli italiani e il Tricolore*, pp. 329-391; Andrea Mariuzzo, *Divergenze parallele. Comunismo e anticomunismo alle origini del linguaggio politico dell'Italia repubblicana (1945-1953)*, Soveria Mannelli, Rubbettino, 2010, cap. 4.

di "quarta guerra d'indipendenza": veniva infatti incontro al bisogno di riscattare un patrimonio di storia e di memorie che, variamente contaminato durante il fascismo, era inserito a pieno titolo nel circuito di un sentimento nazionale in via di ricostruzione. La tormentata questione di Trieste e dell'alto Adriatico, che si risolse soltanto nell'ottobre 1954 con il ritorno della città all'Italia, fu la cartina di tornasole dell'ingorgo di memorie patriottiche e di usi politici del passato che saturarono il dibattito pubblico, in una fase in cui le delicate problematiche della politica estera incidevano con forza sul tema della nazione. Al netto delle palesi strumentalizzazioni della questione, l'arsenale simbolico che faceva capo al Risorgimento e alla Grande guerra risultò tutt'altro che «inservibile»:[17] al contrario, agiva con forza immutata nell'immaginario nazionale, sollevava sentimenti e affetti che erano il portato di radicate narrazioni letterarie e scolastiche.[18] Dentro quello scenario poteva rispecchiarsi una società che non aveva ancora reciso i legami con la sua "infanzia" ottocentesca, nonostante gli incontestabili processi di modernizzazione.

Gli anniversari del dopoguerra, dal centenario del 1848 a quello delle repubbliche di Roma e Venezia, fino alle varie ricorrenze del "decennio di preparazione" culminate nella grande kermesse di Italia 61, garantirono al Risorgimento una inalterata presenza nel discorso pubblico. Se ne fecero veicolo antologie scolastiche, editoria d'occasione, rappresentazioni cinematografiche, trasmissioni radiofoniche, oltre a manuali di storia che, salvo qualche eccezione, faticavano a emanciparsi da un impianto «asfittico e conformista».[19] Numerose mostre furono organizzate in varie città italiane per ricordare il Risorgimento e i suoi protagonisti, nazionali e locali, con un'accentuata sensibilità per le ricadute di natura artistica delle opere esposte.[20] Era un'attenzione che respirava a suo modo la vivace stagione

17. Secondo quanto scriveva Silvio Lanaro nel 1988, in un saggio per molti versi pionieristico e ricco di stimoli: *L'Italia nuova*, p. 223.

18. Cfr. Cattaruzza, *L'Italia e il confine orientale*; Massimo Baioni, *Trieste 1954. Echi italiani della "seconda redenzione"*, in «Memoria e Ricerca», 50 (2015), pp. 115-137. Sul dibattito politico e parlamentare si veda ora la dettagliata ricostruzione di Vanessa Maggi, *La città italianissima. Usi e immagini di Trieste nel dibattito politico del dopoguerra (1945-1954)*, tesi di dottorato in Studi umanistici, Università di Urbino, a.a. 2018-19.

19. Monica Galfré, *Tutti a scuola! L'istruzione nell'Italia del Novecento*, Roma, Carocci, 2017, p. 178. Sulla persistenza di linguaggi e immagini della retorica prebellica cfr. Marco Mondini, *Una guerra ancora nobile. Miti guerrieri nell'Italia dell'età posteroica (1945-61)*, in «Storica», 53 (2012), pp. 93-119.

20. Brevetti, *La patria esposta*, pp. 125-142.

storiografica di quegli anni, caratterizzata dalla fuoriuscita dal paradigma nazionalista e dall'esplorazione di nuovi filoni di indagine: in modo particolare, le riflessioni di Gramsci, all'indomani della pubblicazione dei *Quaderni del carcere*, furono un punto di snodo e di dibattito molto fecondo, con implicazioni che, trascendendo il mero confronto scientifico, investivano i nodi cruciali dello sviluppo storico dell'Italia unita.[21]

Le cose, anche per la Resistenza, sarebbero cambiate davvero un decennio più avanti, sotto i colpi della grande trasformazione economico-sociale del paese. Soltanto allora i partiti e le rispettive culture politiche sarebbero riusciti a ricucire una prospettiva unitaria in tema di memorie, rituali e simboli della guerra partigiana, facendone il pilastro riconosciuto della nuova democrazia repubblicana. Si tornerà sul punto.

Ciò che importa ora notare è che le memorie divise innescate dalla radicalizzazione dello scontro politico ebbero come conseguenza anche quella di impedire la costituzione di luoghi museali specificamente incentrati sulla lotta partigiana. Si riproponeva una situazione analoga a quella del primo dopoguerra. Come allora, furono rari i musei appositamente dedicati ai capitoli drammatici della vicina esperienza bellica. Dopo il 1945, le uniche eccezioni di rilievo furono il Museo della Liberazione di via Tasso a Roma, inaugurato il 4 giugno 1955, e più avanti il museo di Casa Cervi a Gattatico, in provincia di Reggio Emilia. In entrambi i casi prevaleva il dato "memoriale" più che museale. Il luogo prescelto rinviava al significato martirologico della resistenza al nazifascismo: le celle dell'edificio romano evocavano la prigionia e le torture ivi perpetrate dalla Gestapo, la casa emiliana diventava lo spazio scenografico dell'esistenza e della sofferenza sacrificale di una intera famiglia contadina, identificata con i valori dell'antifascismo.[22]

21. Mi limito a rinviare a Fausto Fonzi, *La storiografia sul Risorgimento nel secondo dopoguerra*, in *Cento anni di storiografia sul Risorgimento*, a cura di Ester Capuzzo, Roma, Istituto per la storia del Risorgimento italiano, 2002, pp. 199-227; Gilda Zazzara, *La storia a sinistra. Ricerca e impegno politico dopo il fascismo*, Roma-Bari, Laterza, 2011.

22. Cfr. Arrigo Paladini, *Via Tasso. Museo storico della liberazione di Roma*, Roma, Istituto Poligrafico e Zecca di Stato, 1986; la scheda di Marco De Nicolò in *Roma e Lazio 1930-1950. Guida per le ricerche*, a cura di Antonio Parisella, Milano, FrancoAngeli, 1994, pp. 324-327; Elvira Sabbatini Paladini, *Da Via Tasso alle Fosse Ardeatine*, in *Un percorso della memoria. Guida ai luoghi della violenza nazista e fascista in Italia*, a cura di Tristano Matta, IRSML nel Friuli-Venezia Giulia, Milano, Electa, 1996, pp. 57-67; *I Cervi. Scritti e documenti*, Reggio Emilia, Tip. Tecnostampa, 1963.

Se i contesti tra i due dopoguerra erano profondamente differenti, ciò che restava immutato era la forza di seduzione della tradizione risorgimentale, che offriva al presente modelli ben collaudati.[23] La Resistenza entrava nel discorso pubblico essenzialmente sotto la lente del secondo Risorgimento. Le diversità tra i due momenti storici non erano taciute, ma l'insistenza sulla continuità era intrinseca alla prevalente lettura della Resistenza in termini di guerra patriottica di liberazione nazionale: la dimensione della guerra civile, ben presente nella prima narrativa resistenziale (Calvino, Fenoglio, Pavese), fu presto abbandonata e consegnata all'uso pressoché esclusivo della destra neofascista. Le stesse associazioni partigiane – si pensi a «Patria indipendente», un giornale rappresentativo di quell'universo – non avrebbero mai rinunciato a rivendicare orgogliosamente quel nesso, elevandolo a certificato del più autentico patriottismo.[24]

I musei del Risorgimento contribuirono in modo non trascurabile a consolidare questa operazione. Usciva confermata la loro natura elastica, duttile, che ne faceva contenitori pronti a incorporare le pagine più recenti della storia italiana e a svolgere l'ennesimo ruolo di supplenza. I materiali aggiunti negli anni Trenta per illustrare la marcia su Roma, le guerre in Etiopia e in Spagna furono prontamente rimossi per lasciare posto alle testimonianze della guerra partigiana. Nuove intitolazioni esplicitavano la volontà di rifondare il senso politico e culturale della presenza dei musei nel territorio: il Museo del primo e secondo Risorgimento a Bologna, il Museo del Risorgimento e della Resistenza a Vicenza, Bergamo, Ferrara, il Museo trentino del Risorgimento e della lotta per la libertà a Trento. Non meno evidente fu la volontà di ricollegare la Grande guerra ai suoi precedenti ottocenteschi, rompendone il nesso con il fascismo. Il Museo del Risorgimento di Milano era quello che si era spinto più avanti in questa direzione, come si è detto con riferimento alla gestione, per molti versi innovativa, di Antonio Monti. A seguito dei pesanti bombardamenti che colpirono il Castello Sforzesco nell'estate 1943, il museo riaprì i battenti nel 1951 nel settecentesco Palazzo Moriggia in via Borgonuovo. Il percorso espositivo ripartiva dalla pace di Aquisgrana del 1748 e si inoltrava anch'esso fino alla liberazione del 1945. Il capitolo più recente della storia nazionale, il trentennio tra le due guerre mondiali, trovò poi uno spazio specifico nel Museo di Storia

23. Per una comparazione tra i due periodi cfr. Mondini, Schwarz, *Dalla guerra alla pace*.

24. Cfr. Philip Cooke, *La Resistenza come secondo Risorgimento: un* topos *retorico senza fine?*, in «Passato e presente», 86 (2012), pp. 62-81.

contemporanea: inaugurato a Palazzo Morando il 7 dicembre 1963, esso riprendeva e adeguava al nuovo contesto dell'Italia repubblicana il vecchio progetto montiano del Museo delle guerre d'Italia.[25]

2. *Riallestimenti: rinnovamento nella tradizione*

Un osservatorio chiave per cogliere le dinamiche complesse di questa evoluzione è ancora una volta costituito dal Museo nazionale del Risorgimento di Torino.[26] Il conflitto aveva interrotto il completamento delle sale secondo i criteri ispirati al sabaudofascismo di De Vecchi. Dopo l'8 settembre 1943, e soprattutto a seguito dell'adesione del direttore Luigi Bulferetti alle formazioni partigiane di "Giustizia e Libertà", i locali di Palazzo Carignano furono utilizzati a più riprese come deposito di armi e di materiali di propaganda: vi si tennero riunioni clandestine di esponenti politici e militari della resistenza piemontese e fu coordinato il movimento di staffette di collegamento tra la Valle d'Aosta e le formazioni GL del Monferrato.[27] Nel 1946, la nomina di Franco Antonicelli a commissario straordinario del museo[28] e la conferma di Bulferetti alla direzione siglavano il passaggio all'antifascismo della importante istituzione culturale torinese. Non era una svolta di poco conto per un museo che, nonostante la qualifica di "nazionale", non aveva mai reciso il legame privilegiato che lo univa alla tradizione sabauda.

L'impegno profuso nell'ultima fase della guerra «dagli amici torinesi e dal vecchio e glorioso Museo del Risorgimento» fu elogiato da Ghisalberti,

25. Fu poi chiuso nel 1995 e trasformato in sede di esposizioni temporanee, cfr. Roberto Guerri, *Un progetto nuovo per Milano: il Laboratorio-Museo di Storia Contemporanea*, in *Nuovi Musei di Storia Contemporanea in Europa*, a cura di Roberto Guerri e Massimo Negri, Milano, Edizioni Comune di Milano Amici Museo del Risorgimento, 2002, pp. 9-20. Cfr. anche Leopoldo Marchetti, *Il Museo del Risorgimento Nazionale*, in «Città di Milano», luglio-agosto 1950, pp. 129-134.

26. Per un'analisi di fasi e sviluppi interni alla storia del museo torinese rinvio al mio *Il tempio conteso. Il Museo Nazionale del Risorgimento di Torino nell'Italia repubblicana (1946-1962)*, in Baioni, *Risorgimento conteso*, pp. 169-232.

27. Sulla base di questa attività, Bulferetti avrebbe poi chiesto al Comando Militare regionale piemontese di riconoscere al museo la qualifica di «collaboratore benemerito nella lotta di liberazione», lettera del 4 luglio 1945, ACTO, *Carteggi 1945-1949*.

28. Cfr. Oscar Mazzoleni, *Franco Antonicelli. Cultura e politica (1925-1950)*, Torino, Rosenberg & Sellier, 1998.

alla ripresa dei contatti tra Roma e Torino nel giugno 1945. Il segretario generale dell'Istituto per la storia del Risorgimento, confermato in carica dal commissario straordinario alle istituzioni storiche Gaetano De Sanctis, si congratulò con Bulferetti per il comportamento tenuto in quel difficile frangente, il più «augurabile per uno studioso del Risorgimento».[29] Non diversamente si era mossa a Trento Bice Rizzi, che nell'estate 1943 aveva occultato cimeli e documenti al fine di evitare la loro asportazione da parte dei tedeschi.[30] A sua volta, Ghisalberti volle ricordare che anche l'Istituto e il Museo centrale al Vittoriano avevano «salvato bandiere, ospitato patrioti, raccolto armi, distribuito sussidi».[31] Tali benemerenze furono ribadite nel fascicolo del 1946 con cui la «Rassegna storica del Risorgimento» si ripresentava ai soci e agli studiosi. Riallacciando la storia dell'Istituto alle sue lontane origini (il congresso del 1906 e la nascita della Società nazionale per la storia del Risorgimento), Ghisalberti aggirava lo scomodo confronto con il fascismo e le pur decisive trasformazioni degli anni Trenta. L'Istituto entrava nella ritrovata democrazia con il capitale della «non inutile attività patriottica» svolta dal Vittoriano durante i mesi drammatici dell'occupazione nazista di Roma,

> come sanno gli ufficiali che vi sono stati nascosti, i perseguitati che ne hanno avuto sussidi, i minacciati d'arresto che sono stati avvertiti in tempo del pericolo, i partigiani che vi hanno depositato armi o vi sono dati convegno, i Comandi militari che vi hanno occultato vessilli, i suoi impiegati che hanno rischiato tutti serenamente vita e libertà senza per questo sentirsi in alcun modo autorizzati ad accampare titoli o a rivendicare benemerenze, paghi soltanto d'aver fatto il proprio dovere d'Italiani.[32]

Anche se la transizione fu completata solo nel 1952, con la conclusione della gestione commissariale e la nomina di Ghisalberti a presidente, fin dal 1945 l'Istituto aveva ricucito i rapporti con la rete dei comitati provinciali e dei musei. I rapporti non furono sempre distesi, a causa delle pressanti richieste di autonomia che provenivano dalla periferia, dove

29. Lettera di Ghisalberti a Bulferetti, 25 giugno 1945, ACTO, *Carteggi 1945-1949*.

30. Le casse furono trovate e prelevate dalla Gestapo nella primavera 1944, più tardi recuperate indenni presso un castello a Campo Tures. Cfr. la ricostruzione di Rizzi in un documento dell'agosto 1946 (MTR, A.G.15) e in una relazione pubblicata in «Studi trentini di Scienze Storiche», 1 (1946).

31. Lettera di Ghisalberti a Bulferetti, 25 giugno 1945, ACTO, *Carteggi 1945-1949*.

32. «RSR» 1944-1946, fascicolo unico, p. 260.

molti comitati (*in primis* quelli toscani, in effetti confluiti nella Società toscana per la storia del Risorgimento) fremevano per liberarsi dei molteplici vincoli di subordinazione al centro imposti durante la presidenza De Vecchi.

Comitati e musei respiravano le forti tensioni del momento. Nell'accesa competizione politica del dopoguerra, le ricorrenze centenarie del 1848-49 alimentarono scontri che travalicavano le dispute di natura storiografica. Il microcosmo torinese, che da "culla" monarchica dell'unità si presentava ora anche nella veste di capitale dell'antifascismo, portava alla luce la varietà delle posizioni sul Risorgimento. Antonicelli e Bulferetti agirono con assiduità sui vari fronti della costruzione e trasmissione della memoria resistenziale, intesa quale fonte di legittimazione simbolica della nuova repubblica e della sua carta costituzionale. Risorgimento e Resistenza erano i tasselli di una medesima operazione, che affidava non poco del suo successo alla riapertura del museo. Sin dal marzo 1946, in previsione della mostra sull'attività del CLN del Piemonte, Antonicelli lanciò un appello pubblico finalizzato a raccogliere documenti da destinare al museo, «perché la testimonianza dei figli viva accanto a quella dei padri»:

> Come si è combattuto e con quali strumenti di forza e astuzia – armi di offesa e di difesa, certificati falsi –; come abbiamo aiutato gli alleati e come ne siamo stati aiutati; con quali mezzi di oppressione eravamo torturati e con quale forza di propaganda noi abbiamo reagito: vogliamo che il pubblico conosca da vicino l'opera delle missioni straniere e quella dei nostri ad essa collegata, i giornali e i numerosissimi fogli e volantini frutto d'infinite risorse, di pericoli e di sacrifici spesso sanguinosi, i bollettini, le ordinanze, i decreti dei Comitati di liberazione, i servizi informativi delle nostre varie polizie, gli oggetti curiosi strappati al nemico, documenti d'infamia o di pietà, e quelli dei nostri compagni, motivo d'orgoglio.
> Tutto dev'essere ricordato: l'opera dei partigiani e l'opera dei civili; quella collaterale dei soldati dell'esercito e quella degli eroici sacerdoti; quella degli uomini e quella delle donne.[33]

Dopo una mostra su Mazzini preparata in vista del referendum del 2 giugno 1946, la tappa più importante fu l'esposizione sul centenario del 1848, realizzata in collaborazione con l'Istituto storico della Resistenza,

33. Franco Antonicelli, *Per la mostra della Resistenza*, 25 marzo 1946, stampato a cura dell'Istituto piemontese per la storia della Resistenza e della società contemporanea, 2003.

anch'esso presieduto da Antonicelli.[34] Inaugurata il 16 settembre 1948 con l'intervento del presidente della Repubblica Luigi Einaudi, il quale espresse il suo «affettuoso compiacimento»,[35] la mostra riportava il museo nel cuore della vita torinese. Le dieci sale in cui si articolava costituivano una sorta di prova generale del riallestimento, che fu arricchito e completato l'anno successivo.[36] Tutti i giornali cittadini ne parlarono in termini positivi, «fatto assolutamente nuovo in questo '48 torinese»,[37] che respirava a sua volta le fortissime tensioni politiche di quella rovente estate, culminate nell'attentato a Togliatti. La mostra, scriveva «La Stampa», restituiva «con imparziale fedeltà e con fresca evidenza, l'atmosfera ideale, il colore storico e l'intimo pathos» del 1848. Il ricchissimo materiale si presentava ordinato e descritto «con chiarezza, con grande buon gusto (fatto eccezionale in mostre di questo tipo) e con criteri di sobria ed equilibrata modernità».[38]

La soddisfazione complessiva dell'opinione pubblica va inquadrata all'interno delle dinamiche politiche torinesi. Lo stesso Bulferetti confessò che nella sua azione aveva cercato «di non urtare la suscettibilità dei progressisti né dei conservatori, a Torino in dissidio più che altrove».[39] In effetti, la volontà di introdurre una forte discontinuità con il passato recente non fu portata oltre i limiti consentiti dalla situazione. Il Museo del Risorgimento era stato concepito sin dalle origini come un tempio nazionale della celebrazione dinastica. L'allestimento del 1938 aveva accentuato la congiunzione tra il primato sabaudo nel Risorgimento e la nuova Italia scaturita dalla guerra e dal fascismo. Nel contesto della democrazia repubblicana, occorreva eliminare i riferimenti ingombranti a quella continuità, in particolare le scritte e i pannelli illustrativi della sala d'ingresso, il busto di Mussolini, le didascalie che contenevano i rinvii più espliciti alla saldatura sabaudofascista.

34. Sull'Istituto, fondato nell'aprile 1947, cfr. *Profilo di un'istituzione culturale. L'Istituto storico della Resistenza in Piemonte*, Torino, Istituto storico della Resistenza in Piemonte, 1990.

35. Lettera di Bulferetti a Ghisalberti, 17 settembre 1948; lettera di Bulferetti a Luigi Einaudi, s.d. [settembre 1948], AISR, fasc. *Comitato di Torino 1948-1973*.

36. *La Mostra del Risorgimento. Quattro nuove sale saranno inaugurate a marzo*, in «La Nuova Stampa», 22 febbraio 1949.

37. Lettera di Bulferetti a Ghisalberti, 17 settembre 1948, AISR, fasc. *Comitato di Torino 1948-1973*.

38. *La Mostra storica del '48*, in «La Stampa», 14 settembre 1948.

39. Lettera di Bulferetti a Ghisalberti, 5 agosto 1949, AISR, fasc. *Comitato di Torino 1948-1973*.

Il ripensamento dell'intera struttura espositiva era nondimeno una sfida impegnativa per Antonicelli e Bulferetti, che dovevano muoversi in un difficile equilibrio tra pressioni ed esigenze di natura diversa. Da un lato, anche sullo slancio dell'esperienza resistenziale, il Risorgimento richiedeva uno sguardo rinnovato nei temi e negli approcci, fuori da canoni oleografici e derive nazionalistiche; dall'altro, oltre all'impossibilità di minimizzare il ruolo dei Savoia, occorreva fare i conti con una cultura diffusa che restava saldamente ancorata a una memoria specificamente monarchica dell'unificazione. Posizioni, queste ultime, che esercitavano un peso rilevante in seno a molte istituzioni culturali cittadine.[40] Né può essere trascurato il fatto che il museo continuasse a essere il riferimento principale dei lasciti di tutti gli ambienti dell'aristocrazia piemontese che, per tradizione famigliare e sentimento patriottico conservavano un forte legame con la storia del Risorgimento.

Le principali novità del riallestimento voluto da Antonicelli e Bulferetti possono essere sintetizzate in tre punti fondamentali. Anzitutto l'incipit del percorso espositivo, che ripartiva dal 1820, segnalava un ritorno alla fase di fondazione del museo, in palese discontinuità con le tesi di De Vecchi sulle origini primo settecentesche del processo unitario. Senza sminuire la centralità del Piemonte, il 1820 consentiva di stemperare le tensioni rispetto a scelte più controverse (l'inizio del Settecento, la Rivoluzione francese e i suoi echi in Italia).

Un secondo livello di intervento aveva carattere più strettamente tematico, consistendo nella creazione di uno spazio specificamente dedicato alle trasformazioni economiche e tecnologiche. L'idea non era il frutto improvviso della mutata stagione culturale e storiografica. Bulferetti aveva già fornito qualche indicazione in tal senso nei primi anni Quaranta, quando era direttore culturale del museo. In un appunto manoscritto, in cui si accenna ai preparativi per il centenario del 1848, Bulferetti aveva sottolineato l'intenzione di illustrare insieme il valore militare e l'autarchia economica. Il museo avrebbe ospitato la «documentazione del Risorgimento non solo spirituale, culturale, politico, militare, ma anche economico e produttivo».[41]

40. «Qui gli storici, Cognasso e Lemmi in testa, – scriveva Bulferetti nel febbraio 1946 – sono per lo più monarchici e l'università, per influenza del rettore, è tendenzialmente monarchica»; lettera a Ghisalberti, 22 febbraio 1946, AISR, pos. 4 *Museo del Risorgimento di Torino*.

41. Manoscritto di Bulferetti senza data sull'attività del comitato torinese in previsione del 1942, in ACTO, *Carteggio del comitato 1940-44*. Torino era stata designata da Mussolini come sede ufficiale della celebrazione del centenario.

Spogliato dei tributi all'autarchia, il progetto fu recuperato nel nuovo contesto democratico, conservando peraltro un forte sbilanciamento in termini di primazia piemontese. L'intento era quello di «allargare il campo per consuetudine coltivato nelle nostre istituzioni dalla storia diplomatica, militare, genericamente civile o politica a quello della storia dello sviluppo economico e dell'evoluzione sociale nell'età del Risorgimento»: negli spazi di Palazzo Carignano sarebbero così state poste le basi «di una specie di museo industriale, la cui attività, anche in sede scientifica, dovrebbe riprendere tradizioni torinesi purtroppo da molto interrotte».[42]

Il terzo elemento di novità rivelava l'influenza di Antonicelli e dell'ambiente antifascista torinese. In chiusura di percorso, il museo si richiamava espressamente alla Resistenza, come già era stato fatto con la sezione finale della mostra sul 1848. Il nesso stabilito tra la primavera dei popoli, le sue manifestazioni in Italia e il movimento partigiano un secolo dopo era stato prontamente rimarcato dall'organo regionale del Partito socialista, che nell'aspirazione alla conquista della libertà aveva rintracciato «la continuità ideale» tra i «due risorgimenti della Patria».[43]

Grazie a questo intreccio di tradizione e innovazione, il museo si ripresentava alla città come un luogo di mediazione tra diversi orientamenti e letture del passato, quasi che ciascun visitatore potesse trovarvi le conferme essenziali delle proprie idee. Era forse la sola soluzione possibile in quel particolare frangente storico-politico. Non a caso, tra gli enti e le associazioni private che contribuirono alla realizzazione della mostra e alle nuove sale inaugurate nel 1949, comparivano il Gruppo Cavour, il Partito liberale, la Lega donne italiane e l'Associazione donne elettrici (per una speciale vetrina dedicata alla donna nel Risorgimento), l'Associazione mazziniana e l'Unione monarchica.[44] Il Comitato regionale piemontese di quest'ultima destinò 160.000 lire per la sistemazione di alcune sale, tra cui quella dei plebisciti e di Garibaldi, dove tornava la classica immagine del rivoluzionario disciplinato: «ricordando l'incontro di Teano e l'"obbedisco" del valoroso Condot-

42. Lettera di Bulferetti a Silvio Golzio, 14 luglio 1949, ACRT, fasc. *Carteggi 1945-1949*.

43. Fidia Sassano, *Unità Risorgimento e Resistenza nella culla della libertà italiana*, in «Sempre Avanti», 14 settembre 1948.

44. p.s., *Il Museo del Risorgimento si è arricchito di nuove sale*, in «La Nuova Stampa», 29 ottobre 1949. Erogarono contributi anche la Martini e Rossi, l'Unione Industriale della Provincia di Torino, l'Unione industriali di Torino; lettera di Bulferetti a Ghisalberti, 9 maggio 1948, AISR, fasc. *Comitato di Torino 1948-1973*.

tiero, ascriviamo a nostro onore rendere omaggio a Colui che, col Re Sabaudo, lavorò per l'unità e l'indipendenza d'Italia».[45] Il 28 luglio 1949, il Partito monarchico organizzò proprio a Palazzo Carignano la commemorazione del centenario della morte di Carlo Alberto: la rievocazione storica fu affidata al nome prestigioso di Gioacchino Volpe, che negli anni del dopoguerra si era arroccato in una risentita avversione alla nuova Italia democratica.

Mentre riprendeva il suo cammino, nello stesso anno in cui era celebrato il centenario della Repubblica romana e veniva finalmente inaugurato il monumento nazionale a Mazzini, il museo torinese rispecchiava solo parzialmente la militanza politico-civile dei suoi artefici. L'importanza assegnata in chiusura del percorso alla lotta di liberazione era in parte depotenziata dalle scelte complessive del riallestimento. Di fatto, persistevano vuoti vistosi, che impedivano di dare una rappresentazione adeguata alla storia e alla memoria democratica del Risorgimento. Ancora nel 1963, conclusa l'amministrazione straordinaria di Antonicelli e calato il sipario sulla grande mostra storica di Italia 61, il presidente del nuovo consiglio direttivo, lo storico Piero Pieri, avrebbe parlato di lacune «impressionanti».[46]

La riapertura delle sale consentì comunque al museo di reintegrarsi nella vita culturale della città, mentre l'archivio e la biblioteca furono ampiamente utilizzati per le ricerche di numerosi studiosi italiani e stranieri (Walter Maturi, Alessandro Passerin d'Entrèves, Christopher Seton-Watson, Denis Mack Smith, Jacques Droz, George Mosse, solo per ricordare alcuni tra i più noti). Dopo il grande richiamo dell'inaugurazione e dei centenari del 1848-49, la risposta del pubblico si assestò su livelli più modesti, anche se non trascurabili. Tra il 1950 e il 1952, i visitatori annui furono circa 12.000.[47] Un successo notevole ebbe la «campagna dei musei», svoltasi dal 10 al 25 ottobre 1956. Nell'arco di due settimane, i visitatori ai musei cittadini furono complessivamente circa 280.000: alcuni registrarono punte di 10.000 e più visitatori in un solo giorno, «il che vuol dire che la Città ha veramente vissuto e partecipato a queste giornate dimostrando che i musei

45. Cit. in Umberto Levra, *Introduzione*, in *Il Piemonte alle soglie del 1848*, a cura di Umberto Levra, Torino, Comitato di Torino dell'Istituto per la storia del Risorgimento italiano, 1999, p. XIV.

46. Lettera-relazione di Pieri a Ghisalberti, 15 maggio 1963, AISR, Pos. 4 *Musei – Torino*, fasc. *Pieri Piero*. Su Pieri cfr. Fabio De Ninno, *Piero Pieri. Il pensiero e lo storico militare*, Firenze, Le Monnier, 2019.

47. Lettera del conservatore Paolo Serini al presidente dell'Ente Provinciale per il turismo, 7 febbraio 1953, MRT, fasc. *Direttore – Carteggio 1953-54*.

possono costituire una reale attrazione per intere masse di popolo». Il Museo del Risorgimento, con 24.485 visitatori, si collocava al quinto posto, dopo il Museo Egizio (48.500), il Museo di Zoologia (43.650), il Museo civico d'Arte antica (42.800) e l'Armeria reale (32.154).[48]

3. *Relazioni pericolose?*

Accettata e difesa da coloro che avevano aderito alla guerra partigiana e dai partiti che ne avevano raccolto l'eredità, la continuità tra Risorgimento e Resistenza non era sempre avvertita con il medesimo entusiasmo nell'ambiente dei risorgimentisti "puri". Entravano qui in gioco anche altre considerazioni, che afferivano tanto alla discussione storiografica quanto alle sue ricadute nel dibattito politico. Archivi, biblioteche, musei giocavano su questo terreno una partita rilevante, che investiva soprattutto la Resistenza: raccogliere, conservare, utilizzare i materiali di quella breve ma intensa stagione storica era condizione indispensabile di un'operazione che puntava a coniugare una prima sistemazione scientifica con la valenza civica insita in quel patrimonio di storia e di memoria. Nel clima di riflusso seguito allo scoppio della guerra fredda, la creazione nel 1949 dell'Istituto nazionale per la storia del movimento di liberazione, presieduto da Ferruccio Parri, rappresentò una tappa di indubbia rilevanza. Lo sforzo di raccolta documentaria profuso dall'Istituto e dalle sue ramificazioni periferiche ne avrebbe fatto presto anche un luogo di memoria *sui generis* dell'esperienza partigiana, a maggior ragione a fronte della ricordata povertà di musei intitolati a quella pagina della storia nazionale.[49]

D'altra parte, tra i risorgimentisti si registravano non poche oscillazioni. Ancora immerso nel ricordo della Resistenza, Bulferetti si disse inizialmente persuaso che la vitalità stessa dell'Istituto per la storia del Risorgimento sarebbe stata «compromessa» se non si fosse aggiunto ai suoi scopi quello di raccogliere il materiale di storia contemporanea, secondo la direzione presa da vari musei del Risorgimento.[50] Era una richie-

48. I dati sono tratti da una relazione dattiloscritta senza data né firma, MRT, fasc. *Direttore – Carteggio, 1956*.

49. Cfr. *Resistenza e storia d'Italia. Quarant'anni di vita dell'Istituto nazionale e degli istituti associati (1949-1989)*, a cura di Gaetano Grassi, Milano, FrancoAngeli, 1993.

50. Lettere di Bulferetti a Ghisalberti, 5 febbraio 1948 e 16 novembre 1950, AISR, fasc. *Carteggio Comitato di Torino 1948-1973*.

sta che Ghisalberti – cortese nei modi, perentorio nella sostanza – cercò di bloccare sul nascere, consapevole degli effetti che tale linea avrebbe potuto incoraggiare. L'Istituto non intendeva avallare alcuna estensione di competenze che sconfinasse oltre le "colonne d'Ercole" del primo conflitto mondiale. Come per molti altri studiosi attestati sulle posizioni tradizionali e segnati nel profondo dalla vicenda biografica, la Grande guerra restava per Ghisalberti l'epilogo di una storia che costituiva la ragion d'essere dell'Istituto.[51] A livello locale ciascun museo era autorizzato a raccogliere cimeli e documenti riferiti alla Resistenza, come stava accadendo. Ma in sede nazionale l'Istituto non intendeva discostarsi da una concezione storiografica del Risorgimento che spaziava dal Settecento all'«ultima guerra del Risorgimento»: «Il resto appartiene ad altro periodo storico e, quindi, cade nella sfera di competenza di altri organismi».[52]

Su questo punto, Ghisalberti era stato esplicito sin dal 1945, quando aveva chiesto a Bulferetti di non insistere sullo spostamento del *terminus ad quem*.[53] Il timore era che l'Istituto uscisse dai binari scientifici e diventasse «un organo di propaganda politica» in cui storia e cronaca si confondevano, con «il pericolo di contaminazioni e travisamenti».[54] Nella temperie politica di quegli anni, le preoccupazioni del segretario generale dell'Istituto si saldavano a quelle dello storico del Risorgimento e del docente universitario. La volontà di tenere separata la storia del Risorgimento dalla storia contemporanea, evitando che la prima fosse risolta e annullata nella seconda, rispondeva alla convinzione secondo cui il processo di formazione dell'unità nazionale conservasse una sua specifica originalità, che era insieme storica ed etico-politica: secondo questa logica, occorreva salvaguardarne la collocazione autonoma anche in sede accademica, neutralizzando le tendenze in senso opposto che già in tempo di guerra avevano innescato una vivace polemica.[55]

51. Cfr. Vittorio Emanuele Giuntella, *Alberto M. Ghisalberti e «l'ultima guerra del Risorgimento»*, in «RSR», 4 (1986), pp. 449-470.

52. Lettera di Ghisalberti a Bulferetti, 23 novembre 1950, AISR, fasc. *Comitato di Torino 1948-1973*.

53. Lettera di Ghisalberti a Bulferetti, 26 novembre 1945, ACRT, fasc. *Carteggi 1945-1949*.

54. Lettera di Ghisalberti a Bulferetti, 28 febbraio 1947, lettera di Ghisalberti a Bulferetti, 27 febbraio 1946, ACRT, fasc. *Carteggi 1945-1949*.

55. Sulla quale cfr. Alberto Maria Ghisalberti, *«Addio, mia bella, addio» ovvero: sassi in piccionaia*, in «RSR», 6 (1941), pp. 863-872; Rosario Romeo, *Vecchie polemiche e questioni attuali della storiografia italiana*, in «RSR», 4 (1986), pp. 511-516.

Fautore di un lavoro storiografico e di una intensa attività di organizzatore culturale ispirati al rigore scientifico,[56] Ghisalberti aveva fresca memoria degli addomesticamenti ai quali il passato era stato piegato negli anni del fascismo, benché preferisse sorvolare su significati e implicazioni della presenza di tanti intellettuali nelle istituzioni culturali del regime. La linea di estrema cautela seguita dall'Istituto, se poteva preservarne l'immagine scientifica tra gli addetti ai lavori, ne limitava una funzione sociale più aperta e incisiva. Nel dibattito politico-culturale era presente una diffusa aspettativa di sprovincializzazione storiografica, volta a svecchiare una visione a lungo sospesa tra medaglioni oleografici, rivendicazioni nazionalistiche, chiusure municipalistiche. La richiesta di conoscenza storica che si faceva strada, specialmente nelle file dei più giovani, esprimeva un dato generazionale e un'esigenza scientifica e civile in cui si mescolavano spontaneismo e protagonismo dei partiti e delle organizzazioni di massa.

Le tematiche relative al Risorgimento furono pienamente investite da questa domanda. Ne erano consapevoli i direttori dei musei del Risorgimento di Torino, Milano, Genova e Trento, i quali, in previsione degli eventi del 1948, invitarono a non «disgiungere l'interesse largamente sociale dall'interesse scientifico»: la celebrazione, «pur mantenendo un carattere elevato», avrebbe dovuto essere «tale da interessare non solo una schiera ristretta di studiosi, ma la massa del popolo».[57]

Si può presumere che Ghisalberti accogliesse con sollievo la nascita nel 1949 dell'Istituto nazionale guidato da Parri. Offrendosi quale destinatario dei lasciti documentari attinenti alla Resistenza, il nuovo istituto allentava la pressione sull'omologo risorgimentale. Le cautele di Ghisalberti furono condivise da gran parte dei comitati provinciali dell'Istituto. Lo stesso Bulferetti rifluì su posizioni più moderate, specialmente dopo l'ingresso stabile nei ruoli universitari. L'intesa con Antonicelli restava solida: ma la faticosa mediazione tra le diverse anime del contesto torinese e i rapporti più stretti con la consulta romana frenarono gli slanci iniziali. Nel 1951, quando Antonicelli promosse una mostra dedicata all'antifascismo negli anni della dittatura per ricordare il venticinquesimo anniversario della morte di Piero

56. Cfr. Emilia Morelli, *Ghisalberti e l'Istituto per la storia del Risorgimento*, e Aldo Garosci, *Ghisalberti, la ricostruzione dell'Istituto, i congressi*, entrambi in «RSR», 4 (1986), pp. 431-441 e pp. 442-448.

57. Verbale della riunione tenutasi a Genova, 4 maggio 1947, MRT, fasc. *Direttore – Carteggio 1946-1948*.

Gobetti, Bulferetti fece in modo che il museo si limitasse a ospitare la manifestazione, senza risultarne promotore:

> Non saprei dire se il Museo è il luogo più adatto per tal genere di mostre, pur trattandosi dell'autore di *Risorgimento senza eroi*; vuol dire che servirà, almeno, a farsi un'idea del materiale documentario detenuto da privati e interessante un aspetto della storia d'Italia durante 21 anni. Ho procurato, per quanto era in me, che la Mostra si tenga sì presso il Museo, ma non per iniziativa di questo; infatti mi preoccuperebbe il precedente e, quantunque ben consapevole che la vita è milizia lotta ecc., sono, in questo momento, un po' stanco di polemizzare![58]

Per quanto riguarda il rapporto Risorgimento-Resistenza e la questione dell'inserimento di quest'ultima nel percorso dei musei risorgimentali, Bulferetti diede forma compiuta alle sue opinioni in un articolo, pubblicato nel 1953 sulla rivista dell'Istituto nazionale per la storia del movimento di liberazione in Italia. Uomini e movimenti della Resistenza avevano ricucito il legame con gli ideali di libertà e nazionalità di ascendenza ottocentesca, facendone crocianamente un tratto distintivo dell'impulso morale all'azione. Molte altre differenze consigliavano tuttavia di tenere separata l'intitolazione dei musei per i rispettivi ambiti storici. «Alcuni aspetti, infatti, e alcuni soltanto, della Resistenza possono ritenersi risorgimentali, altri si riferiscono più che alla storia vera e propria del Risorgimento, alla sua eredità e appartengono al suo patrimonio ideale». La Resistenza, in sostanza, andava considerata «come frutto di ideali maturati in anni assai più prossimi, in un ambiente sociale e culturale assai diverso da quello del Risorgimento»; a meno che non si ritenesse «più opportuno mutare i musei del Risorgimento in musei di storia italiana contemporanea, imperniati ovviamente su Risorgimento e Resistenza, ma in una visione panoramica non dirò più ampia, se non materialmente, bensì, forse, più critica». Lo sguardo storico suggeriva di non confondere i due fenomeni: una riflessione incentrata sull'«opportunità» poteva viceversa suggerire ai musei del Risorgimento di parlare anche di Resistenza, accogliendo le testimonianze di libertà e di affrancamento da «pseudo-ideali stranieri». Ciò significava aprire una finestra sul ruolo che la tradizione risorgimentale poteva svolgere nel presente, che Bulferetti difendeva con un accenno polemico verso quanti apparivano ancora sensibili alle sirene di ideali extra nazionali:

58. Lettera di Bulferetti a Ghisalberti, 30 novembre 1950, AISR, fasc. *Carteggio Comitato di Torino 1948-1973*.

Ancor oggi nell'attuale e particolare situazione politica, il Risorgimento rappresenta, infatti, coi suoi svolgimenti già in esso accennati, l'orizzonte, il limite, quasi, dei valori più alti che noi italiani, come studiosi e come uomini d'azione, sappiamo attingere. La loro difesa è l'impegno più degno che possiamo imporci, la resistenza a coloro che li minacciano, li calpestano o sottilmente e insidiosamente non li riconoscono, doverosa. Ecco perché possiamo, a un certo momento e in un certo senso, parlare di Risorgimento che continua e di Resistenza tuttora in atto, ecco perché uomini e cose della Resistenza possono e devono trovar luogo nei musei del Risorgimento, in quelli, beninteso, che siano musei vivi, che raccolgano, cioè, ad uso dei vivi, le memorie e le testimonianze di coloro che, morti, sono più vivi dei vivi.[59]

La maggior parte dei musei del Risorgimento faticò a raccordarsi ai progressi della letteratura scientifica. Le eccezioni riguardavano i contesti dove esistevano riconosciute competenze museologiche (Leopoldo Marchetti a Milano) o dove i direttori svolgevano parallelamente attività di ricerca e di pratica universitaria. Tra questi ultimi, oltre a Bulferetti, può essere ricordato Luigi Dal Pane (1903-1979), lo studioso di Antonio Labriola e della storia del lavoro, docente a Bologna e tra gli esponenti più autorevoli della storia economica.[60] Subentrato nel 1958 a Giovanni Maioli alla direzione del museo felsineo, Dal Pane riteneva che i mutamenti in atto nel paese e le nuove acquisizioni storiografiche non consentissero di continuare a «raccogliere le testimonianze dei fatti per soddisfare la nostra sete di collezionisti di patrie memorie o per esaltare il sacrificio degli eroi e dei martiri». I nodi dello sviluppo economico e le più ampie dinamiche sociali richiedevano uno spazio adeguato in una prospettiva che ambisse a trasformare il museo in una «narrazione figurata e documentata, in una storia che penetra nell'animo del visitatore».[61] Così concepita e strutturata, la storia del Risorgimento si sarebbe identificata con la storia contemporanea italiana, con l'intento di «offrire alla comprensione del presente l'indispensabile supporto della consapevolezza critica delle modalità di formazione della coscienza nazionale del

59. Luigi Bulferetti, *La «Resistenza» nei musei del Risorgimento*, in «Il movimento di liberazione in Italia», 22 (1953), pp. 22-26. La richiesta di collaborazione alla rivista era venuta da Parri, lettera a Bulferetti, 28 novembre 1949, MRT, fasc. *Direttore – Carteggio 1949-1950*.

60. Cfr. la voce di Carlo M. Travaglini in DBI, 32 (1986), on line.

61. Luigi Dal Pane, *Programma di lavoro*, in «Bollettino del Museo del Risorgimento», 1959, pp. I-V.

nostro paese».[62] Di lì a poco, in sede di bilancio del centenario dell'unità d'Italia, ragionamenti analoghi sarebbero stati al centro di un denso intervento di Ernesto Ragionieri.[63]

Erano territori tematici che, nella maggior parte dei casi, apparivano troppo distanti dall'orizzonte al quale i musei storici avevano sempre guardato e dalla realtà concreta entro cui avevano espletato la loro attività. Nelle loro sale il Risorgimento era messo in scena secondo gli schemi e gli approcci incentrati su biografie, campagne militari, eroismi e martiri, esaltazione delle glorie locali, medaglioni edificanti. In una situazione che offriva modeste risorse al di fuori dell'ordinaria amministrazione – aspetto che non può essere trascurato –, il dialogo con le scuole restava uno dei pochi canali di visibilità nell'ambito della società locale. Tra l'impianto dei libri di testo, specialmente ai primi gradi dell'istruzione, e il racconto che si dipanava nelle sale dei musei si realizzava una resistente circolarità di temi e linguaggi di matrice ancora ottocentesca.

A Torino il mondo della scuola continuava a essere in prima fila nel chiedere la visita guidata al Museo nazionale del Risorgimento, insieme ad associazioni culturali, sportive e assistenziali, circoli ricreativi, che attestavano la «crescente affluenza di visitatori alla mostra storica».[64] Zelo e trasporto emotivo non facevano difetto, anche se non possiamo sapere quanti condividessero lo stato d'animo della socia dell'Istituto per la storia del Risorgimento che nel 1960 accompagnò una quarantina di ragazzi dell'orfanotrofio Galignani di Palazzolo di Brescia: «Rinuncio all'Armeria Reale e al Museo Egizio, ma non a Palazzo Carignano!». In una successiva lettera di ringraziamento a Bulferetti, si dichiarava entusiasta della visita e dell'impatto sui ragazzi: «credo proprio che non dimenticheranno più l'aula del primo Parlamento Italiano! E tutto quanto Ella conserva con cura, venerazione e amore!».[65]

62. Angelo Varni, *Un Museo per il Risorgimento nella Bologna del dopoguerra*, in «Bollettino del Museo del Risorgimento», (1989), p. 44.

63. Ernesto Ragionieri, *Fine del 'Risorgimento'? Alcune considerazioni sul centenario dell'Unità d'Italia*, in «Studi storici», 1 (1964), ora in Id., *Politica e amministrazione nella storia dell'Italia unita*, Bari, Laterza, 1967, pp. 9-48.

64. Relazione trimestrale del conservatore Serini alla Divisione Personale del Municipio, 13 maggio 1957, MRT, fasc. *Direttore – Carteggio 1957*; lettera dell'Istituto Magistrale governativo «E. De Amicis» di Cuneo, 18 marzo 1950, MRT, fasc. *Direttore – Carteggio 1949-50*;

65. Lettere di Rina Mainetti al direttore del museo, 6 e 18 maggio 1960, MRT, fasc. *Direttore – Carteggio 1960*.

Nel 1963, dopo una visita al museo modenese, un gruppo di alunne scriveva al direttore una lettera che costituisce un piccolo manifesto della persistenza di un approccio didattico alla storia del Risorgimento che faceva leva sulla corda sentimentale e sull'esemplarità dei suoi protagonisti:

> Desideriamo esternarle tutta la nostra gratitudine con cui Ella ha seguito ed approfondito il nostro interesse per uno dei più fulgidi eroi del nostro Risorgimento e per ogni testimonianza valida a rendere un periodo che appartiene al secolo scorso, attuale e presente. Ci auguriamo, fidando nel suo aiuto, che la nostra sensibilità per quest'epoca gloriosa della nostra Italia possa intensificarsi tanto da far guardare a quei fatti storici, come alle pagine di un libro che porta la firma non di un solo autore, ma di migliaia, i cui volti si confondono in uno solo inneggiante alla Patria libera ed una. Vorremmo, seguendo il suo illustre e commovente esempio, che la parola Risorgimento non significasse uno dei tanti capitoli di un testo scolastico, ma un susseguirsi di imprese che gli Italiani di nobile cuore portano scolpite nella memoria e che noi stesse, eredi di una libertà che fu pagata col sangue, non possiamo e dobbiamo scordare. Il nostro più vivo desiderio sarebbe di offrire un aspetto più rispettabile al luogo in cui Ciro Menotti affrontò il martirio, ma, recateci al luogo stesso, l'abbiamo trovato così desolato che abbiamo rinunciato ad ogni iniziativa. Proprio non si può onorare questo figlio dell'Ideale con maggior consapevolezza del sacrificio che egli si impose per una fede patriottica?[66]

L'oscillazione tra l'apertura alle trasformazioni della società e l'arroccamento difensivo su modelli più tradizionali è ben riconoscibile nel principale evento celebrativo e mediatico di quegli anni. Il centenario dell'unità d'Italia, se funse da grande ribalta per il discorso pubblico nazionale sul Risorgimento, denotò al tempo stesso la presenza più flebile dei miti risorgimentali nel corpo sociale della nazione, la cui crisi si sarebbe rivelata appieno alla fine del decennio.

4. *Italia 61. Un centenario sospeso tra nostalgia e modernità*

> Immenso fu lo stupore dei primi visitatori di fronte alla vastità dell'impresa realizzata, al numero delle opere create, alla rara ricercatezza dei particolari espostivi, ai temi sviluppati ed alle energie impegnate. La stampa fu in ge-

66. Lettera delle alunne di III B dell'Istituto professionale «C. Cattaneo» a Morselli, 1° aprile 1963, MRMO, *Corrispondenza 1959-1975*.

> nere favorevole nei suoi giudizi, compresa quella estera, che trovò ad "Italia '61" la conferma del miracoloso decennio italiano. [...]. Italia 61 è apparsa agli occhi dei visitatori, il mattino del 6 maggio scorso, un favoloso racconto degli anni del nostro Risorgimento, uno splendido libro sulla nostra realtà di oggi, una chiara e fantastica pagina del nostro futuro.[67]

Circa cinque milioni di persone si recarono a Torino nel 1961 per assistere alle manifestazioni del centenario dell'unità d'Italia. Le cerimonie che lo avevano preceduto, nel 1959 e 1960, avevano riguardato gli anniversari della seconda guerra di indipendenza, i plebisciti, l'impresa dei mille: come tali, erano stati ricordati e celebrati soprattutto nelle regioni e nelle città che legavano la loro storia a quegli eventi.[68] Milano si era mossa con largo anticipo per arrivare preparata al centenario del 1859: il programma prevedeva la partecipazione della delegazione francese in ricordo delle vittoriose battaglie di Magenta, Solferino e San Martino, che nel territorio lombardo avevano una memoria più strutturata.[69] Lo stesso si era verificato a Bologna, che nella giornata del 12 giugno (ritiro nel 1859 dell'ultima guarnigione austriaca) riconosceva un caposaldo della memoria civica.[70] Il centenario dell'impresa dei mille, a sua volta, era stato punteggiato di rievocazioni, celebrazioni, caroselli, mostre in tutte le principali località toccate nel 1860 dai garibaldini.

L'eccezionalità della ricorrenza confermò la forte presenza del Risorgimento nello spazio pubblico: dibattiti parlamentari e giornalistici, pubblicazioni d'occasione e cerimonie scolastiche, trasmissioni radiofoniche e rappresentazioni teatrali, mostre storico-artistiche e ricostruzioni cinematografiche (*Viva l'Italia* di Rossellini ne è il lascito più noto).[71] Le abituali

67. *Il bilancio di "Italia '61"*, in «24 ore», 4 novembre 1961.

68. Sulle discussioni parlamentari e ruolo dei mass media cfr. Marilisa Merolla, *Italia 1961. I media celebrano il Centenario della nazione*, Milano, FrancoAngeli, 2004.

69. Cfr. riunione preparatoria del 10 giugno 1958 presso la Presidenza del Consiglio dei Ministri e il "Pro-memoria in ordine alle iniziative dell'Unione Regionale delle PP.LL. per le celebrazioni del Centenario del 1859", ACS, PCM 1959-1961, b. 336, 14.2. 61806/7bis.

70. Cfr. *Le celebrazioni centenarie del 12 giugno 1859*, in «Bologna. Rivista del Comune», supplemento n. 4-5-6 (1959); Fiorenza Tarozzi, Otello Sangiorgi, *Il Risorgimento e la sua memoria: le celebrazioni del 12 giugno a Bologna (1909-1959)*, in «Storia e Futuro», 51 (2019).

71. Cfr. Pietro Cavallo, *La Storia sul grande schermo. Risorgimento e Resistenza nel cinema italiano tra Ricostruzione e miracolo economico (1945-1965)*, Napoli, Liguori, 2019.

contese non furono peraltro dissimulate dalla circostanza celebrativa. Tanto più che il contrasto si inscriveva in una cornice ben diversa da quella del precedente giubileo patriottico del 1911. La gestione istituzionale della commemorazione era affidata ora agli eredi di coloro che cinquant'anni prima avevano duramente contestato la sacralizzazione laica della patria. Nel ruolo storico della Democrazia cristiana si riconosceva la «definitiva conciliazione fra la Chiesa e lo Stato nazionale», che veniva «svuotato e depurato da ogni coloritura e ascendente laici, ricondotto retrospettivamente, fin dall'atto del suo concepimento, nel grembo della religione cattolica».[72] Il partito dei cattolici si legittimava quale forza politica che aveva risolto compiutamente il dissidio tra lo Stato e la Chiesa all'insegna dell'incontro tra politica e religione, libertà e progresso. A un «sentimento di riconoscenza alla provvidenza del Signore» fece riferimento lo stesso papa Giovanni XXIII, nel suo discorso di saluto a Fanfani in Vaticano, l'11 aprile 1961, in cui Pio IX era dipinto come «astro benefico e segno luminoso, invitante al trionfo del magnifico ideale».[73]

Le voci del mondo laico, nelle loro diverse componenti, non esitarono a denunciare tale rappresentazione cattolico-democristiana del Risorgimento, che taceva o ridimensionava la profondità della frattura ottocentesca. La presenza ricorrente di Gioberti tra i principali numi tutelari della nazione sembrò riassumere la sostituzione del concetto di "conquista papale" all'immagine del Risorgimento come "conquista regia". La «Voce Repubblicana» stigmatizzò a più riprese il fatto che la stampa ufficiale e «la radio governativa, tanto sollecita ogni mattina a ricordare il santo del giorno e a trasmettere l'oroscopo», ignorassero sistematicamente giornate quali il 10 marzo, anniversario della morte di Mazzini, o il 9 febbraio, ricorrenza della Repubblica romana.[74]

L'ex azionista Giorgio Agosti annotava sconsolato nel suo diario:

72. Gentile, *La Grande Italia*, p. 360; Giorgio Rumi, *La riconquista guelfa. Speranze e reticenze nel centenario dell'Unità*, in «Il Risorgimento», 1-2 (1995), pp. 523-534; Daniele Menozzi, *L'historiographie catholique face au Risorgimento*, in «Revue d'histoire du XIXe siècle», 44 (2012), pp. 139-150.

73. *La celebrazione del primo centenario dell'Unità d'Italia*, a cura del Comitato nazionale per la celebrazione del primo centenario dell'Unità d'Italia, Torino, 1961, pp. 80-81.

74. Giuseppe Tramarollo, *Testimonianza mazziniana*, in «La Voce di Romagna», 7 marzo 1959.

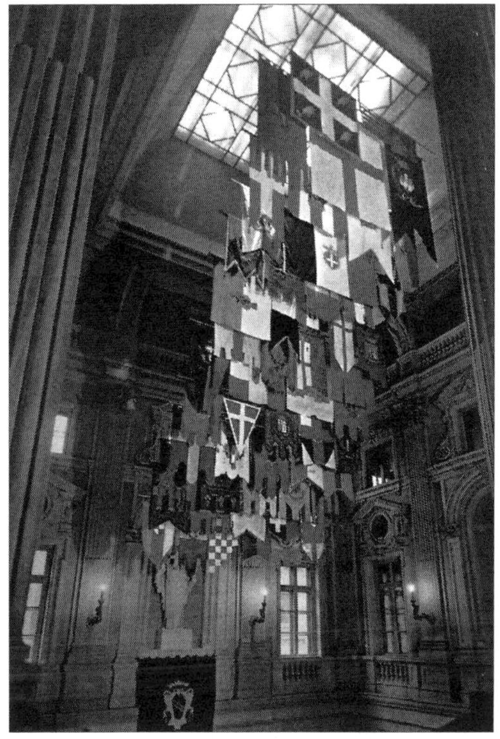

Fig. 16. Italia 61, Torino. *L'Unità d'Italia. Mostra Storica*, Scalone (da *Visioni della Mostra Storica dell'Unità d'Italia*, Torino, 1961).

> Il tono giulebboso di *embrassons-nous* generale che vanno assumendo queste manifestazioni del centenario mi disgusta. L'Italia è stata fatta contro i preti, soprattutto, e il simbolo dell'unità sono i bersaglieri che irrompono a passo di carica attraverso la breccia di Porta Pia, travolgendo simbolicamente il nemico della libertà e del progresso. Intanto, fioriscono le bandiere con lo stemma sabaudo, ottimo pretesto per celebrare dell'unità non la mente, la volontà repubblicana, ma il compromesso dinastico.[75]

La scelta di Torino come sede di Italia 61, se era stata concepita come tributo alla prima capitale del regno, si collegava con tutta evidenza al pre-

75. Giorgio Agosti, *Dopo il tempo del furore. Diario 1946-1988*, a cura di Aldo Agosti, Torino, Einaudi, 2005, p. 211 (23 marzo 1961).

sente, nel momento in cui la città si candidava a capitale dell'industrializzazione del paese, terminale delle grandi migrazioni interne, officina delle trasformazioni in atto nella società italiana.[76] Le tre grandi mostre allestite per il centenario traducevano il raccordo passato-presente, saldando il Risorgimento con la varietà degli apporti regionali alla formazione dell'identità nazionale e il livello di benessere economico e di maturazione politica conseguiti negli anni della democrazia repubblicana. Mostra storica del centenario, Mostra storica delle regioni, Mostra internazionale del lavoro: gli spazi in cui furono collocate (da Palazzo Carignano al nuovo Palazzo del Lavoro di Pier Luigi Nervi) restituivano plasticamente il dialogo ideale tra la tradizione ottocentesca e una modernità che stava producendo la più sconvolgente metamorfosi nella storia della società italiana.[77]

I musei storici contribuirono al successo del centenario con l'organizzazione di varie mostre locali, in buona parte coordinate dai comitati provinciali dell'Istituto per la storia del Risorgimento. In qualche caso, come è stato notato, le esposizioni furono una felice occasione per valorizzare la componente artistica del Risorgimento, tradizionalmente relegata al versante iconografico e ora finalmente esplorata anche nella sua collocazione autonoma di capitolo importante della storia dell'arte ottocentesca.[78]

L'idea di coinvolgere artisti, registi, architetti nella costruzione dei percorsi espositivi fece capolino anche nella grande mostra storica del centenario, per allestire la quale si procedette allo smantellamento del Museo nazionale a Palazzo Carignano. La partecipazione di istituzioni e collezionisti di tutta Italia fu imponente: distribuita in 32 sale, la mostra esibiva una ricchezza e varietà di materiali senza precedenti.[79] In realtà, dietro le quinte la sua realizzazione scontò fortissime tensioni, per superare le quali a poco valsero i numerosi tentativi di mediazione. Il nodo era costituito dalle divergenze affiorate tra la direzione artistica, affidata ad Augusto Cavallari

76. Cfr. *La celebrazione del primo centenario dell'Unità d'Italia*; Norma Bouchard, *«Italia '61»: The Commemorations for the Centenary of Unification in the First Capital of the Italian State*, in «Romance Studies», 23/2 (2005), pp. 117-129; Sergio Pace, Cristiana Chiorino, Michela Rosso, *Italia '61: la nazione in scena. Identità e miti nelle celebrazioni per il centenario dell'Unità d'Italia*, Torino, Allemandi, 2005; Gianluca Fiocco, *Le celebrazioni del 1961*, in *Farsi italiani*, pp. 109-120.

77. Cfr. Guido Crainz, *Storia del miracolo italiano. Culture, identità, trasformazioni fra anni cinquanta e sessanta*, Roma, Donzelli, 1996.

78. Cfr. Brevetti, *La patria esposta*, pp. 143-194.

79. *L'Unità d'Italia. Mostra storica* (Torino, Palazzo Carignano, maggio-ottobre 1961), Milano, Pizzi, 1961.

Murat, e gli ordinatori storico-scientifici, capeggiati dal medievista Francesco Cognasso, primo vice presidente del Comitato.[80] Prima ancora dei contenuti e dei temi attorno ai quali ruotava la rivisitazione storica, le divisioni investivano direttamente la forma e i linguaggi dell'esposizione. Rivalità personali, pretese di autonomia, letture inconciliabili tra storici da un lato, architetti, storici dell'arte e scenografi dall'altro sfociarono in aperta rottura: alla fine del 1960, Cavallari Murat e i collaboratori adibiti alla sezione artistica si dimettevano, a fronte di un'opera accusata di essere scaduta «sul tono del qualunquismo più sciatto».[81]

Il confronto tra le parti rivela il tentativo di introdurre soluzioni innovative e in più punti "spettacolari", capaci di rendere la narrazione storica in tutto aderente alle nuove esigenze del tempo presente (inizialmente fu chiesta la collaborazione di Luchino Visconti); al tempo stesso, lascia trasparire le forti resistenze del gruppo degli storici guidati da Cognasso, che guardava con diffidenza a un allestimento in cui le priorità di ordine estetico minavano l'idea della superiorità "oggettiva" del documento scritto.

In una relazione del giugno 1960, Cavallari Murat articolò in modo minuzioso la *ratio* sottesa alla sua concezione dell'esposizione storica. La direzione artistica intendeva ricorrere ai «più moderni mezzi della tecnica scenografica ed escogitativa (effetti sonori, luministici, cinematografici, musicali ecc.)», al fine di legare le vicende storiche a «una serie di ricostruzioni ambientali, scandite lungo tutto il percorso». La mostra costituiva «la chiave di volta ideale e pratica» delle celebrazioni, essendo l'unica manifestazione dedicata al ricordo di eventi e uomini del Risorgimento. Partendo da questa premessa, i piani di lavoro si distinguevano per «un'importanza concettuale stilisticamente coerente», in cui i dettagli particolari contribuivano alla formazione dell'insieme e alla «creazione di una atmosfera di alta spiritual[ità]». Si trattava di fare di Torino «uno scenario autentico» della rappresentazione storica, capace di riportare in vita passioni, sentimenti, slanci degli anni del Risorgimento: «perciò la città stessa o, quanto meno, il cuore del suo centro storico dovrà rappresentare con i suoi edifici, le sue piazze e le sue strade il suggestivo scenario della rievocazione».

80. Seduta del 12 dicembre 1960, AST, Archivio Italia 61, mazzo 7, *Verbali riunioni della Giunta esecutiva*.

81. Lettera di Cavallari Murat alla presidenza di Italia 61, 20 dicembre 1960, AST, Archivio Italia 61, mazzo 26, *Mostra storica*; documento della presidenza del Comitato nazionale alla Giunta esecutiva, 9 gennaio 1961, AST, Archivio di Italia 61, mazzo 26, *Mostra storica*. Nuovo responsabile della parte artistica fu designato l'architetto Giovanni Picco.

> Quantunque ospiti documenti, stampe, cimeli e materiale minuto, la Mostra si rivolgerà non ad uno stretto numero di specialisti, bensì al vasto pubblico. A questo pubblico parlerà un linguaggio sobrio, capace di raggiungere la mente ed il cuore e tale da accendere la fantasia [...]. I due poli ideali saranno da un lato Palazzo Carignano con il suo cortile e con le due piazze Carignano e Carlo Alberto; dall'altro il Palazzo dei Ministeri con la Piazzetta. Tra i due poli sta il Palazzo Madama sede del Senato Subalpino che li collega idealmente.
> Articolata nei diversi luoghi elencati, la Mostra costituirà nel suo insieme e nei suoi dettagli un tutto unico, inscindibile e ricreerà un ambiente che darà al visitatore la suggestiva sensazione di vivere per un giorno in una scena uscita da una stampa degli anni del Risorgimento. [...] Venire a Torino nel 1961 e sostare nella zona della Mostra Storica significherà cogliere, nell'autenticità delle cose di allora, il segreto di una fede e di una passione a cui giustamente si ha dato il nome di Risorgimento.[82]

Il progetto era innovativo, contrassegnato da una visione che con parole odierne potremmo definire quasi da Public history, laddove presupponeva una sinergia di tutte le componenti protagoniste dell'evento: gli allestitori, gli studiosi, i cittadini, gli edifici e le piazze. La ricerca del coinvolgimento emotivo e la valorizzazione di linguaggi e strumenti innovativi non erano una novità, come si è visto con gli esempi di fine Ottocento e del ventennio fascista. La commissione artistica voleva dare a questa esigenza una più robusta solidità in termini di utilizzo degli spazi e di sguardo strategico rispetto ai mezzi multimediali funzionali allo scopo.

La replica della commissione storica fu perentoria. Minacciando le dimissioni, Cognasso si lamentò del «rifiuto sistematico» della direzione artistica a riconoscerne l'autorità, accusandola di «dibattersi in problemi in cui non riesce a distinguere l'importante dal secondario».[83] Vinta la partita e ottenuta dal comitato nazionale la nomina a unico responsabile della mostra, Cognasso abbandonò ogni dispendiosa idea di integrazione scenografica con i luoghi storici cittadini. Il suo progetto di allestimento si limitava alla valorizzazione di Palazzo Carignano per mezzo di criteri di esclusiva contestualizzazione scientifica. La scelta, scrisse Cavallari Murat alla vigilia delle dimissioni, finiva per negare «ogni valore all'arte ed alla tecnica

82. "Relazione della direzione artistica", 15 giugno 1960, AST, Archivio Italia 61, mazzo 26, *Mostra storica*, fasc. 10.

83. Lettera di Cognasso al presidente del Comitato nazionale Italia 61, 5 ottobre 1960, AST, Archivio Italia 61, mazzo 26, *Mostra storica*, fasc. 11.

espositiva»: contrapponendo la superiorità di una «storia pura» alle potenzialità del «racconto storico», l'operazione si limitava a «mettere insieme documenti e quadri senza la preoccupazione artistica dell'ambiente e della incorniciatura».[84] Sono parole che, *mutatis mutandis*, sembrano replicare quelle con cui Margherita Sarfatti, nel 1932, aveva liquidato l'impianto dell'esposizione garibaldina rispetto alla modernità estetica della Mostra della Rivoluzione fascista.

Il duro contrasto tra le due anime della mostra non sembra tuttavia aver avuto echi oltre le mura di Palazzo Carignano e tra gli addetti ai lavori, a dimostrazione della difficoltà di uscire da schemi collaudati. L'«Avanti» notò che la struttura rigorosamente scientifica della mostra sacrificava «quella visione più didascalica e d'effetto che avrebbe potuto garantire alla manifestazione un'eco popolare più profonda». A parte il sarcasmo sull'inserimento di Vincenzo Gioberti tra i «grandi fattori» dell'unità, il giudizio nel complesso era positivo: ispirata «ai criteri revisionistici della storiografia moderna (e quindi non dinastica e celebrativa)», la mostra era «tutta da vedere» e offriva «una completa rassegna di quasi due secoli di storia patria ricca di cimeli affluiti copiosissimi da ogni parte d'Italia ed anche dall'estero».[85] Sull'altro versante, faceva eco il commento favorevole dell'«Osservatore romano», che descrisse la mostra come «il fattore primo della celebrazione». Allestita secondo i «più moderni mezzi della tecnica espositiva», essa ricreava «un ambiente che offre al visitatore la sensazione di vivere per un giorno nello scenario di cento anni fa», con l'illustrazione dei «sacrifici materiali ed ideali attraverso i quali l'Italia è riuscita a conquistare dignità di Nazione».[86]

Dal punto di vista dei contenuti, il Comitato ordinatore aveva indicato come estremi cronologici il 1748 e il 1870: il nucleo centrale della mostra (ben 19 sale) fu tuttavia occupato dagli anni 1848-1861. In appendice due sale furono dedicate rispettivamente ai decenni postunitari e agli echi risorgimentali nella Resistenza. La scelta della periodizzazione rispecchiava l'ennesimo compromesso tra spinte ed esigenze varie. Il ruolo decisivo svolto da uno storico di scuola piemontese come Francesco Cognasso si

84. "Promemoria sulla crisi della Mostra storica", AST, Archivio Italia 61, mazzo 26, *Mostra storica*.

85. Renato Carli Ballola, *Le manifestazioni di Italia '61 inaugurate solennemente a Torino*, in «Avanti», 7 maggio 1961.

86. V.M., *Gronchi inaugura domani le Mostre di "Italia 61" a Torino*, in «l'Osservatore romano», 6 maggio 1961.

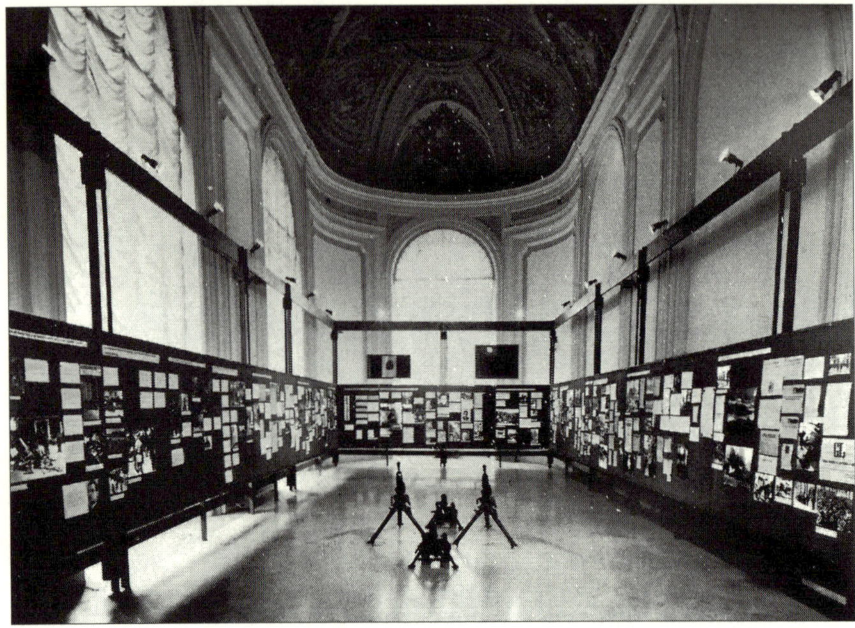

Fig. 17. Italia 61, Torino. *L'Unità d'Italia. Mostra Storica*, Sala XXXII, Echi del Risorgimento nella Resistenza (da *Visioni della Mostra Storica dell'Unità d'Italia*, Torino, 1961).

coglie nella volontà di recuperare i primordi settecenteschi dell'aspirazione unitaria, sia pure evitando le cadute marcatamente nazionaliste sperimentate durante il ventennio fascista: in questo modo si tornava all'interpretazione che alla fine dell'Ottocento era stata codificata, anche a livello di vulgata scolastica mediata *sub specie* letteraria, dalle celebri *Letture del Risorgimento italiano* ordinate da Carducci. Sul versante cronologico opposto, lo spazio assegnato agli echi risorgimentali nella guerra di liberazione rispondeva ai desideri di quell'area del Comitato (in prima fila Antonicelli, anch'egli vice presidente e ancora commissario straordinario del museo), che mirava a collocare la lotta partigiana nel solco della tradizione nazionale. Tale riconoscimento appariva tanto più importante in un momento in cui, dopo la vicenda Tambroni e gli incidenti di piazza dell'estate 1960, la memoria dell'antifascismo e della Resistenza stava preparandosi a occupare gli spazi pubblici, catalizzando un atteggiamento nuovo da parte dei partiti politici e delle istituzioni.

5. *Celebrazione e contro-memoria*

La forte copertura mediatica assicurata tramite Italia 61 non fu sufficiente a nascondere la crescente difficoltà della memoria risorgimentale a dialogare con i mutamenti in corso nella società italiana. Gli studi sono concordi nel sottolineare questo snodo decisivo. Nello spazio rituale e simbolico della nazione erano ormai maturate le condizioni per un passaggio del testimone tra Risorgimento e Resistenza. Nessuna delegittimazione dei miti patriottici, beninteso, se non per le voci – ampiamente minoritarie – di nostalgici monarchici, borbonici, orfani del temporalismo pontificio. Tutte le forze politiche erano concordi nel riconoscere che la realizzazione dell'unità aveva creato le premesse indispensabili per l'esistenza di uno Stato moderno e di una società più libera, aperta agli innesti provenienti dai paesi europei più progrediti. La raggiunta unità, scriveva Togliatti, era stata «un grande fatto rivoluzionario».[87] Il giudizio divergeva rispetto alle scelte dei governi e ai risultati conseguiti nella politica interna ed estera, che avevano generato scompensi nella crescita equilibrata della società e preparato il terreno, secondo alcuni, all'affermazione del nazionalismo fascista: il dibattito tra le diverse scuole storiografiche fu in quegli anni particolarmente intenso e riuscì – caso raro – ad avere non poche ricadute virtuose nel discorso pubblico.

Sotto la superficie dell'omaggio al mito di fondazione dell'unità e al tributo ai padri della patria, si insinuava tuttavia la sensazione di una distanza che non dipendeva solo dallo scarto temporale: era piuttosto il sintomo della crescente difficoltà della società italiana a relazionarsi con uomini, idee, valori di un'epoca che, per quanto gloriosa, la modernità caotica e accelerata relegava a fotografia di un passato ormai scisso dal presente. Numerosi osservatori, da diversi punti di vista, colsero tale divario, soppesandone le implicazioni sulla tenuta complessiva del sistema. Le feste del 1911, benché attraversate da intatte fratture sociali, dall'estraneità o diffidenza di ampi settori degli strati contadini e operai, avevano corrisposto «ai sentimenti, agli entusiasmi di una larghissima cerchia di persone»: avevano espresso i valori di una classe dirigente «educata al culto di quelle memorie, profondamente convinta di continuare, per quanto mediocremente, l'opera del risorgimento». La lacerazione prodotta dal fascismo e dalla guerra non era stata ricomposta, anche perché lo Stato repubblicano

87. Palmiro Togliatti, *Il centenario dell'unità*, in «l'Unità», 26 marzo 1961.

non aveva mostrato di possedere la forza e l'autorevolezza capaci di farne un rinnovato riferimento di lealismo e «spontanea ubbidienza».[88]

Il vuoto morale prodotto dalla «sostanziale scomparsa della tradizione risorgimentale nella presente fase della storia italiana» fu ricordato anche da Rosario Romeo, che anticipava all'immediato dopoguerra un fenomeno che, come si è detto in precedenza, stava in verità rivelandosi nella sua concretezza soltanto mentre lo storico siciliano stendeva le sue note sul centenario. Nell'Italia uscita dal fascismo e dalla guerra si era realizzato il «processo di conquista dello Stato da parte delle masse socialiste e cattoliche che già si era profilato nel primo dopoguerra, e che il fascismo per vent'anni aveva cercato artificialmente di arrestare». I partiti che ora rappresentavano quelle masse avevano ricucito le fratture e superato l'estraneità rispetto alla tradizione risorgimentale. Restavano nondimeno portavoce di attese ed esigenze nuove. La formula della Resistenza come secondo Risorgimento evocava una comune generica volontà di rinnovamento: calata nei «concreti contenuti storici» e confrontata con obiettivi e valori delle due fasi, suonava come «vuoto esercizio oratorio». La libertà, nel presente, rinviava a significati lontani da quelli dell'Ottocento: era infatti «strumento e simbolo di rinnovamento sociale, di partecipazione più larga delle masse ai benefici della comune vita nazionale», sinonimo «non solo e non più verbale soltanto, ma sostanziale e storico, di democrazia». Patrimonio ormai acquisito alla storia, concludeva Romeo, il Risorgimento conservava una «esigenza di valore permanente» soltanto se assunto a «coscienza di un destino comune, e di una più alta solidarietà di tutti» nell'ambito di un'Italia approdata alla società democratica di massa.[89]

L'ideale doveva misurarsi con gli squilibri che la crescita impetuosa del paese rendeva ancora più visibili. La stampa di sinistra preferiva indugiare sullo scarto tra l'ottimismo della celebrazione centenaria e le speranze ancora disattese di milioni di lavoratori, impegnati a reclamare migliori retribuzioni e a difendere le libertà nei luoghi di lavoro. Le conquiste ottenute grazie alle lotte sindacali erano state vanificate in larga

88. Domenico Bartoli, *Italia centenaria*, in «Corriere della Sera», 18 aprile 1961. Inoltre Arturo Chiodi, *Il presidente Gronchi inaugura le manifestazioni di «Italia '61»*, in «La Gazzetta del Popolo», 6 maggio 1961.

89. Rosario Romeo, *Il Risorgimento: realtà storica e tradizione nazionale*, in Id., *Dal Piemonte sabaudo all'Italia liberale*, Bari, Laterza, 1963, pp. 219-221; il testo in origine fu inserito nella pubblicazione ufficiale del centenario, *La celebrazione del primo centenario dell'Unità d'Italia*.

parte «dagli aumenti dei prezzi, delle tariffe dei pubblici servizi, delle imposte indirette e delle tasse». Alla richiesta di una «gratifica del centenario», governo e imprenditori avevano risposto con il silenzio: «E questo silenzio, questa sordità hanno un loro particolare valore e significato, così come lo ha avuto la sordina posta alle voci dei lavoratori nelle celebrazioni dell'anno centenario, quasi che l'Italia non deve alle forze del lavoro la sua attuale esistenza».[90]

Di fatto, la modernizzazione del paese, mentre schiudeva prospettive inedite, accompagnava il tramonto dei linguaggi e delle modalità commemorative che per un secolo avevano fatto da cornice alla rappresentazione della patria e della nazione. La discontinuità era palese nel caso di molti monumenti.[91] Come ha scritto Giulio Bollati, in uno sfondo ormai scandito da concetti quali paese industriale avanzato, modernità, sviluppo, il registro figurativo tradizionale consumava la propria eclissi e cedeva il posto a sperimentazioni formali che evocavano gli orrori della guerra, il tormento di un'umanità annichilita dalla violenza e dal sopruso: «A differenza della patria, che richiama immediatamente l'idea del marmo, lo sviluppo sdegna per definizione la fissità e insegue all'infinito l'astrattezza del movimento».[92]

La consapevolezza che il mutamento in atto non fosse effimero e toccasse nel profondo il corpus dei valori chiamato a dare un senso all'appartenenza collettiva era testimoniata dall'attenzione rivolta al mondo giovanile. Se ne fece interprete anche la televisione, con una speciale puntata di «Tribuna politica» su *I giovani e la patria*. Al dibattito, coordinato da Giorgio Vecchietti, parteciparono cinque deputati "under 35" dei diversi schieramenti politici: il comunista Giorgio Napolitano, il democristiano Francesco Cossiga, il socialista Venerio Cattani, il missino Angelo Nicosia, il sociologo Franco Ferrarotti, deputato indipendente per il Movimento Comunità, subentrato in Parlamento dopo le dimissioni di Adriano

90. Lettera del senatore Mario Mammuccari, già partigiano e sindacalista, ad Amintore Fanfani, 6 novembre 1961, ACS, PCM 1959-1961, b. 336, 14.2.6180671, *Centenario dell'unità d'Italia. Affari generali e varie*. Cfr. anche Adalberto Minucci, *Due giugno*, in «l'Unità», 2 giugno 1961.

91. Cfr. Anna Finocchi, *I monumenti: luogo e forma della memoria*, in *La Resistenza tra storia e memoria*, a cura di Nicola Gallerano, Milano, Mursia, 1995, pp. 72-83.

92. Giulio Bollati, *Statue nella storia*, in *Il lauro e il bronzo. La scultura celebrativa in Italia 1800-1900*, a cura di Maurizio Corgnati, Gianlorenzo Mellini e Francesco Poli, Moncalieri, Ilte, 1990, p. 36.

Olivetti. Lo sguardo rivolto alla condizione giovanile era pretesto di un confronto che toccava la discussione sul passato, il peso dell'eredità fascista, la politica estera, il significato che il tema della patria assumeva nel contesto più ampio delle lotte di indipendenza nei paesi sottoposti a regimi coloniali.[93]

In effetti, la Resistenza sembrava incrociare le forti domande di conoscenza storica dei giovani, cui offriva un bagaglio di memorie e di esempi che appariva più rispondente ai cambiamenti della società. Il fallimento del progetto Tambroni di apertura alla destra missina, gli incidenti di piazza nell'estate 1960 e poi il varo dei governi di centro-sinistra consentirono alla Resistenza di salire alla ribalta della memoria pubblica. Non più terreno di scontri, divisioni e celebrazioni separate, come era avvenuto negli anni più duri della guerra fredda, la lotta partigiana era finalmente riconosciuta dalle forze dell'arco costituzionale come il perno della democrazia repubblicana.[94] Il decennio che intercorre tra il ventennale e il trentennale della liberazione può essere considerato la *golden age* della Resistenza nel discorso pubblico nazionale. Ne sono efficaci testimonianze le dinamiche dell'occupazione simbolica dello spazio urbano. I primi omaggi del dopoguerra, spesso cippi e lapidi d'arte povera, avevano conosciuto una geografia periferica incentrata sul binomio evento-luogo:[95] cerimonie, commemorazioni, inaugurazione di monumenti e targhe invadevano ora i centri cittadini, sommandosi alla presenza nei canali della cultura diffusa (scuola, giornali, televisione, cinema, canzoni).

Nel 1961 fu avviato a Carpi (Modena) il progetto di un museo-monumento al deportato politico e razziale, realizzato poi nel 1973. Nel 1965 la Risiera di San Sabba a Trieste fu dichiarata monumento nazionale: nel luogo che aveva ospitato l'unico forno crematorio presente sul suolo italiano, la Risiera svolgeva anche un compito di rappresentazione museale della deportazione e dello sterminio politico e razziale. Tutto ciò serviva a colmare vuoti e silenzi della memoria collettiva, «di cui erano responsabili anche le forze della Resistenza, che non avevano mai inserito nel loro oriz-

93. La puntata è visibile on line: https://www.youtube.com/watch?v=eFq6fNZwyPA; Cfr. inoltre Merolla, *Italia 1961*, pp. 119-121.

94. Cfr. Guido Crainz, *La 'legittimazione' della Resistenza. Dalla crisi del centrismo alla vigilia del '68*, in *Fascismo e antifascismo negli anni della Repubblica*, in «Problemi del socialismo», 7 (1986), pp. 62-97; Focardi, *La guerra della memoria*.

95. Cfr. *Memorie nella pietra. Monumenti alla Resistenza ligure 1945-1995*, a cura di Mirco Bottero, Genova, Istituto storico della Resistenza in Liguria, 1996.

zonte il problema della persecuzione razziale e che avevano a lungo sentito come estranea anche la deportazione politica, per una valutazione eminentemente militare della lotta di liberazione».[96] Nel 1967 il riconoscimento per legge dell'Istituto nazionale per la storia del movimento di liberazione in Italia consolidò la sua presenza nel territorio con i tanti istituti associati e la funzione di collettore di archivi e documenti fondamentali per lo studio della storia contemporanea.[97]

Il rilancio della memoria resistenziale fu tutt'altro che privo di contrasti, come è noto. I settori della sinistra radicale contestarono precocemente un'operazione che ai loro occhi era rivestita di caratteri troppo moderati: l'unanimismo ufficiale e la ripetitività del rituale, della cui legittimazione era accusato anche il Pci, finivano per sterilizzare la portata rivoluzionaria dell'eredità partigiana. Il conflitto avrebbe conosciuto manifestazioni ancora più aspre nel clima di tensione e violenza politica dei primi anni Settanta, quando il richiamo all'antifascismo "rosso" e alla "Resistenza tradita" sarebbe diventato un cavallo di battaglia dell'azione dei movimenti posizionati alla sinistra del Pci. Se collocata nella sua fase d'esordio, cioè nel contesto del tutto particolare in cui prese forma e alla luce delle fortissime divisioni pregresse, l'immagine della "Resistenza tricolore" non fu però una conquista di poco conto: essa favorì l'emarginazione sul piano politico e rituale della destra neofascista e agevolò la ripresa di cortei unitari intorno al 25 aprile, ponendo le basi di un elementare, ma non per questo banale, "patriottismo della Costituzione".[98]

Di fatto, nel volgere di pochi anni lo scenario del paese era completamente mutato. Non era trascorso molto tempo da quando i giovani delle scuole erano scesi in piazza per inneggiare a Trieste italiana e festeggiare il ricongiungimento con la città nel 1954. Negli anni Sessanta giungeva all'epilogo una lunga stagione commemorativa, di cui gli stessi musei storici erano stati uno strumento popolare di riproduzione e trasmissione pubblica. Il movimento del Sessantotto e più in generale le trasformazio-

96. Alessandrone Perona, *La Resistenza italiana nei musei*, p. 143. Cfr. Tristano Matta, *La Risiera di San Sabba* e Marina Rossi, *Il Museo-Monumento della Risiera: la visita*, entrambi in *Un percorso della memoria*, pp. 125-139.

97. Cfr. *Resistenza e storia d'Italia*; Claudio Silingardi, *Musei della Resistenza e politiche della memoria. Il caso dell'Emilia-Romagna*, in «Italia contemporanea», 251 (2008), pp. 275-298.

98. Guri Schwarz preferisce retrodatare all'inizio degli anni Sessanta una lettura che appare meglio applicabile a una fase successiva: Schwarz, *Tu mi devi seppellir*.

ni politiche e sociali che ne seguirono contribuirono a rendere obsoleto l'impianto su cui si era fondato il rapporto con la tradizione. Un percorso parallelo a quello risorgimentale interessò anche la prima guerra mondiale e l'immagine che aveva continuato a farne un caposaldo della ritualità dei primi decenni dell'Italia repubblicana. La diffusione di contro-celebrazioni durante il cinquantenario del 1918 era il portato inevitabile di un clima di fibrillazione politica e sociale che si nutriva di proteste antimilitariste e slanci terzomondisti, di denunce dell'impronta autoritaria insita nelle strutture educative, dalle scuole superiori alle università, fino alle istituzioni manicomiali.[99] I discorsi ufficiali, ingessati nella lettura patriottica della quarta guerra di indipendenza, furono così affiancati da varie iniziative antagonistiche, in linea con le ricerche sul dissenso di guerra e le modalità della sua repressione promosse in quegli anni.[100]

Nelle versioni polemiche più estreme, Risorgimento e Grande guerra, spogliati del rivestimento eroico e celebrativo della letteratura patriottica e della vulgata scolastica, venivano rivisitati secondo una chiave classista che enfatizzava i costi sociali e umani sofferti dalle classi più umili. Film come *Uomini contro* di Francesco Rosi e *Bronte* di Florestano Vancini portavano a loro volta sul grande schermo gli echi di una interpretazione controcorrente, in parte anticipata un decennio avanti con *La Grande Guerra* di Mario Monicelli. Entrambe le opere cinematografiche riflettevano gli umori del presente e li trasferivano nella rappresentazione del passato, talora con insistite ridondanze ideologiche (visibili soprattutto in alcune scene antimilitariste di *Uomini contro*). In *Bronte*, il piglio spietato di Nino Bixio suggerisce il ricordo non ancora sbiadito di qualche fanatico comandante nazista, mentre il dissidio tra l'avvocato liberale Antonio Lombardo e i carbonari di Calogero Gasparazzo sembra evocare l'inconciliabilità tra l'indirizzo riformista del Pci e quello rivoluzionario e classista dei mo-

99. Cfr. Amoreno Martellini, *Fiori nei cannoni, Nonviolenza e antimilitarismo nell'Italia del Novecento*, Roma, Donzelli, 2006; Monica Galfré, *La scuola è il nostro Vietnam. Il '68 e l'istruzione secondaria italiana*, Roma, Viella, 2018; John Foot, *La "Repubblica dei matti". Franco Basaglia e la psichiatria radicale in Italia 1961-1978*, Milano, Feltrinelli, 2014; Marco Labbate, *Un'altra patria. L'obiezione di coscienza nell'Italia repubblicana*, Pisa, Pacini, 2020.

100. Mario Isnenghi, *I vinti di Caporetto nella letteratura di guerra*, Venezia, Marsilio, 1967; Enzo Forcella, Alberto Monticone, *Plotone di esecuzione. I processi della prima guerra mondiale*, Bari, Laterza, 1968. Cfr. Antonelli, *Cento anni di Grande guerra*, pp. 317-374.

vimenti. Non è un caso che proprio Gasparazzo sia il nome dell'operaio meridionale, emigrato al nord per lavorare nella Fiat e divenuto simbolo dello scontro di classe, creato nel 1972 dalla fantasia di Roberto Zamarin per la striscia di vignette di «Lotta continua».[101]

Beninteso, Risorgimento e Grande guerra restavano al centro delle celebrazioni ufficiali nelle date canoniche, specialmente il 4 novembre.[102] Conobbero qualche momento di rilancio in occasione dei centenari più importanti: la breccia di Porta Pia e Roma capitale (1970-71), la morte di Mazzini (1972) e di Garibaldi (1982), quest'ultima festeggiata con una esposizione che non sfigurò al confronto con quelle del passato.[103] In tutte queste occasioni, i musei del Risorgimento e della guerra non abdicarono al loro ruolo, organizzarono mostre tematiche e confermarono il rapporto privilegiato con il mondo della scuola primaria, che continuava a essere il principale bacino d'utenza. Emergeva nondimeno in tutta la sua portata periodizzante lo scarto rispetto alla presenza e all'impatto che i miti di fondazione del sentimento nazionale avevano avuto fino a qualche anno addietro. Il rapporto con il passato si preparava a vivere una nuova fase, che catapultava nel dibattito storiografico e nel discorso pubblico il tema del fascismo e dell'antifascismo. Lo spazio rituale era ormai egemonizzato dalla Resistenza, che catalizzava i conflitti di memorie presenti all'interno dello stesso campo antifascista: il dibattito sulla storia entrava nelle piazze, nei luoghi e negli spazi controllati dai partiti (si pensi alle feste dell'Unità),[104] così come in quelli della contestazione e della controcultura.

I musei storici rimasero tutto sommato ai margini di questa effervescenza politica e sociale. Il Museo centrale del Risorgimento a Roma fu addirittura chiuso per molti anni, a seguito dell'esplosione di un ordigno davanti al portone principale d'ingresso, il 12 dicembre 1969, giorno della strage di piazza Fontana. Soltanto a partire dagli anni Ottanta essi hanno cominciato a respirare l'aria di una nuova stagione storiografica, che ha

101. Zamarin morì in un incidente stradale alla fine dello stesso 1972; cfr. *Gasparazzo non c'è più*, in «Lotta continua», 21 dicembre 1972.

102. Cfr. Nicola Labanca, *Una storia immobile? Messaggi alle forze armate italiane per il 4 novembre (1945-2005)*, in «Quaderni Forum», 3-4 (2000), pp. 69-100.

103. *Garibaldi. Arte e Storia. Arte*, vol. 1, Firenze, Centro Di, 1982. Sulle mostre di quegli anni cfr. Brevetti, *La patria esposta*, pp. 207-225.

104. Il tema meriterebbe esplorazioni ravvicinate nelle realtà provinciali, sulla scorta della sintesi delineata in Anna Tonelli, *Falce e tortello. Storia politica e sociale delle Feste dell'Unità (1945-2011)*, Roma-Bari, Laterza, 2012.

interessato soprattutto la Resistenza e la seconda guerra mondiale. Sono così sorti musei e progetti espositivi che mirano a esplorare le tante implicazioni del conflitto totale: le lacerazioni della guerra civile e il coinvolgimento della popolazione, il ruolo delle donne, di prigionieri e deportati, l'importanza delle memorie pubbliche e private. Ad Alfonsine, in provincia di Ravenna, il Museo della battaglia del Senio, inaugurato nel 1981, ha incardinato la trama espositiva sull'intreccio tra il radicamento partigiano nel territorio e il significato di un'esperienza bellica "in casa", che ha prolungato i suoi effetti tra l'autunno del 1944 e l'aprile 1945.[105] Numerosi musei della guerra e della Resistenza sono stati costituiti specialmente nelle zone che furono teatro di massacri e violenze, dunque con l'obiettivo di farne veri e propri "memoriali".[106]

Istanze di patrimonializzazione e di valorizzazione del territorio, anche in chiave di turismo culturale, sono all'origine dei tanti musei della Grande guerra, oggi visitabili nell'ampia area geografica che fu teatro delle vicende del 1915-18.[107] Gli stessi musei del Risorgimento, sia pure con qualche lentezza e con diversi livelli di efficienza, hanno cercato di modificare il loro assetto, dialogando in modo più efficace con il rinnovamento che ha investito gli studi sul lungo Ottocento[108] e con forme nuove di coinvolgimento delle scuole e dei cittadini. Il Museo nazionale del Risorgimento di Torino è stato chiuso nel 2006 e riaperto cinque anni dopo con un nuovo allestimento, in coincidenza dei festeggiamenti per i 150

105. Cfr. *Museo della Battaglia del Senio di Alfonsine*, Testi di Giuseppe Masetti, Ravenna, Provincia di Ravenna, 1998.

106. Cfr. Alessandrone Perona, *La Resistenza italiana nei musei*; *Un percorso della memoria*; Claudio Silingardi, *Alle spalle della linea gotica. Storie luoghi musei di guerra e Resistenza in Emilia-Romagna*, Modena, Edizioni Artestampa, 2009; Id., *Museo della Repubblica partigiana di Montefiorino. Guida storica*, Modena, Edizioni Artestampa, 2005; Paolo Pezzino, *Paesaggi della memoria. Resistenze e luoghi dell'antifascismo e della liberazione in Italia*, Pisa, ETS, 2018.

107. Cfr. *I Musei della Grande Guerra. Guida. Dall'Adamello a Caporetto*, a cura di Lucio Fabi, Rovereto, Edizioni Osiride, s.d; *Guida ai musei della Grande Guerra in Trentino*, a cura di Anna Pisetti e Donato Riccadonna, Rovereto, Edizioni Osiride, 2011.

108. Cfr. *Rileggere l'Ottocento. Risorgimento e nazione*, a cura di Maria Luisa Betri, Torino - Roma, Comitato di Torino dell'Istituto per la storia del Risorgimento italiano - Carocci, 2008; *L'Italie du Risorgimento. Relectures*, a cura di Catherine Brice e Gilles Pécout, in «Revue d'histoire du XIXe siècle», 44 (2012); *The Risorgimento revisited. Nationalism and Culture in Nineteetnth Century Italy*, a cura di Silviana Patriarca e Lucy Riall, London, Palgrave Macmillan, 2012.

anni dell'unità.[109] La fuoriuscita dalla visione strettamente nazionale che ha marcato a lungo la vita dei musei, e *in primis* quello torinese, si coglie soprattutto nell'attenzione posta al rapporto tra Risorgimento e quadro europeo, all'analisi critica di aspetti delicati e spesso rimossi (si pensi al brigantaggio), ai risvolti sociali e culturali del fenomeno. Non pochi musei recuperano al loro interno una riflessione sugli stessi miti patriottici che per lungo tempo sono stati il perno della rappresentazione: li assumono ora a osservatorio privilegiato per decostruire le stratificazioni della storia museale, storicizzarne passaggi e significati, misurando da questa angolazione i controversi percorsi di formazione e trasmissione del sentimento nazionale. In fondo, è ciò che anche in questo libro si è tentato di fare.

109. Cfr. Umberto Levra, *Il Museo Nazionale del Risorgimento Italiano di Torino*, Milano, Skira, 2011; Id., *Il Museo Nazionale del Risorgimento Italiano. Dalla primazia piemontese alla contestualizzazione europea dei processi di nazionalità*, in *Luoghi controversi della memoria – I musei nazionali europei*, a cura di Silvia Cavicchioli e Gabriele B. Clemens, «Annali dell'Istituto storico italo-germanico in Trento», 46 (2020/1), pp. 25-40.

Scenari e sfide del nuovo secolo

Negli ultimi decenni dell'Ottocento, quando ha inizio la vicenda narrata in questo libro, il museo godeva di uno status che rispecchiava l'importanza cruciale attribuita alla storia nella vita politica e culturale europea. Entrata nella fase dell'evoluzione scientifica e della legittimazione accademica, la storia era altresì un pilastro delle politiche di costruzione e consolidamento delle identità nazionali. Tra i due conflitti mondiali, il dispositivo museale ha conservato intatta la sua rilevanza, specialmente nelle strategie di mobilitazione attivate dai regimi totalitari, adattandosi alla convivenza con i nuovi mezzi di comunicazione di massa: i quali, sulla scia della rottura determinata dalla Grande guerra sul terreno della memoria e del rapporto tra «campo dell'esperienza» e «orizzonte d'attesa»,[1] hanno dato una nuova impronta all'uso pubblico della storia.[2]

Le responsabilità rispetto allo scatenamento e ai drammi della seconda guerra mondiale sono all'origine del declino del nazionalismo, che almeno per quanto riguarda l'Europa occidentale ha significato l'ingresso nell'età da alcuni definita «post-eroica».[3] La crisi della concezione tradizionale della storia e del modello patriottico, di cui i musei erano stati un veicolo esemplare, è giunta a piena maturazione solo negli anni della "grande trasformazione": un autentico passaggio d'epoca, in cui è diventata sempre più palese la loro inadeguatezza a fronte di una società in rapida mutazione nei suoi elementi costitutivi, segnata dall'impatto dominante dei mass

1. Cfr. in particolare Reinhart Koselleck, *L'expérience de l'histoire*, Paris, Gallimard/Éditions du Seuil, 1997.

2. Cfr. Nicola Gallerano, *Storia e uso pubblico della storia*, in *L'uso pubblico della storia*, pp. 17-32.

3. Cfr. James J. Sheehan, *L'età post-eroica. Guerra e pace nell'Europa contemporanea* (2008), tr. it. Roma-Bari, Laterza, 2009.

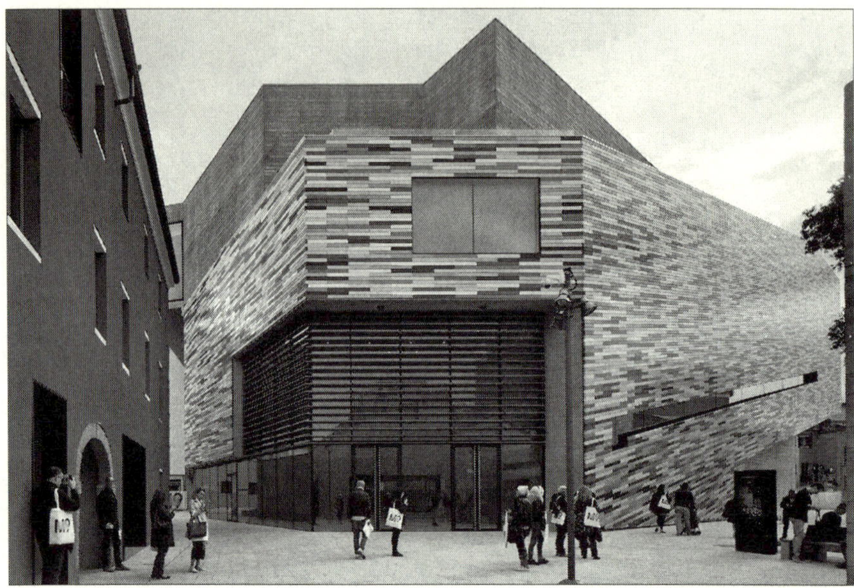

Fig. 18. Museo M9 di Mestre (Venezia). Photocredit Alessandra Chemollo.

media e dall'emergere di nuove sensibilità storiografiche. Con la fine della guerra fredda e l'eclissi dei paradigmi storiografici e delle utopie ideologiche del "secolo breve", la prolungata transizione che ne è seguita ha investito la comunicazione storica non meno del ruolo sociale dello storico.[4]

Per effetto di tutti questi fattori, anche i musei sono entrati in una fase di profondo ripensamento. Non è tra gli obiettivi di questo libro la ricostruzione della genesi e dello sviluppo delle istituzioni museali italiane nate negli ultimi decenni, molte delle quali scommettono su soluzioni espositive moderne e dialogano con i più avanzati modelli europei. Oltre al rinnovamento che ha interessato i musei del Risorgimento, della Grande guerra e della Resistenza, tra le iniziative più recenti possono essere citate, per dimensioni e ambizioni, almeno il Museo diffuso della Resistenza, della Deportazione, della Guerra, dei Diritti e della Libertà di Torino, il Museo nazionale dell'ebraismo italiano e della Shoah (MEIS) di Ferrara, il

4. Tra le tante riflessioni in merito, rinvio a Tommaso Detti, *Lo storico come figura sociale*, in *L'organizzazione della ricerca storica in Italia*, pp. 287-309.

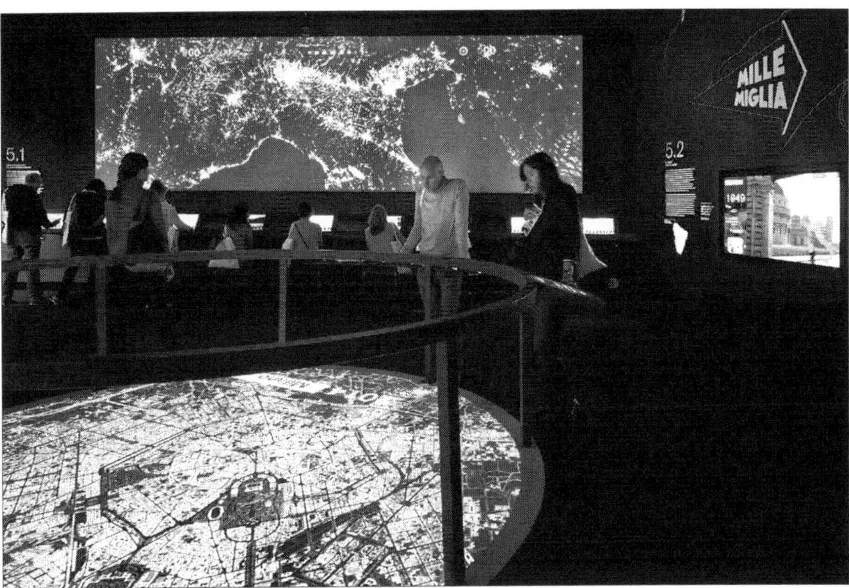

Fig. 19. Museo M9 di Mestre (Venezia). Photocredit Alessandra Chemollo.

Museo del Novecento (M9) di Mestre (Venezia). Per essere correttamente tematizzata come oggetto di studio, questa nuova stagione museale richiederà un impegno puntuale sulle fonti, passaggio necessario per cogliere le relazioni tra i tanti soggetti di cui è intessuta l'operazione: attori promotori e protagonisti, obiettivi, dibattiti pubblici, soluzioni estetiche e linguaggi multimediali, relazione con i visitatori. Mutati i contesti, l'approccio di ricerca non potrebbe aggirare le questioni di fondo che qui si è tentato di ricostruire lungo un arco di tempo quasi secolare.

Alcune considerazioni generali possono essere nondimeno utili per tessere un filo di collegamento con gli scenari del nuovo secolo. I musei sono al centro di un'attenzione che, situandosi all'incrocio di varie domande, rinvia all'obiettivo di riscoprirne le tante potenzialità.[5] In gioco è la loro

5. Un censimento di alcune tipologie di musei storici istituiti nell'ultimo decennio del secolo scorso in Europa è in *Nuovi Musei di Storia Contemporanea in Europa*, pp. 33 sgg. Per uno sguardo panoramico su musei inaugurati in anni più recenti, si vedano le schede, a cura di Ilaria Porciani, in *Musei e identità*, in «Passato e Presente», 105 (2018), pp. 161-176.

funzione in rapporto a un presente in continua fibrillazione, che ne ridefinisce il profilo di luogo di conoscenza e di memoria, crocevia di una serie di attese in cui la conservazione del patrimonio documentario si innesta nelle dinamiche della sua valorizzazione nella comunità locale e nazionale.[6]

Sul piano teorico, l'organizzazione imperniata sugli assunti dello stato nazionale ha ceduto il posto a una concezione che fa dello spazio museale un riproduttore della complessità storica, un luogo di conoscenza critica delle trasformazioni politiche, socio-economiche, culturali. La revisione degli allestimenti, non più automaticamente collegati all'esistenza di una collezione, punta a coniugare rigore della ricostruzione storiografica, apertura ai nuovi temi di ricerca, soluzioni scenografiche moderne, invito alla partecipazione attiva dei visitatori. Molti musei danno visibilità a soggetti e tematiche a lungo rimossi, agiscono dentro un contesto plurale che contempla diverse scale spaziali e si apre a prestiti, ibridazioni, scambi.[7]

Nel caso della prima guerra mondiale, la realizzazione che ha lasciato più di altri il segno è l'Historial de la Grande Guerre di Péronne. Inaugurato nel 1992, esso privilegia un approccio che trasferisce a livello museale i caratteri totali del conflitto, l'intreccio di sfera pubblica e privata, la dimensione sociale e culturale degli aspetti politici e militari esplorati dalla storiografia più recente. Né è casuale il fatto che tale iniziativa sia sorta in Francia, a ridosso di un'area geografica che fu teatro di sanguinosi scontri, dunque fisicamente immersa nella storia e nella memoria del conflitto. L'apporto della ricerca scientifica, l'allestimento, gli spazi aperti sui luoghi delle trincee interagiscono al fine di alimentare domande e suggestioni problematiche sull'evento che è all'origine della contraddittoria modernità novecentesca.[8]

Interessanti considerazioni sulla possibilità di rivitalizzare il patrimonio documentario di istituti museali tradizionali sono in Saverio Almini, Gregorio Taccola, *Conoscere e raccontare il patrimonio delle Civiche Raccolte Storiche di Milano*, in *La storia in digitale. Teorie e metodologie*, a cura di Deborah Paci, Milano, Unicopli, 2019, pp. 253-271.

6. Discussioni a più voci sono in *Musei del XX secolo*, a cura di Ersilia Alessandrone Perona, in «Passato e Presente», 51 (2000) pp. 15-40; *La storia contemporanea nei musei*, a cura di Massimo Baioni, in «Contemporanea», 3 (2000), pp. 495-517; *Rappresentare la storia. Musei e contemporaneità*, a cura di Patrizia Tamassia, in «IBC», 2 (2004), pp. 57-80.

7. Cfr. Ilaria Porciani, *Musei, Traumi, Memorie del Novecento. Introduzione*, in «Storicamente.org», 3 (2017); Timothy W. Luke, *Museum Politics. Power Plays at the Exhibition*, Minneapolis – London, University of Minnesota Press, 2002.

8. Cfr., tra gli altri, Sophie Wahnich, Antonin Tisseron, *«Disposer des corps» ou mettre la guerre au musée. L'Historial de Péronne, un musée d'histoire européenne de la guerre de 1914-1918*, in «Tumultes», 1 (2001), pp. 55-81; Sophie Wahnich, *Trois musées*

Così concepito, il museo storico moderno perde qualcosa in linearità e omogeneità rispetto a un archetipo ottocentesco i cui obiettivi fondamentali erano formulati in termini assertivi. D'altro canto, quando è gestita con competenza e senso critico, l'operazione guadagna non poco anche nella costruzione di una cittadinanza democratica che punti a sottrarre il confronto con il passato e la sua rappresentazione museale a meri intenti celebrativi. La Casa della storia europea di Bruxelles, inaugurata nel 2017, è probabilmente l'esempio più ambizioso in questa direzione. Al suo interno le vicende del continente sono ripercorse per grandi quadri generali, che non ignorano differenze, tensioni, lacerazioni, culminate nella crisi della prima metà del Novecento. L'insistenza sul processo dell'integrazione europea si pone al cuore dell'allestimento, al fine di mostrare le curve dello sviluppo economico-sociale, la rilevanza dei diritti civili, l'impegno a coltivare il ricordo di alcuni passaggi tragici (la Shoah) come parte costitutiva di un comune progetto politico-culturale. Alcuni nodi restano ancora da sciogliere: come è stato notato, l'obiettivo di fare del museo il laboratorio di una memoria condivisa non è immune dal rischio di riproporre, sotto una veste "europea" e con ordinamenti moderni, una narrazione egemonica meno lontana di quanto si potrebbe supporre da quella nazionale di matrice ottocentesca.[9]

In effetti, se si allarga lo sguardo ai nuovi equilibri seguiti alla guerra fredda, il percorso intrapreso dai musei storici appare tutt'altro che privo di ostacoli e contraddizioni, anche nelle società in cui il perseguimento di quegli obiettivi dovrebbe qualificarne il profilo più aperto e articolato. La precarietà del quadro geopolitico, la gestione del complesso rimescolamento culturale innescato dai fenomeni migratori, le complicazioni sopraggiunte nel processo di unificazione europea: i musei storici si inseriscono den-

de guerre du XXe *siècle: Imperial War Museum de Londres, historial de Péronne, mémorial de Caen*, in *Musée de guerre et mémoriaux. Politiques de la mémoire*, a cura di Jean-Yves Boursier, Paris, Éditions de la Maison des sciences de l'homme, 2005, pp. 65-81; Célia Fleury, *Muséographie(s) comparée(s) de la Grande Guerre en 2013. Allemagne – Belgique – France – Royaume-Uni*, in «In Situ», 25 (2014): http://insitu.revues.org/11559.

9. Per un'analisi delle origini e degli sviluppi che hanno portato all'inaugurazione dell'istituzione, cfr. Anastasia Remes, *Memory, Identity and the Supranational History Museum: Building the House of European History*, in «Memoria e Ricerca», 54 (2017), pp. 99-116. Inoltre cfr. *Conflicted Memories. Europeanizing Contemporary Histories*, a cura di Konrad H. Jarausch e Thomas Lindenberger, New York – Oxford, Berghahn Books, 2007; *A European Memory? Contested Histories and Politics of Remembrance*, a cura di Malgorzata Pakier e Bo Stråth, New York – Oxford, Berghahn Books, 2010.

tro una cornice magmatica, che li sottopone a condizionamenti non meno pressanti di quelli che per tanto tempo ne hanno fatto sacrari della memoria più che centri di sapere e conoscenza critica. Per quanto si insista sulla necessità di concepire e organizzare spazi in grado di esaltare ibridazioni e contaminazioni culturali, le buone intenzioni civiche e il "dover essere" dei musei devono fare i conti con una realtà che risente delle tante variabili operanti sul territorio. Le quali, come si è visto con abbondanza di riferimenti al caso italiano, hanno sempre avuto una incidenza decisiva, seppure con caratteristiche e finalità specifiche nei diversi momenti storici.

Lo stato-nazione, tutt'altro che scalzato dai nuovi orizzonti globali, è tornato ad affacciarsi come un riferimento forte. La rivendicazione etnica del senso di appartenenza ha innescato stridenti contraddizioni tra l'adesione a organismi sovranazionali come l'Unione europea e il nazionalismo professato e praticato all'interno. Di fatto, qualunque riflessione sul panorama dei musei odierni non può prescindere dalla singolarità delle vicende nazionali, così come dalle sue manifestazioni localistiche, che pesano ancora nel dettare l'atteggiamento verso il passato e la sua interazione con il presente. Come ha osservato Ilaria Porciani, che da tempo monitora le evoluzioni museali in chiave comparativa, nessun risultato storiografico va dato per acquisito quando si valichi il confine tra ricerca e uso pubblico della storia.[10]

Basti pensare alle differenze esistenti tra un progetto come quello della Casa della storia europea e i tanti esempi di istituzioni museali realizzate nell'ambito delle nuove politiche della storia e della memoria in Russia e nelle repubbliche dell'ex Unione Sovietica,[11] come nella più vasta area dell'Europa centro-orientale. L'uscita dalla sofferta esperienza del "socialismo reale" ha liberato una molteplicità di memorie a lungo soffocate, restituendo dignità a un panorama di voci e vissuti altrimenti sepolti. La rivisitazione del passato che ne è derivata non può dirsi tuttavia ispirata al desiderio di una ricostruzione critica equilibrata nell'uso delle fonti e nell'interpretazione degli eventi, plurale e inscritta in una prospettiva inter-

10. Porciani, *La nazione in mostra*, p. 132. Per uno sguardo di sintesi su linee e tendenze delle politiche museali dopo la seconda guerra mondiale cfr. Ead., *History Museums*, in *The Palgrave Handook of State-Sponsored History After 1945*, a cura di Berber Bevernage e Nico Wouters, London, Palgrave Macmillan, 2018, pp. 373-397.

11. Si vedano in particolare i densi contributi di Maria Ferretti, tra cui quelli ora raccolti in Ead., *L'eredità difficile. La Russia, la rivoluzione e la memoria (1917-2017)*, a cura di Alex Berelowitch, Maddalena Carli, Leonardo Rapone e Antonella Salomoni, Roma, Viella, 2019.

nazionale.[12] Più frequente appare lo sforzo, politicamente orientato, di rovesciare la narrazione del passato, recente e lontano, secondo un medesimo impianto assertivo. Nuovi musei sono sorti un po' ovunque, nel momento in cui il linguaggio seducente delle immagini e degli oggetti diventa funzionale all'obiettivo di offrire ai cittadini una visione del passato rassicurante, imperniata su alcuni schemi riconoscibili e spesso declinati secondo una esplicita visione nazionalista. La rimozione dei decenni di governo dei partiti comunisti, visti come mera imposizione dall'esterno e corpi estranei alla tradizione nazionale, ha portato a enfatizzare i tratti di un patriottismo che in taluni casi si spinge fino alla riabilitazione di uomini e movimenti collaborazionisti negli anni dell'occupazione nazifascista.[13]

Emblematica è la vicenda del Museo polacco della seconda guerra mondiale di Danzica. Nel 2017, dieci anni dopo l'inaugurazione, il suo direttore Pawel Machcewicz è stato licenziato dal governo guidato dal partito Diritto e Giustizia, che ne aveva fatto il bersaglio di una prolungata campagna di delegittimazione. La destra nazionalpopulista salita al potere non ha infatti gradito l'impianto di un allestimento che, svincolando il racconto da ogni enfasi eroico-militare, puntava a privilegiare il coinvolgimento attivo dei visitatori nella complessità della storia polacca, inserendola in una prospettiva comparata europea. Lo smantellamento del museo e la sua riorganizzazione testimoniano quanto sia complicata la sperimentazione di percorsi che vogliano promuovere una relazione virtuosa tra l'avanzamento delle conoscenze storiografiche e il valore civico insito nel rapporto critico con il passato: prevale viceversa la costruzione di un itinerario che sia più aderente alla valorizzazione dell'orgoglio nazionale, a prescindere dall'adesione dello Stato polacco all'Unione europea.[14]

12. Per un quadro generale, cfr. Bruno Groppo, *Politiche della memoria e dell'oblio in Europa centrale e orientale dopo la fine dei sistemi politici comunisti*, in *L'Europa e le sue memorie. Politiche e culture del ricordo dopo il 1989*, a cura di Filippo Focardi e Bruno Groppo, Roma, Viella, 2013, pp. 215-243.

13. Sul caso della ex Jugoslavia, con particolare riferimento all'esempio croato, cfr. Stefano Petrungaro, *Riscrivere la storia. Il caso della manualistica croata*, Aosta, Stylos, 2006; Id., *Il nation-building in Croazia. Gli studi recenti*, in «Memoria e Ricerca», 30 (2009), pp. 120-146; Mila Orlić, *Il passato che non passa: cortocircuiti nelle politiche della memoria in Croazia*, in *L'Europa e le sue memorie*, pp. 179-195.

14. Cfr. Paweł Machcewicz, *Muzeum*, Kraków, Znak Horyzont, 2017, su cui cfr. la recensione di Pavel Kolár in «Passato e presente», 105 (2018), pp. 172-174. Sul contesto polacco cfr. Carla Tonini, *L'eredità del comunismo in Polonia: memorie, nostalgia, distacco*, in *L'Europa e le sue memorie*, pp.155-178.

La difficoltà di molti paesi a fare i conti con il proprio passato aveva già caratterizzato nell'immediato dopoguerra gli Stati fascisti usciti sconfitti dal conflitto, inclusi i regimi collaborazionisti.[15] La comparazione tra il periodo post guerra mondiale e quello post guerra fredda – sebbene a distanza di quasi mezzo secolo l'uno dall'altro – evidenzia la tendenza diffusa, nelle politiche statali e nel discorso pubblico, ad autorappresentarsi come vittime. Su questo paradigma, che ha avuto diramazioni e conseguenze molto ampie nella memoria pubblica a partire almeno dagli anni Ottanta,[16] viene costruito un racconto che tende a esorcizzare le ombre del passato e ad allontanare il confronto con la propria storia: se aspira a restituire nel presente una visione appagante, sul tempo lungo rivela i suoi tratti opachi e statici.[17]

Benché componente dell'alleanza atlantica uscita vincitrice dallo scontro bipolare, l'Italia ha mostrato singolari analogie con la situazione degli stati dell'Europa centro-orientale, in una versione che per certi versi replica la condizione politica e psicologica del paese all'uscita dalla prima guerra mondiale. Nell'incerto quadro innescato dalla crisi della "prima repubblica", il declino dei partiti storici ha investito le narrazioni consolidate, imperniate sulla centralità del Risorgimento e della Resistenza.[18] Se ne è scaturita una rinnovata stagione di studi su tematiche "classiche" – la patria, la nazione, l'identità nazionale, l'italianità, ecc. –, non si può dire che i risultati, tranne qualche eccezione, siano diventati patrimonio acquisito nel discorso pubblico. Il fossato sembra anzi essersi allargato, come attesta il ricorso sempre più disinvolto e spregiudicato al passato, che trova nel motore della rete un alimentatore potente e pressoché incontrollabile. Le memorie divise restano forti e si collocano dentro uno spazio pubblico ormai saturo di giornate commemorative dedicate alle "vittime": ciascun

15. Sui casi relativi a Germania, Italia, Francia di Vichy si vedano i saggi di Gustavo Corni, Filippo Focardi, Valeria Galimi inclusi nel volume *L'Europa e le sue memorie*.

16. Cfr. Annette Wieviorka, *L'era del testimone* (1998), tr. it. Milano, Raffaello Cortina, 1999.

17. Cfr. Pieter Lagrou, *L'Europa come luogo di memoria comune? Riflessioni su vittimizzazione, identità ed emancipazione dal passato*, in *L'Europa e le sue memorie*, pp. 267-276.

18. Cfr. Giovanni De Luna, *La Repubblica del dolore. Le memorie di un'Italia divisa*, Milano, Feltrinelli, 2011; Tommaso Baris, *Identità italiana, paradigma antifascista e crisi dello Stato nazionale tra Prima e Seconda Repubblica*, in *Farsi italiani*, pp. 121-142. Sul lungo periodo, *Due nazioni. Legittimazione e delegittimazione nella storia dell'Italia contemporanea*, a cura Loreto Di Nucci ed Ernesto Galli della Loggia, Bologna, il Mulino, 2003.

gruppo è portato a reclamare il diritto alla propria verità, secondo una tendenza che sfuma ambiguamente le differenze tra storia e memoria fino a renderle indistinguibili.[19]

Le tante implicazioni connesse al ruolo dei musei nella società contemporanea[20] sono state rilanciate soprattutto dalla proposta recente di allestire un museo storico a Predappio. La polemica, che ha diviso il mondo degli studiosi e ha avuto un'ampia ricaduta nei mass media, lascia trasparire quanto l'eredità del ventennio fascista incida nel discorso pubblico come una questione ancora in larga parte irrisolta. Nonostante decenni di studi, permangono letture dicotomiche, oscillanti tra una insistita visione edulcorata e autoassolutoria del regime e dei suoi crimini e una condanna che, mentre si appoggia a nobili motivazioni etico-politiche, rischia di ipostatizzare un modello fascista valido per tutte le epoche e stagioni.

Il nodo sta evidentemente nella scelta di Predappio. Nel luogo si annida il vero spauracchio. Il paese – autentico *nomen-omen* – assorbe e incorpora per metonimia i fantasmi del passato e quelli nuovi del presente, proiettando sul futuro l'ombra di Mussolini e di quanti continuano a venerarne la memoria o, più velatamente, a proporre una visione bonaria del Ventennio. Un piccolo borgo, catapultato agli onori della cronaca negli anni Venti-Trenta e celebrato come la Betlemme della nuova religione politica fascista, è diventato in età repubblicana meta obbligata dei pellegrinaggi ininterrotti dei militanti dell'estrema destra in cerca di luoghi, liturgie, simboli e memorie su cui poter agganciare un sentimento di appartenenza. Dopo il 1957, quando la salma di Mussolini è tornata nella cripta di famiglia,[21] i rituali funerari hanno raggiunto dimensioni non trascurabili, che ad oggi non accennano a diminuire. In questo scenario, la trasformazione dell'ex casa del fascio in uno spazio entro il quale sia possibile mettere in scena le vicende dell'Italia nel periodo tra le due guerre mondiali costituisce una sfida che espone inevitabilmente il progetto a contestazio-

19. Cfr. Enzo Traverso, *Storia e memoria: una coppia antinomica?*, in Id, *Il passato: istruzioni per l'uso. Storia, memoria, politica* (2005), tr. it. Verona, ombre corte, 2006, pp. 17-39.

20. Cfr. anche Daniele Jalla, *Musei e nazione. Il caso italiano*, in *Lieux de mémoires, musées d'histoire*, a cura di Emmanuel Pénicaut e Gennaro Toscano, Paris, La Documentation française, 2012.

21. Sull'importanza del corpo di Mussolini, da vivo e da morto, sono sempre illuminanti le pagine di Sergio Luzzatto, *Il corpo del duce. Un cadavere tra immaginazione, storia e memoria*, Torino, Einaudi, 1998.

ni, dubbi, perplessità sulla liceità e opportunità dell'operazione. La quale, inutile negarlo, è monitorata anche alla luce delle crescenti manifestazioni di intolleranza, personalizzazione populistica della politica, disponibilità ad accettare modelli autoritari e pratiche neo plebiscitarie che, trainati dai social media, costringono a ripensare lo stesso concetto di democrazia. D'altra parte, gli inquietanti fenomeni di violenza e razzismo che l'attualità restituisce non dovrebbero essere un freno alla costruzione di categorie analitiche sempre più raffinate. La capacità di un paese di fare i conti con il proprio passato si misura anche dalla disponibilità a nutrire di comprensione storica le tensioni etico-politiche del presente, più che dall'adozione di scorciatoie basate sulla mera condanna: la quale, se può soddisfare nell'immediato il bisogno di arginare derive e pulsioni antidemocratiche, contribuisce a sedimentare la rimozione di pagine cruciali, anche quando oscure, di una storia che è di tutti.

Le obiezioni vanno dunque ponderate con attenzione, perché nessuno può ignorare cosa abbia significato Predappio nel discorso pubblico nazionale e ciò che ancora oggi il suo nome evochi nella percezione degli italiani.[22] Occorre piuttosto capire se un museo storico possa contribuire a modificare questo "destino", sottraendolo alle parate rituali dei nostalgici. La scelta di fare di Predappio un luogo di conoscenza critica si nutre di una strategia "aggressiva", che punta a colpire la mitologia alle fondamenta, nel cuore stesso degli spazi urbanistico-architettonici voluti dal regime, e ovviamente con il supporto di necessari percorsi didattici, affidati a persone competenti e specializzate in tema di storia d'Italia e di racconto museale. D'altro canto, il dibattito che il progetto predappiese ha provocato non è forse senza connessione con la decisione, diffusa proprio nello scorcio del 2019, di creare a Milano un Museo nazionale della Resistenza: operazione che, per quanto tardiva, avrebbe comunque il merito di colmare una lacuna grave per uno Stato che intenda ribadire il legame con valori e principi confluiti nella Costituzione repubblicana.

Il progetto di Predappio, come altri esempi citati, richiama il rapporto stretto con la Public history, anche alla luce dell'interesse che quest'ul-

22. Per una raccolta aggiornata degli interventi sulla vicenda del museo cfr. *Osservatorio Predappio*, a cura di «E- Review», rivista degli istituti storici dell'Emilia-Romagna in rete, http://e-review.it/osservatorio-predappio. Va peraltro segnalato che nel gennaio 2020 la nuova giunta di centro-destra di Predappio ha mostrato l'intenzione di bloccare l'iter del progetto museale.

tima ha sempre riposto sui musei.[23] Considerati luoghi privilegiati per la sperimentazione di forme nuove di racconto del passato, i musei diventano laboratori di una concezione della storia che fa dell'interazione con il pubblico uno dei suoi tratti qualificanti. Il museo è probabilmente uno dei luoghi ideali in cui il *public historian* può valorizzare il proprio compito di mediatore tra il livello delle conoscenze storiografiche e la loro traduzione in termini di percorsi espositivi. Come è facilmente intuibile, la sfida è alquanto complessa e densa di implicazioni, perché non aspira soltanto a riprodurre, con parole diverse, il tema annoso della divulgazione e dell'invito rivolto agli specialisti a non isolarsi nel ristretto recinto accademico. L'impegno richiesto da un allestimento museale mette in gioco la stessa funzione sociale dello storico – sia esso lo studioso accademico o quello che agisce al di fuori dell'università –, chiamato in entrambi i casi a relazionarsi con modalità specifiche di ricostruzione del passato e con competenze pluridisciplinari.

Se il rapporto con il museo sembra fornire alla Public history una imperdibile occasione di professionalizzazione, l'idea formulata a più riprese dai suoi sostenitori di narrare la storia "con" il pubblico appare più discutibile, se non foriera di commistioni equivoche. Un conto sono le domande sociali di storia, che ogni studioso che non si limiti a fare erudizione fine a se stessa (peraltro in sé legittima) dovrebbe cercare di ascoltare, intercettare e trasferire nel tessuto del proprio lavoro. D'altro canto, non pare invece aleatorio il rischio di "assecondare" quelle domande, sacrificando sull'altare della «condivisione», del «dovere della memoria»[24] e dell'afflato etico-civico la distinzione di competenze e di ruoli. L'obiettivo di valorizzare la dimensione pubblica della storia non può prescindere dal riconoscimento del contributo insostituibile della ricerca: il lavoro sul campo, espletato con il rigore insito nelle regole del "mestiere", resta la garanzia più efficace dello sforzo di ricostruire il passato nella sua intima complessità. Questo mi pare un messaggio centrale, alla cui diffusione la Public history potrebbe dare un contributo rilevante nel momento in cui ha il vantaggio – e l'onere – di relazionarsi con un pubblico di vaste dimensioni.

23. Si rinvia ai saggi inclusi nel fascicolo di «Memoria e Ricerca» curato da Serge Noiret, *Musei di storia e Public History*, 54 (2017).

24. Sul tema e le sue tante implicazioni considerazioni condivisibili sono in Valentina Pisanty, *I guardiani della memoria e il ritorno delle destre xenofobe*, Milano, Bompiani, 2019; Walter Barberis, *Storia senza perdono*, Torino, Einaudi, 2019.

Nelle affermazioni di principio, il rigore è indicato come una premessa irrinunciabile. Ma nella sua applicazione le cose sono meno semplici. Tanto più quando ci si trova a operare all'interno di un dispositivo narrativo peculiare come quello museale che, incoraggiando un rapporto in sé più diretto e immediato con il passato, rende più complicato l'assorbimento delle cautele e dei filtri metodologici di ordine scientifico.[25] L'"effetto coinvolgimento" è tornato a essere una componente decisiva dell'operazione museale. I giovani continuano a rappresentare un destinatario privilegiato di un'azione educativa che confida sull'attivazione simultanea dei sensi, delle sfere visiva, tattile, uditiva. L'allestimento delle sale è pensato con l'obiettivo di toccare la corda della partecipazione emotiva, facendone il primo gradino per accedere al piano più alto dell'approfondimento e della compiuta fruizione del messaggio culturale. Il passaggio non è per nulla scontato, appunto, e dipende dalle numerose variabili che entrano in gioco.

Quali siano le conoscenze e soprattutto l'idea di storia che i cittadini di ogni età possono oggi ricavare dalla visita al museo si impone come tema di notevole rilevanza, che merita di essere oggetto di studio e discussione.

25. Su retroterra e prospettive del rapporto musei – Public history cfr. Ilaria Porciani, *What can Public History do for Museums, what can Museums do for Public History?*, in «Memoria e Ricerca», 54 (2017), pp. 21-40. Si veda ora anche Paola E. Boccalatte, Mirco Carrattieri, *Neutralità e musei. Il dibattito è aperto*, in «Clionet», 3 (2019).

Indice dei nomi

Finito di stampare
nel mese di luglio 2020
da The Factory s.r.l.
Roma